Romanistische
Arbeitshefte   46

Herausgegeben von
Volker Noll und Georgia Veldre-Gerner

Volker Noll

Das amerikanische Spanisch

Ein regionaler und historischer Überblick

3., aktualisierte und erweiterte Auflage

De Gruyter

ISBN 978-3-11-034038-9
e-ISBN 978-3-11-034039-6
ISSN 0344-676X

Library of Congress Cataloging-in-Publication Data
A CIP catalog record for this book has been applied for at the Library of Congress.

Bibliografische Information der Deutschen Nationalbibliothek
Die Deutsche Nationalbibliothek verzeichnet diese Publikation in der Deutschen Nationalbibliografie; detaillierte bibliografische Daten sind im Internet über http://dnb.dnb.de abrufbar.

© 2014 Walter de Gruyter GmbH, Berlin/Boston

Gesamtherstellung: CPI books GmbH, Leck
∞ Gedruckt auf säurefreiem Papier

Printed in Germany

www.degruyter.com

Ich widme dieses Arbeitsheft in Dankbarkeit meinen Lehrern
Maria Neuberger, die mir den spanischen Kulturraum erschloss,
und Reinhart Kemper, der mir den ersten Weg in die Romania wies.

Vorwort der ersten Auflage

Seit den achtziger Jahren nimmt das Studium des Spanischen in Deutschland steten Aufschwung. Dies liegt sowohl an den engen Verbindungen zu Spanien als auch an der wirtschaftlichen Bedeutung und kulturellen Präsenz Lateinamerikas.

Da das Studium der Hispanistik auch heute aufgrund der Struktur des gymnasialen Fremdsprachenunterrichts oft ohne oder mit geringen Sprachkenntnissen aufgenommen wird, ergeben sich in der ersten Studienphase bei der Einbeziehung spanischer Fachliteratur Erschwernisse. Dies betrifft auch den Bereich der Sprachwissenschaft. Unter diesem Gesichtspunkt möchte das vorliegende Arbeitsheft vor allem Studierende im Grundstudium mit einer deutschsprachigen Publikation unterstützen und gleichzeitig mit einem Beitrag zum amerikanischen Spanisch an ein wichtiges Teilgebiet des Faches heranführen, das sich innerhalb der Hispanistik im Ausbau befindet.

An deutschsprachigen Monographien standen bisher zu diesem Thema Pauflers *Lateinamerikanisches Spanisch* (1977) und Kubarths Arbeit *Das lateinamerikanische Spanisch* (1987) zur Verfügung. Da mittlerweile wieder über ein Jahrzehnt vergangen ist, erscheint ein neuer Beitrag auch aus Gründen der Aktualisierung (von Literaturangaben, Sprecherzahlen) sinnvoll. Der außerordentliche Umfang der amerikanischen Thematik führt grundsätzlich zu einer subjektiven Auswahl von Kriterien und Schwerpunkten. Dabei erweist sich die Zusammenstellung des Materials auch bei statistischen Daten und geschichtlichen Bezügen nicht immer als einfach. Unter Berücksichtigung der Zielsetzung können in dem vorgegebenen Rahmen regionale Charakteristika und Sonderentwicklungen des amerikanischen Spanisch nicht in extenso behandelt werden. Dies betrifft insbesondere soziolinguistische Verhältnisse, Morphosyntax und Wortschatz. Auf einen eingehenden Faktennachweis wird in dieser Reihe üblicherweise verzichtet. Gewisse Überschneidungen in der Darstellung sind beabsichtigt.

Im Gegensatz zum Aufbau der Arbeit Kubarths orientieren wir uns an einer länderübergreifenden Präsentation. Damit soll eine engere Parallelität vermieden werden, wobei wir uns grundsätzlich um komplementäre Darstellung bemühen. Sprachwissenschaftliche Grundkenntnisse, die man sich mit der ausgezeichneten *Einführung in die spanische Sprachwissenschaft* (Dietrich/Geckeler 2000) aneignen kann, werden bei der Lektüre vorausgesetzt.

Das Manuskript wurde vom Autor nach den Layoutvorgaben des Verlages erstellt und in PDF konvertiert. Vektorisierte Basiskarten wurden angepasst und beschriftet. Ein Teil der Sonderzeichen wurde mit einem Font-Editor entworfen.

In der Konzeption der *Romanistischen Arbeitshefte* möchte der vorliegende Beitrag eine studienbezogene, erschwingliche Arbeitsgrundlage zum amerikanischen Spanisch bieten. Gustav Ineichen danke ich an dieser Stelle für zehnjährige Freundschaft.

Göttingen, im Frühjahr 2001

Vorwort der dritten Auflage

Fünf Jahre nach Erscheinen der zweiten Auflage des Arbeitsheftes liegt nunmehr die dritte Auflage vor. Die statistischen Angaben (Sprecherzahlen etc.) sowie die Fachliteratur wurden auf den aktuellen Stand gebracht. Darüber hinaus erfolgte aus praktischen Erwägungen eine Anpassung der ursprünglichen Kapitelabfolge. Dies betrifft den Anschluss des Spanischen in den USA an die Besonderheiten des amerikanischen Spanisch (Kap. 2) und die Zusammenführung der Thesen zur Herausbildung der amerikanischen Varietäten mit den Aspekten der sprachlichen Differenzierung (Kap. 7). Insgesamt wurde das Arbeitsheft unter Einbringung einer ganzen Reihe von Ergänzungen (Kapitel 2, 4, 5, 6, 7) erweitert.

Münster, im Frühjahr 2014

Inhalt

Vorwort VII
Abkürzungen XIII
Länderkarten XVI

1 Das amerikanische Spanisch 1
   1.1 Der Sprachraum 1
   1.2 Kleine Länder- und Namenkunde 2
   1.3 Europäisches und amerikanisches Spanisch 9
   1.4 Ausgewählte Hilfsmittel zum amerikanischen Spanisch 14

2 Besonderheiten des amerikanischen Spanisch 27
   2.1 Phonetik und Phonologie 28
      2.1.1 Vokalismus 29
      2.1.2 Konsonantismus 30
         2.1.2.1 Der *seseo* 31
         2.1.2.2 Prädorsales und apikoalveolares /s/ 31
         2.1.2.3 Kombinatorische Allophone von /s/ 32
         2.1.2.4 *Yeísmo* und *žeísmo* (*šeísmo*) 33
         2.1.2.5 Die Allophone [h] und [x] 35
         2.1.2.6 Die Neutralisierung von implosivem /r/, /l/ 36
         2.1.2.7 Die Realisierung von /r̄/, /r/ 36
         2.1.2.8 Die Realisierung der Lenisplosive /b/, /d/, /g/ 37
         2.1.2.9 Diverse Konsonantenentwicklungen 38
      2.1.3 Vokal- und Konsonantenübersicht 38
   2.2 Morphosyntax 40
      2.2.1 Anrede (*voseo*) 40
      2.2.2 Weitere morphosyntaktische Besonderheiten 42
   2.3 Lexik 45

3 Das Spanische in den USA 51

4 Die diatopische Gliederung des amerikanischen Spanisch 59
   4.1 Armas y Céspedes (1882) 60
   4.2 Henríquez Ureña (1921) 60
   4.3 Canfield (1962) 61

	4.4	Rona (1964)	62
	4.5	Resnick (1975)	64
	4.6	Zamora Munné (1979–80)	64
	4.7	Cahuzac (1980)	65
	4.8	Montes Giraldo (1982)	66
	4.9	Ausblick	67
5	Die koloniale Expansion	69
	5.1	Allgemeine Voraussetzungen	69
	5.2	Die Eroberung Mittel- und Südamerikas	71
	5.3	Die Verbreitung indianischer Völker und Sprachen	76
		5.3.1 Arawak (Taíno) und Caribe	78
		5.3.2 Nahuatl	80
		5.3.3 Maya	81
		5.3.4 Chibcha	83
		5.3.5 Quechua	83
		5.3.6 Aimara	85
		5.3.7 Mapuche	86
		5.3.8 Guaraní	86
		5.3.9 Kleine chronologische Auswahl kolonialen Schrifttums	88
		5.3.9.1 Berichte	88
		5.3.9.2 Werke zu den indigenen Sprachen	88
	5.4	Die Hispanisierung Amerikas	89
	5.5	Hispanisierung heute	93
6	Die Ausbildung struktureller hispanoamerikanischer Merkmale	97
	6.1	Phonetik und Phonologie	97
		6.1.1 Vokalismus	98
		6.1.2 Konsonantismus	99
		6.1.2.1 Der *seseo*	99
		6.1.2.2 Prädorsales und apikoalveolares /s/	101
		6.1.2.3 Kombinatorische Allophone von /s/	102
		6.1.2.4 *Yeísmo* und *žeísmo* (*šeísmo*)	103
		6.1.2.5 Die Allophone [h] und [x]	104
		6.1.2.6 Die Neutralisierung von implosivem /r/, /l/	105
		6.1.2.7 Die Realisierung von /r̄/, /r/	106
		6.1.2.8 Die Realisierung der Lenisplosive /b/, /d/, /g/	107
		6.1.2.9 Diverse Konsonantenentwicklungen	107

    6.2 Morphosyntax 108
        6.2.1 Anrede (*voseo*) 108
        6.2.2 Weitere morphosyntaktische Besonderheiten 110

7 Die Herausbildung des amerikanischen Spanisch 113
    7.1 Die Indigenismo-These 117
    7.2 Andalucismo und Antiandalucismo 117
    7.3 Die Frage struktureller indigener und afrikanischer Einflüsse 125
        7.3.1 Indigene Einflüsse 126
        7.3.2 Afrikanische Einflüsse 129
    7.4 Anbindung und Verkehr 132
    7.5 Tendenzen der Forschung 134

8 Literatur 137

Abkürzungen[1]

AALE	Asociación de Academias de la Lengua Española
AdeL	Anuario de Letras. México
aim.	aimara
ALEC	Atlas lingüístico-etnográfico de Colombia
ALESUCH	Atlas lingüístico-etnográfico del Sur de Chile
ALFAL	Asociación de Lingüística y Filología de América Latina
ALH	Anuario de Lingüística Hispánica. Valladolid
ALM	Atlas lingüístico de México
am.	amerikanisch(es Spanisch)
Amérindia	Amérindia. Paris
Arg.	Argentinien
ASALE	Asociación de Academias de la Lengua Española
Bd.	Band
BDH	Biblioteca Dialectal Hispanoamericana. 7 vol. Buenos Aires 1930–49
Bev.	Bevölkerung
BFUCh	Boletín de Filología de la Universidad de Chile. Santiago de Chile
BHi	Bulletin Hispanique. Bordeaux
BICC	Boletín del Instituto Caro y Cuervo. Bogotá
bpg.	brasiliansch(es Portugiesisch)
BRAE	Boletín de la Real Academia Española. Madrid
car.	caribe
cf.	confer, vergleiche
CSIC	Consejo Superior de Investigación Científica. Madrid
DRAE	Diccionario de la lengua española. Madrid, Real Academia Española
EBO	Encyclopaedia Britannica Online (*www.britannica.com*)
ed.	edidit; edición, ediciones
ehem.	ehemalig
Einw.	Einwohner
ELH	Enciclopedia Lingüística Hispánica. 2 vol. Madrid 1962–67
engl.	englisch
fr.	französisch
Fut.	Futur
geogr.	geographisch
guar.	guaraní

---

[1] Die Buchpublikationen erscheinen im Literaturverzeichnis mit allen Angaben. Ein nützliches Nachschlagewerk ist *ITA. Internationale Titelabkürzungen* (Leistner 2008), auch in den Universitätsnetzen verfügbar.

Hispania	Hispania. A Journal Devoted to the Teaching of Spanish and Portuguese. Greeley
HLAS	Handbook of Latin American Studies. Austin
HPEA	Hernández Alonso, C. (ed.): Historia y presente del español de América. Valladolid 1992
HR	Hispanic Review. Philadelphia
IbRom	Iberoromania. Zeitschrift für die Sprachen, Literaturen und Kulturen der Iberischen Halbinsel und Lateinamerikas. Berlin, Boston
ICC	Instituto Caro y Cuervo. Bogotá
IJSL	International Journal of the Sociology of Language. New York
it.	italienisch
lat.	lateinisch
Kap.	Kapitel
kast.	kastilisch
LEA	Lingüística Española Actual. Madrid
LRL	Holtus, G./Metzeltin, M./Schmitt, Ch. (ed.): Lexikon der Romanistischen Linguistik (LRL). 8 vol. Tübingen 1988–2005
MDH-A	Alvar, M. (ed.): Manual de dialectología hispánica. El español de América. Barcelona 1996
MDH-E	Alvar, M. (ed.): Manual de dialectología hispánica. El español de España. Barcelona 1996
mex.	mexikanisch
MLA	MLA. International Bibliography of Books and Articles of the Modern Languages and Literatures
nah.	nahuatl
Ndr.	Nachdruck
NGLE	RAE/ASALE: Nueva gramática de la lengua española. 3 vol. Madrid 2010–11.
NRFE	Nueva Revista de Filología Española. México
Pers.	Person
PFLE	Presente y Futuro de la Lengua Española. 2 vol. Madrid 1964
pg.	portugiesisch
Pl.	Plural
PMLA	Publications of the Modern Language Association of America. Baltimore
quech.	quechua
RAE	Real Academia Española
RB	Romanische Bibliographie. Berlin, Boston
RFE	Revista de Filología Española. Madrid
RHiM	Revista Hispánica Moderna. New York

RILI	Revista Internacional de Lingüística Iberoamericana. Frankfurt/M., Madrid
RJb	Romanistisches Jahrbuch. Berlin, Boston
RSEL	Revista Española de Lingüística. Madrid
Sg.	Singular
sp.	spanisch
ss.	sequentes, und folgende (Seiten)
südl.	südlich
Thesaurus	Boletín del Instituto Caro y Cuervo. Bogotá [1.1945 – 6.1950: BICC]
unabh.	unabhängig
UNAM	Universidad Nacional Autónoma de México
Venez.	Venezuela
vs.	versus, im Gegensatz zu
ZRPh	Zeitschrift für romanische Philologie. Berlin, Boston

Länderkarten

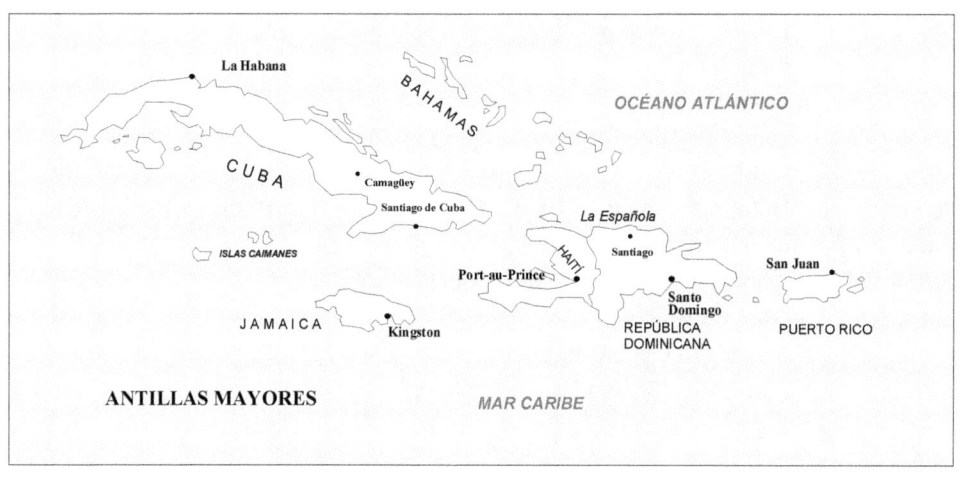

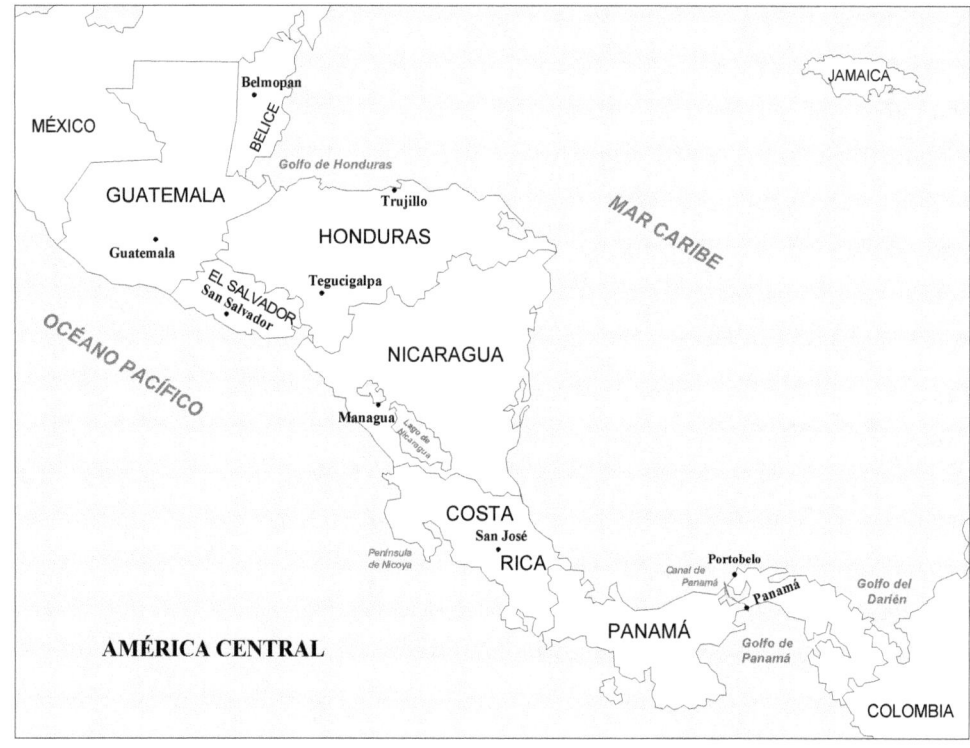

XVII

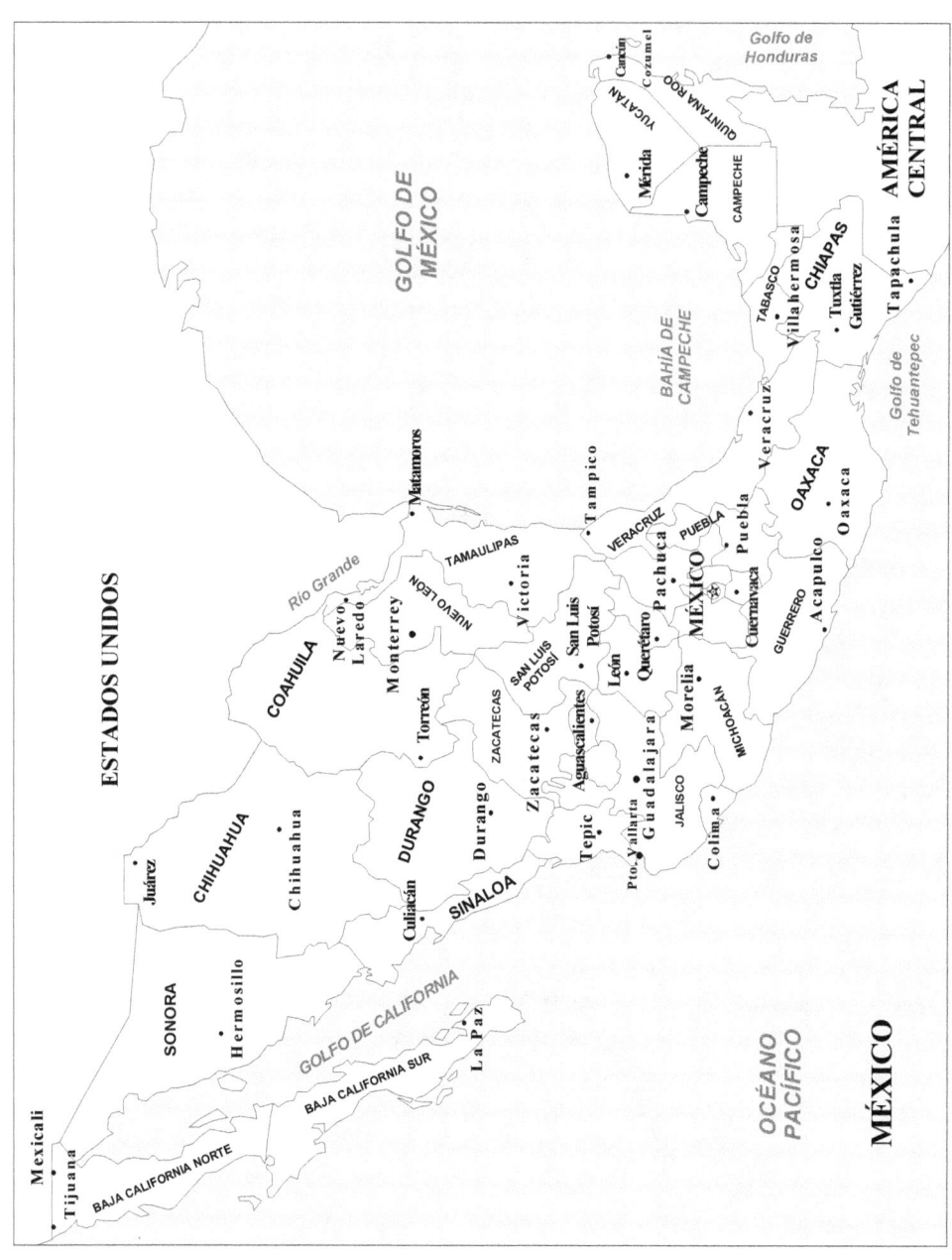

1 Das amerikanische Spanisch

1.1 Der Sprachraum

Als Spanien in der zweiten Hälfte des 16. Jhs. die Philippinen in Besitz nahm, konnte man von Philipp II. wahrhaft behaupten, er regiere ein Reich, in dem die Sonne niemals untergeht. Heute ist Spanisch mit über 470 Mio Muttersprachlern vor Portugiesisch (ca. 206 Mio) und Französisch (ca. 75 Mio) die größte der romanische Sprachen.[1] Diese Entwicklung nahm Ende des 15. Jhs. ihren Ausgang und ist maßgeblich auf die Verbreitung des Spanischen in Amerika zurückzuführen, wo der Grundstein für eine Neue Romania gelegt wurde. Diese Neue Romania iberischer Prägung ist heute sowohl in Bezug auf das amerikanische Spanisch als auch hinsichtlich des brasilianischen Portugiesisch (cf. Noll 2008) bedeutend größer als im jeweiligen Mutterland.

Das hispanophone Amerika erstreckt sich von Kalifornien bis Feuerland und umfasst gegenwärtig 18 Staaten, die sich nach einer drei Jahrhunderte währenden Kolonialzeit in unterschiedlicher regionaler Gliederung ab 1810 politisch von Spanien trennten. Dazu zählen die Dominikanische Republik, Kuba, Mexiko, Guatemala, El Salvador, Honduras, Nicaragua, Costa Rica, Panama, Kolumbien, Venezuela, Ecuador, Peru, Bolivien sowie die La Plata-Staaten Argentinien, Uruguay und Paraguay, die zusammen mit Chile den Cono Sur bilden. Zum Sprachraum gehören auch das US-Commonwealth Territorium Puerto Rico und der hispanophone Bevölkerungsanteil in den USA. In Belize (ehem. Britisch-Honduras) und Trinidad leben spanischsprachige Minderheiten.

Insgesamt ergibt sich für Hispanoamerika einschließlich der Hispanics in den USA (cf. Kap. 3) eine Bevölkerungszahl von knapp 425 Mio Menschen. Das größte hispanophone Land ist Mexiko mit über 118 Mio Sprechern (2013). Es folgen Spanien (47,9 Mio), Kolumbien, Argentinien und die USA. Außer dem portugiesischsprachigen Brasilien liegen in Mittel- und Südamerika nur Jamaika, die Kleinen Antillen, Belize und die Guayanas außerhalb des offiziell spanischsprachigen Bereichs. Die kleinsten hispanophonen Gemeinschaften beheimaten Panama und Puerto Rico.

Im Gegensatz zu den Verhältnissen in den USA bilden die Nachkommen der amerindischen Urbevölkerung einen integralen Bestandteil der gesellschaftlichen und sprachlichen Realität Hispanoamerikas. In Mexiko, Guatemala, dem Andengebiet und Paraguay fällt den Indianersprachen besondere Bedeutung zu. Regional wie z.B. im Hochland von Guatemala oder in Paraguay werden sie sogar mehrheitlich gesprochen. In den Festlandgebieten zwischen Mexiko und Chile bilden Mestizen die größte Gruppe der

---

[1] Es geht hier um Orientierungswerte. Diese ergeben sich z.T. aus den Länderschätzungen (cf. 1.2). Im Prinzip wäre es notwendig, die Statistiken auf ein Bezugsjahr zu vereinheitlichen, die Sprecherzahlen nach allgemeinem Usus ab dem fünften Lebensjahr zu ermitteln, einsprachige Gruppen (z.B. Indianer in Guatemala etc.) prozentual genauer zu erfassen und die muttersprachliche Kompetenz von Zweitsprachlern aufzurechnen.

Bevölkerung. Davon ausgenommen sind nur Costa Rica, Peru und Bolivien, dies mehrheitlich indianisch sind, sowie Argentinien und Uruguay.

Demgegenüber zeichnen sich Argentinien und Uruguay durch eine europäische Immigration mit starker italienischer Prägung aus, die zwischen 1870 und 1930 ihren Höhepunkt erreichte. Zu jener Zeit entwickelte sich in der ersten Generation unter dem Einfluss des Italienischen eine interimäre Sprachform, die als *cocoliche* bekannt wurde (cf. Cancellier 1996). Während das *cocoliche* heute nicht mehr existiert, hat sich italienischer Einfluss im *lunfardo*, der ursprünglichen Gaunersprache von Buenos Aires, erhalten (cf. Conde 2011). Das Vokabular wurde über den Tango verbreitet und ist heute unter den einfachen Leuten in Buenos Aires absolut geläufig. Eine Form der Sprachmischung auf der Basis des Portugiesischen besteht im Grenzgebiet zwischen Uruguay und Brasilien. Das als *fronterizo* bezeichnete Idiom (cf. Hensey 1982) entstand aus der Zweisprachigkeit und der wechselvollen Geschichte der Region. Es verliert seine portugiesischen Merkmale, je weiter man in das Gebiet Uruguays vordringt.

In Kuba und der Dominikanischen Republik zeugt die vorwiegend aus Mulatten und Schwarzen bestehende Bevölkerung von der kolonialen Vergangenheit des Sklavenhandels. Dieser Bevölkerungsanteil liegt in Puerto Rico, Panama, Kolumbien, Venezuela und Ecuador zwischen 10% und 20%, in den restlichen Ländern darunter.

In Verbindung mit dem Sklavenhandel steht auch die Herausbildung von Kreolsprachen. Im Einzugsbereich des amerikanischen Spanisch befinden sich mit iberoromanischer Basis das Papiamentu und das Palenquero. Das Papiamentu wird auf den niederländischen Antillen (ABC-Inseln: Aruba, Bonaire, Curaçao) vor der venezolanischen Küste von ca. 300.000 Menschen gesprochen (cf. Kramer 2004, 7). In der Nähe von Cartagena (Kolumbien) hat in San Basilio de Palenque das Palenquero in einer kleinen Gemeinschaft von ca. 2.500 Menschen überlebt (cf. Montes 1996).

1.2 Kleine Länder- und Namenkunde

Die nachfolgende Aufstellung zu den spanischsprachigen Ländern Amerikas, die sich an der geographischen Nord-Süd Verbreitung orientiert, bietet einige statistische, geographische, historische und namenkundliche Informationen.[2] Dabei ist zu beachten, dass die Statistik in Bezug auf Bevölkerungszusammensetzung und indigene Sprachen, aber auch hinsichtlich der Fläche der Länder zum Teil unterschiedliche Angaben liefert.

---

[2] Demographische Angaben cf. *Encyclopaedia Britannica Online* (EBO, *www.britannica.com*). Anteil der Spanischsprecher pro Land (gerundet) cf. Moreno Fernández/Otero Roth (2007), die Zensusangaben von 2000–2005 zugrunde legen, Quilis (2002, 108) sowie Otero (1999), Moreno Fernández/Otero (1998). Namenkunde cf. Egli (1893), Nascentes (1952), Cock Hincapié (1998, 33–34). Von den Indianersprachen werden nur die wichtigsten genannt.

AMERIKA. Die Bezeichnung *America* geht auf den in sp. Diensten stehenden florentinischen Seefahrer Amerigo Vespucci zurück. Unter dem Eindruck der Reisen und Berichte Vespuccis verzeichnete Martin Waldseemüller den Namen in latinisierter Form erstmals 1507 auf seiner Weltkarte auf den Breiten Brasiliens. Auf Johannes Schöners Globus von 1520 findet man die Aufschrift *America vel Brasilia vel Papagalli Terra*. Die Ausweitung des Namens auf die Gesamtheit des amerikanischen Kontinents erfolgte auf der Karte Gerhard Mercators 1538 (cf. Kretschmer 1991).

DOMINIKANISCHE REPUBLIK. Karibik, 48.671 km^2; 9,7 Mio Einw. (2013): 73% Mulatten, 16% Weiße, 11% Schwarze (2002). Sprachen: Spanisch (98%); frz. Kreol im Grenzgebiet zu Haiti; engl. Kreol auf der Halbinsel Samaná. Hauptstadt: Santo Domingo (gegr. 1496). Geogr. Gliederung: Küstengebiete und Gebirgsregionen, die im Norden, im Zentrum und im Süden in nordwestlich-südöstlicher Richtung verlaufen. Von Kolumbus am 5.12.1492 entdeckt. 1697 Teilung der Insel Hispaniola in das westliche Drittel Haiti (1804 unabh.) und das Gebiet der heutigen Dominikanischen Republik. Unabh. 1844/1863. Die Landesbezeichnung *República Dominicana* (*dominicano*) geht auf den Namen der Hauptstadt *Santo Domingo* zurück, die als erste Kolonialstadt Amerikas von Bartolomé Colón gegründet wurde. Dieser Name übertrug sich in der Folge auf die ganze Insel, die die Eingeborenen *Haití* und Kolumbus *La Española* genannt hatten.

KUBA. Karibik, 109.884 km^2; 11,1 Mio Einw. (2012): 51% Mulatten, 37% Weiße, 11% Schwarze, 1% Chinesen (2002); 1,6 Mio Emigranten in den USA (2006). Sprache: Spanisch (100%). Hauptstadt: La Habana (gegr. 1514, San Cristóbal de la Habana). Geogr. Gliederung: Tiefebenen und niedriges Hügelland, Gebirgszüge im Westen, Zentrum, Süden und Südosten. Am 28.10.1492 von Kolumbus betreten und zunächst nach der sp. Infantin *Juana*, später nach dem König auch *Fernanda/Fernandina* genannt. Von Diego Velázquez Cuéllar 1511 erobert und von Santo Domingo aus verwaltet. 1777 Generalkapitanat. Unabh. 1898/1902. Der schon Kolumbus bekannte indianische Name *Cuba* (*cubano*) soll sich von einer Ansiedlung im Norden der Insel (bei Nuevitas) ableiten.

PUERTO RICO. Karibik, 8.868 km^2; 3,7 Mio Einw. (2013): 75% Weiße, 20% Mulatten und Schwarze (2000); 3,7 Mio Emigranten in den USA (2006). Amtssprachen: Spanisch (99%); Englisch; 40% der Bevölkerung in städtischen Zentren zweisprachig. Hauptstadt: San Juan (gegr. 1508/1521). Geogr. Gliederung: Von Westen nach Osten verlaufende Zentralkordillere, im Norden und Süden Bergländer und Küstenebenen. Von Kolumbus auf seiner zweiten Reise 1493 entdeckt; von Santo Domingo aus verwaltet. 1898 von Spanien an die USA abgetreten, bis 1917 Kolonie, seit 1952 US-Commonwealth Territorium. Der Name der Insel *Puerto Rico* (*puertorriqueño*), die bei den Eingeborenen

Borinquén hieß, geht auf den Hafen in der Bucht von San Juan zurück. Er wurde dem Land vom ersten Gouverneur der Insel, Juan Ponce de León (1508), aufgrund von Goldfunden aus der Zeit des Kolumbus gegeben.

MEXIKO. Nord- und Mittelamerika, 1.964.975 km^2; 118,7 Mio Einw. (2012): 75% Mestizen, 14% Indianer, 10% Weiße (2005); 28,3 Mio Emigranten in den USA (2006). Größtes hispanophones Land. Sprachen: Spanisch (99%); offiziell 56 Indianersprachen (ca. 7,1% der Bevölkerung; 1,2% einsprachig indianisch): Nahuatl (Aztekisch, 24%), Maya (13%), Zapotekisch (7%), Mixtekisch (7%), Otomí, Totonakisch. Hauptstadt: Ciudad de México (gegr. 1521, zuvor Tenochtitlán). Geogr. Gliederung: Halbinsel Baja California, pazifische Küstenebene, zentrales Hochland mit Randgebirgen (Sierra Madre Occidental, Sierra Madre Oriental), Río-Balsas-Senke im Südwesten (Gran Valle del Sur), Isthmus von Tehuantepec, Küstenebene am Golf von Mexiko, Gebirgsland von Chiapas im Süden, Halbinsel Yucatán. Von Hernán Cortés 1519–1521 erobert, 1519 Gründung der Stadt Veracruz. 1535 Schaffung des Vizekönigreichs Neu-Spanien (Nueva España: bis 1570 mit Guatemala, Honduras, El Salvador, Nicaragua, Costa Rica; bis 1542 mit Panama; Aufnahme der Philippinen 1583). Unabh. 1810/1821. 1848 Abtretung aller Gebiete nördlich des Río Grande an die USA. Der Name *México* (*mexicano*) leitet sich vom aztekischen Stamm der *México* bzw. dem Beinamen *Mexitli* ihres Kriegsgottes Huitzilopochtli ab, der in Tenochtitlán ein bedeutendes Heiligtum besaß. Im sp. Sprachgebrauch übertrug er sich auf die neue Hauptstadt und das Land. Die Graphie mit <x> erklärt sich aus der genuinen und im 16. Jh. auch im Sp. geläufigen Aussprache [ʃ].

GUATEMALA. Mittelamerika, 108.889 km^2, 15,5 Mio Einw. (2013): 56% Mestizen, 41% Indianer (Relation unsicher), 3% Weiße, Schwarze, Mulatten, Chinesen (1996). Sprachen: Spanisch (65–86%); offiziell 21 Indianersprachen (Quiché-Maya; 15% einsprachig indianisch). Hauptstadt: Guatemala (gegr. 1776). Geogr. Gliederung: Tiefland des Petén im Norden, schmaler Zugang zum karibischen Meer, Gebirgsketten im Zentrum, pazifische Küstenebene im Süden. Von Pedro de Alvarado 1523–1524 von Mexiko aus erobert. Zentrum der Maya-Hochkultur. 1542 Generalkapitanat (mit Honduras, El Salvador, Nicaragua, Costa Rica), bis 1570 Teil des Vizekönigreichs Neu-Spanien (Mexiko). Unabh. 1821, Teil der Zentralamerikanischen Konföderation (mit El Salvador, Honduras, Nicaragua, Costa Rica), 1839 Republik. Der Name *Guatemala* (*guatemalteco*) soll sich von dem indianischen Ortsnamen *Quauhtematlan* 'Ort der Holzhaufen' (*quauhtemalli* 'Holzstoß') ableiten. Auch die Rückführung auf *U-hate-z-mal-ha* 'Berg, der Wasser speit' (Vulkan) aus der Mayasprache Tzeltal wurde erwogen.

EL SALVADOR. Mittelamerika, 21.040 km^2; 6,1 Mio Einw. (2013): 94% Mestizen, 5% Indianer, 1% Weiße (1996). Sprachen: Spanisch (100%); Indianersprachen (Pipil/Nahuatl). Hauptstadt: San Salvador (gegr. 1525). Geogr. Gliederung: Von Nordwesten nach Südosten verlaufende Bergketten mit zentraler Hochebene, pazifischer Küstenstreifen im Süden. 1524 von Pedro de Alvarado erobert, Teil des Generalkapitanats Guatemala, zunächst dem Vizekönigreich Neu-Spanien (Mexiko) zugeordnet. Unabh. 1821, Teil der Zentralamerikanischen Konföderation, 1839 Republik. In der von Alvarado gewählten Landesbezeichnung *El Salvador* (*salvadoreño*) kommt die Tendenz zur christlichen Namengebung in der Neuen Welt zum Ausdruck. Kolumbus hatte die erste von ihm erreichte Insel Guanahaní (Bahamas) gleichermaßen San Salvador genannt.

HONDURAS. Mittelamerika, 112.492 km^2; 8,1 Mio Einw. (2013): 90% Mestizen, 7% Indianer, 2% Schwarze, 1% Weiße (2001). Sprachen: Spanisch (99%); Indianersprachen (Garífuna/Arawak, Miskito); engl. Kreol an der Karibikküste; Englisch (Islas de la Bahía). Hauptstadt: Tegucigalpa (gegr. 1578). Geogr. Gliederung: Karibischer Küstenstreifen im Norden, Gebirgszüge mit Hochebenen im Zentrum, pazifische Küstengebiete im Süden. 1502 von Kolumbus entdeckt, 1524 von Spanien in Besitz genommen, 1525 Gründung der Stadt Trujillo. Teil des Generalkapitanats Guatemala, zunächst dem Vizekönigreich Neu-Spanien (Mexiko) zugeordnet. Unabh. 1821, Teil der Zentralamerikanischen Konföderation, 1838 Republik. Im karibischen Nordosten im 17. Jh. von Engländern besiedelt, 1862 britische Kolonie (Britisch-Honduras), unabh. 1981 (Belize). Der Name des in der Kolonialzeit auch Higueras genannten *Honduras* (*hondureño*) soll sich auf die Tiefen der karibischen Küstengewässer (cf. sp. *honduras*) beziehen, die den Schiffen das Ankern erschwerten.

NICARAGUA. Mittelamerika, 130.373 km^2; 6,0 Mio Einw. (2013), vorwiegend an der Pazifikküste besiedelt: 70% Mestizen, 17% Weiße, 9% Schwarze, 4% Indianer (2005). Sprachen: Spanisch (87–97%); Indianersprachen (Miskito, Sumo); engl. Kreol an der Karibikküste. Hauptstadt: Managua (gegr. 1858). Geogr. Gliederung: Karibisches Küstentiefland im Osten (Mosquitoküste), Gebirgsketten mit Hochlandgebieten im Nordwesten, Becken des Nicaragua- und des Managuasees im Südwesten und vorgelagerter pazifischer Küstenstreifen. 1502 von Kolumbus entdeckt. Erste Ansiedlungen wurden 1522 von Gil González Dávila gegründet. Teil des Generalkapitanats Guatemala, zunächst dem Vizekönigreich Neu-Spanien (Mexiko) zugeordnet. Unabh. 1821, Teil der Zentralamerikanischen Konföderation, 1838 Republik. Der Name *Nicaragua* (*nicaragüense*) geht möglicherweise auf den Häuptling Nicorao bzw. den gleichnamigen Stamm zurück.

COSTA RICA. Mittelamerika, 51.100 km^2; 4,4 Mio Einw. (2013): 87% Weiße, 7% Mestizen, 3% Schwarze und Mulatten, 2% Asiaten, 1% Indianer (2000). Sprachen: Spanisch (99%); Indianersprachen (Bribri/Chibcha); engl. Kreol an der Karibikküste (Limón). Hauptstadt: San José (Villa Nueva, gegr. 1755). Geogr. Gliederung: Karibische Küstenebene im Nordosten, von Nordwesten nach Südosten verlaufende Gebirgsketten mit zentraler Hochebene (Valle Central), pazifische Küstenebene im Südwesten. 1502 von Kolumbus entdeckt und Costa del Oro genannt. Teil des Generalkapitanats Guatemala, zunächst dem Vizekönigreich Neu-Spanien (Mexiko) zugeordnet. Beginn der Besiedlung erst Mitte des 16. Jhs. Unabh. 1821, Teil der Zentralamerikanischen Konföderation, 1838 Republik. Der Name *Costa Rica* (*costarricense*) steht in Verbindung mit den Bodenschätzen, die die Konquistadoren zu finden hofften.

PANAMA. Mittelamerika, 74.177 km^2; 3,8 Mio Einw. (2013): 64% Mestizen, 14% Schwarze und Mulatten, 10% Weiße, 8% Indianer, 4% Asiaten (1992). Sprachen: Spanisch (77–93%); Indianersprachen (Guaymí/Chibcha, Chocó); engl. Kreol (nordwestliche Karibikküste, Kanalzone). Hauptstadt: Ciudad de Panamá (gegr. 1519). Geogr. Gliederung: Karibische Küstenebene im Norden (Darién), von Westen nach Osten verlaufende Gebirgsketten, pazifische Küstenzone im Süden. 1501 von Rodrigo de Bastidas entdeckt. Nach Gründung der Kolonie Darién erreichte Vasco Núñez de Balboa 1513 auf der Suche nach dem Südmeer (Mar del Sur) den Pazifik. Vorübergehend dem Generalkapitanat Guatemala angegliedert, Zentrum von Castilla del Oro, ab 1567 zum Vizekönigreich Peru gehörig, schließlich Teil des Vizekönigreichs Neu-Granada (Kolumbien, 1717). Unabh. 1821, bis 1903 Teil Großkolumbiens. Der Name *Panamá* (*panameño*) soll auf einen einheimischen Ortsnamen zurückgehen, der 'fischreich' bedeutet.

KOLUMBIEN. Südamerika, 1.141.748 km^2; 45,7 Mio Einw. (2013): 58% Mestizen, 20% Weiße, 14% Mulatten, 4% Schwarze, 3% Zambos,[3] 1% Indianer (1996). Sprachen: Spanisch (99%); offiziell 72 Indianersprachen (Chibcha, Guajiro/Arawak, Caribe, Chocó); sp. Kreol (San Basilio); engl. Kreol (Inseln San Andrés und Providencia). Hauptstadt: Bogotá (Santa Fe de Bogotá, gegr. 1538). Geogr. Gliederung: Pazifische Küstenebene, West-, Zentral- und Ostkordillere der Anden, karibische Küstenebene mit dem Gebirgsmassiv der Sierra Nevada de Santa Marta, Tiefländer im Osten, Amazonasbecken im Südosten. 1499 von Alonso de Ojeda auf seiner Fahrt nach Venezuela im Osten sowie 1501 von Rodrigo de Bastidas im Küstenbereich berührt. 1525 Gründung der Stadt Santa Marta. Von Gonzalo Jiménez de Quesada 1536–1538 erobert. Generalkapitanat Neu-Granada (1547), zentraler Bestandteil des Vizekönigreichs Neu-Granada (Nueva Granada, 1717) mit Panama, Venezuela und Ecuador. Unabh. 1810, ab 1819 Großkolumbien (Gran Colombia) mit Venezuela und Ecuador (bis 1830) sowie Panama (bis 1903). Der Name *Colombia* (*colombiano*) leitet sich von Kolumbus ab und wurde dem Land bei der Unabhängigkeit gegeben.

---

[3] *Zambos*: Nachkommen aus der Verbindung von Schwarzen und Indianern.

VENEZUELA. Südamerika, 916.445 km^2; 30,1 Mio Einw. (2013): 67% Mestizen, 21% Weiße, 10% Schwarze, 2% Indianer (1996). Sprachen: Spanisch (99%); Indianersprachen Guajiro (Wayúu)/Arawak, Warao/Chibcha, Pemón/Karibisch). Hauptstadt: Caracas (gegr. 1567). Geogr. Gliederung: Karibische Küstenzone, Maracaibo-Senke und Ausläufer der Anden im Nordwesten, Orinocotiefland (*llanos*) im Zentrum, Hochland von Guayana im Süden. 1498 von Kolumbus sowie 1499 von Alonso de Ojeda (mit Juan de la Cosa und Amerigo Vespucci) im Küstenbereich berührt. 1510 Besiedlung der vorgelagerten Inseln. Inbesitznahme des Festlandes mit Gründung der Stadt Coro (1527). Von Karl V. 1528–1546 an die Augsburger Welser verpfändet. Von Santo Domingo aus verwaltet, 1717 Teil des Vizekönigreichs Neu-Granada (Kolumbien), 1742 Generalkapitanat. Unabh. 1811, 1821 Teil Großkolumbiens, 1830 Republik. Der Name *Venezuela* (*venezolano*) geht auf die indianischen Pfahlbauten am Golf von Maracaibo zurück, die den Entdeckern, unter denen sich der Italiener Vespucci befand, den Eindruck eines "Klein-Venedig" vermittelt haben sollen.

ECUADOR. Südamerika, 256.370 km^2; 15,5 Mio Einw. (2013): 45% Mestizen, 35% Indianer, 10% Weiße, 10% Schwarze, Mulatten und Zambos (2001). Sprachen: Spanisch (93–98%); offiziell 11 Indianersprachen (Quechua, Chibcha, Shuar). Hauptstadt: Quito (gegr. 1534). Geogr. Gliederung: Pazifisches Küstentiefland mit dem Golf von Guayaquil, Andenkordillere mit zentralem Hochplateau, Amazonastiefland im Osten. Von Francisco Pizarro auf seiner zweiten Expedition 1526 erreicht. Von Sebastián de Benalcázar bis 1534 von Peru aus erobert. Teil des Vizekönigreichs Peru (1563), ab 1717 Teil des Vizekönigreichs Neu-Granada (Kolumbien). Unabh. 1809, 1821 Teil Großkolumbiens, 1830 Republik. Der Name *Ecuador* (*ecuatoriano*) ergibt sich aus der geographischen Lage. Ab dem 18. Jh. erscheint er auf Karten (*tierras del Ecuador*) und wurde bei der Unabhängigkeit übernommen.

PERU. Südamerika, 1.285.216 km^2; 29,8 Mio Einw. (2013): 45% Indianer, 37% Mestizen, 15% Weiße, 3% Schwarze und Mulatten, Asiaten (2005). Sprachen: Spanisch (80–87%); Indianersprachen: Quechua (16,6%) und Aimara (2–3%) sind kooffizielle Sprachen. Hauptstadt: Lima (Ciudad de los Reyes, gegr. 1535; zuvor Rímac). Geogr. Gliederung: Pazifische Küstenebene, West-, Zentral- und Ostkordillere der Anden mit Hochgebirgstälern und südlichem Hochplateau (Altiplano), Amazonastiefland im Osten. 1524 von dem in sp. Diensten stehenden Portugiesen Aleixo Garcia, einem Überlebenden der Expedition des Juan Díaz de Solís zum Río de la Plata (cf. ARGENTINIEN), von Südbrasilien aus auf dem Landweg erstmals erreicht. Von Francisco Pizarro 1531–1533 erobert. Zentrum der Inka-Hochkultur. Zentraler Bestandteil des Vizekönigreichs Peru (1542), das bis 1717 alle sp. Territorien Südamerikas (mit Panama; ohne Venezuela) umfasste. Unabh. 1821. Der Name *Perú* (*peruano*) wird auf eine Region oder einen Fluss *Pirú*, *Birú*, *Pelú* zurückgeführt, den die Indianer Vasco Núñez de Balboa, dem Entdecker des Pazifiks, in Panama auf die Frage nach dem El Dorado nannten. Auch ein Häuptlingsname wird in Erwägung gezogen.

BOLIVIEN. Südamerika, 1.098.581 km^2; 10,5 Mio Einw. (2013): 55% Indianer, 30% Mestizen, 15% Weiße (2002). Sprachen: Spanisch (88%); Indianersprachen (36 kooffizielle; Quechua (25–30%), Aimara (17–25%), Guaraní 0,7%). Hauptstadt: Sucre (Chuquisaca, gegr. 1538), Regierungssitz La Paz (gegr. 1548). Geogr. Gliederung: West- und Ostkordillere der Anden mit zentralem Hochplateau (Altiplano) und Titicaca-See, im Osten Tiefland (*llanos*), das sich von Norden nach Süden in Amazonasgebiet, Pampas und Chaco unterteilt. Ab 1538 von Peru aus erobert. Teil des Vizekönigreichs Peru, 1559 Audiencia de Charcas (Sucre). 1776 Teil des Vizekönigreichs Río de la Plata. Unabh. 1809/1825. 1879 Verlust des pazifischen Zugangs in der Provinz Antofagasta an Chile. Weitere Gebiete fielen an Peru, Brasilien und Paraguay. Die Namengebung *Bolivia* (*boliviano*) erfolgte zu Ehren des Freiheitskämpfers Simón Bolívar (1784–1830), der die Unabhängigkeit von Panama, Kolumbien, Venezuela, Ecuador, Peru und Bolivien erstritt.

CHILE. Südamerika, 756.096 km^2; 16,8 Mio Einw. (2013): 95,4% Mestizen und Weiße, 4,6% Indianer (2002). Sprachen: Spanisch (90–99%); Indianersprachen (Mapuche (4,2%), Aimara, Rapanui). Hauptstadt: Santiago de Chile (Santiago de la Nueva Extremadura, gegr. 1541). Geogr. Gliederung: Pazifische Küstenzone, Küstenkordillere der Anden, Großes Längstal in Mittelchile, Hochkordillere im Osten. 1520 von dem in sp. Diensten stehenden pg. Seefahrer Fernão de Magalhães (sp. Magallanes) auf seiner Weltumsegelung (1519–1521) zum ersten Mal betreten. 1540 Beginn der Eroberung durch Pedro de Valdivia. Teil des Vizekönigreichs Peru (1542), 1778 Generalkapitanat. Unabh. 1810/18. Der Name *Chile* (*chileno*) beschränkte sich möglicherweise zunächst auf das Tal des Aconcagua. Er wird auf die Mapuche-Bezeichnung *tile*, *tili* für einen Vogel bzw. Vogelruf (*chille*) zurückgeführt. Auch quech. *chili* 'kalt' (klimatisch im Vergleich zu Peru) und aim. *chilli* 'das Ende der Welt' wurden als Ursprung genannt.

ARGENTINIEN. Südamerika, 2.780.400 km^2; 41,3 Mio Einw. (2013): 85% Weiße, 7% Mestizen, 0,4% Indianer, 7,6% Ausländer (1996). Sprachen: Spanisch (99%); Indianersprachen (Quechua, Guaraní). Hauptstadt: Buenos Aires (Santa María del Buen Aire, gegr. 1536/1580). Geogr. Gliederung: Andenkordilleren im Westen, Flachland des Gran Chaco im nördlichen Zentrum, zentralargentinische Ebene (Pampa), patagonisches Stufenland im Süden, atlantische Küstenzone im Osten. 1516 von Juan Díaz de Solís über den Río de la Plata erreicht, 1580 gesicherte Gründung von Buenos Aires. Teil des Vizekönigreichs Peru (1542), zentraler Bestandteil des Vizekönigreichs Río de la Plata (1776, mit Uruguay, Paraguay und Bolivien). Unabh. 1810. Der Name *Argentina* (*argentino*) leitet sich von lat. ARGENTUM 'Silber' ab (Río de la Plata 'Land am Silberstrom'). Der in sp. Diensten stehende it. Seefahrer Sebastiano Caboto gab den Mündungsgewässern 1526 diesen Namen, als er bei den Indianern Silber fand. Das Metall stammte allerdings aus einem Überfall auf die aus Peru zurückkehrende Expedition des Aleixo Garcia (cf. PERU).

URUGUAY. Südamerika, 177.879 km^2; 3,3 Mio Einw. (2012): 88% Weiße, 8% Mestizen, 4% Mulatten und Schwarze (1996). Sprache: Spanisch (96–98%). Hauptstadt: Montevideo (gegr. 1726). Geogr. Gliederung: Ebenen und niedriges Hügelland, atlantische Küstenzone im Süden und Südosten. 1516 von Juan Díaz de Solís entlang des Río de la Plata erkundet. 1680 Gründung der *Colônia do Sacramento* durch die Portugiesen (Verzicht 1777). 1776 Teil des Vizekönigreichs Río de la Plata, 1821–1827 Teil Brasiliens (Província Cisplatina). Unabh. 1828. Der Name *Uruguay* (*uruguayo*) stammt aus dem Guaraní und bezeichnet den Grenzfluss zu Argentinien. Die Bedeutung wird mit guar. *y* 'Wasser, Fluss' in Verbindung gebracht ('Fluss der Schnecken', guar. *uruguá* 'Wasserschnecke'; auch 'Wasser der bunten Vögel').

PARAGUAY. Südamerika, 406.752 km^2; 6,6 Mio Einw. (2013): 95% Mestizen, 2% Indianer, 2% Weiße, 1% Asiaten (1996). Amtssprachen: Spanisch (55–70%), Guaraní (90%; Diglossie). Hauptstadt: Asunción (gegr. 1537). Geogr. Gliederung: Flachland des Gran Chaco im Westen, Ausläufer des Paraná-Plateaus im Osten; im Süden und Osten von den Flüssen Pilcomayo, Paraguay und Paraná begrenzt. Das Land wurde von dem in sp. Diensten stehenden Portugiesen Aleixo Garcia um 1525 erkundet. Nach dem Rückzug der Spanier aus Buenos Aires erfolgte die Gründung von Asunción. Teil des Vizekönigreichs Peru (1542). Ab 1609 bedeutende Jesuitenmission, 1767 Ausweisung der Jesuiten. 1776 Teil des Vizekönigreichs Río de la Plata. Unabh. 1811. Der Name *Paraguay* (*paraguayo*) kommt aus dem Guaraní und bezeichnet den Fluss, der sich mit den Paraná zum Río de la Plata vereinigt. Die Bedeutung wird mit guar. *y* 'Wasser, Fluss' in Verbindung gebracht ('Fluss der Palmenkronen/Federkronen').

1.3 Europäisches und amerikanisches Spanisch

Die große räumliche Distanz zwischen Spanien und dem amerikanischen Kontinent spiegelt sich auch in sprachlichen Unterschieden, die am deutlichsten zutage treten, wenn man für einen Vergleich als Bezug den auf dem Kastilischen basierenden europäischen Standard wählt. In einem weiter gesteckten Rahmen wird ein markanter Kontrast zu den nördlichen und zentralen Varietäten des Spanischen offenbar, während das Südspanische, in dessen Zentrum das Andalusische steht, das sich zusammen mit dem Murciano und dem Extremeño während der Reconquista herausbildete, gewisse Affinitäten mit dem amerikanischen Spanisch aufweist.

Zur Bezeichnung der in Amerika gesprochenen Varietäten sind mehrere Termini in Gebrauch, die nach wissenschaftlicher und regionaler Tradition unterschiedlich zur Anwendung kommen. Aus europäischer Sicht ist die Bezeichnung "amerikanisches Spanisch" naheliegend, geographisch angemessen und entspricht dabei dem in Spanien verwendeten *español de América* bzw. *español americano*. Der in der Fachliteratur verbreitete Name "lateinamerikanisches Spanisch" (Paufler 1977; Kubarth 1987) klammert demgegenüber die große Gruppe der *hispanohablantes* in den USA aus, die in der Rangfolge hispanophoner Gemeinschaften der Welt an vierter Stelle stehen (cf. Kap. 3). Eine andere Perspektive ergibt sich im historischen Kontext. Vor dem Hintergrund der Herausbildung des amerikanischen Spanisch, die Spaniens atlantischen Südwesten in vielfältiger Weise mit den Kanarischen Inseln, der Karibik und dem amerikanischen Festland verband, prägte Diego Catalán (1958) den Terminus *español atlántico*. Faktisch gesehen finden sich Charakteristika dieses atlantischen Spanisch jedoch auch im südspanischen Mittelmeerbereich und an der amerikanischen Pazifikküste. Jens Lüdtke bevorzugt in diesem Zusammenhang die Bezeichnung "überseeisches" Spanisch (1990, 295). Letztlich geht es aber nicht um eine definitive sprachliche Blockbildung.

Sprecher des amerikanischen Spanisch nehmen in der Regel keinen terminologischen Bezug auf ihre sprachliche Heimat. In Verwendung der Sprachbezeichnung unterscheiden sie jedoch regional zwischen *español* und *castellano* (cf. Alonso 1979, Mondéjar 1981). Im mexikanisch-karibischen Raum spricht man von *español*, im La Plata-Raum zieht man *castellano* vor. Dies hat einerseits historische Gründe, die sich im Sinne der Eigenständigkeit von Spaniens früherer Hegemonie und Nationalität manifestieren. Andererseits wurde das Spanische bereits in Nebrijas Grammatik 1492 und Schriften der Kolonialzeit vorwiegend *lengua castellana* genannt. Davon abgesehen ergibt sich durch den offiziellen Sprachgebrauch eine Unterscheidung, wenn beispielsweise die Landessprache in der kolumbianischen Verfassung als *castellano* bezeichnet wird, während im allgemeinen Sprachgebrauch *español* vorherrscht. Schließlich greift man in offizieller Verwendung bisweilen auch auf die im 19. Jh. im Zuge der Unabhängigkeit aufgekommenen Bezeichnungen *idioma/lengua nacional* zurück.

Amtssprache ist Spanisch in allen hispanophonen Ländern Lateinamerikas. In Puerto Rico übernimmt es diese Funktion zusammen mit dem Englischen, in Paraguay mit dem indianischen Guaraní. In Peru sind nach der Verfassung Quechua und Aimara koffizielle Sprachen, während dieser Status in Kolumbien auf regionaler Ebene allen Indianersprachen zukommt.

Um die Charakteristika des amerikanischen Spanisch zu klassifizieren, bedient man sich der Bezeichnung Amerikanismus (*americanismo*). Da dieser Terminus die sprachlichen Verhältnisse aus kontinentaler Sicht kategorisiert, erweist er sich geographisch und diachronisch als ambivalent. Obwohl sich grundsätzlich panamerikanische Charakteristika zuweisen lassen wie das Fehlen von [θ] (*decir* [de'sir]), bilden die amerikanischen Gebiete weder eine sprachliche Einheit, noch ist eine generelle Abgrenzung gegenüber Spanien möglich. In synchronischer Betrachtung liegt das Problem des geographischen Raums darin, dass viele Amerikanismen in erster Linie regional auftreten (z.B. Karibik, Andengebiete) und manche Charakteristika Parallelen mit Südspanien aufweisen.

Auch die historische Entwicklung ist zu berücksichtigen. So wird das Wort *sabana* 'Savanne' beispielsweise von allen Hispanophonen verwendet. Nach dem Sprachgebrauch liegt insofern kein Amerikanismus vor, in Bezug auf die Herkunft des Wortes, das aus der Karibik stammt (cf. 5.3.1), ist dies jedoch der Fall. Um die Zuordnung in dieser Hinsicht differenzierter zu fassen, bezeichnet man Entlehnungen aus den Indianersprachen als Indigenismen (*indigenismos*). Die geographische Klassifikation unterliegt mitunter einer diachronischen Verschiebung, wodurch ein Wort wie *sabana*, das nach der Entdeckung Amerikas zunächst als spezifisch amerikanisch galt (*çavána*), in späterer Zeit in dieser Beziehung nur noch eine etymologische Größe darstellt. Die Berücksichtigung der historischen und geographischen Bezüge führt uns zu folgender Definition des Amerikanismus:

> Ein Amerikanismus lässt sich als sprachliche Form beschreiben, die im Kontrast zum historisch referentiellen Standard des Kastilischen steht und einem Teil des amerikanischen Sprachgebietes nach Gebrauch oder Herkunft zuzuordnen ist.

Diese Definition kann sich entsprechend der Ausrichtung hispanistischer Beiträge im Schwerpunkt verlagern. In der neueren Lexikographie tritt bei Amerikanismen z.B. das Kriterium der etymologischen Herkunft in den Hintergrund.

Es liegt in der Natur des individuellen Sprachgefühls, regionale Varianten in ihrer Abweichung von einer Norm zu registrieren. Dies gilt auch für das Spanische in Amerika, selbst wenn entsprechende Feststellungen in früher Zeit nicht unter dem Hinweis auf die Herausbildung eines amerikanischen Spanisch erfolgten. Im Bordbuch der Entdeckungsfahrt erklärte Kolumbus erste Indigenismen (cf. 5.3). In den folgenden Jahrzehnten nahm das Spanische in Amerika zahlreiche Entlehnungen aus den Indianersprachen auf, die nur zum Teil im Mutterland bekannt oder verbreitet waren. Daneben bildeten sich amerikanische Sonderbedeutungen heraus wie z.B. in Chile *sabanilla* 'tejido de lana que fabrican los indios del archipiélago de Chiloé' (< *sábana* 'Betttuch'), die Antonio de Alcedo (1789, 358) verzeichnet. In diesen Veränderungen liegt ein Ausgangspunkt für die sprachliche Differenzierung. Um das amerikanische Spanisch oder eine seiner regionalen Formen (z.B. das Spanische der Karibik) als diatopische Varietät zu definieren, sind vom linguistischen Standpunkt aus gesehen Entwicklungen im Wortschatz allein allerdings nicht hinreichend, da die Differenzierung auch in Phonetik und Morphosyntax vorausgesetzt wird.

Während man sich bis zum Beginn des 17. Jhs. in Bezug auf die Existenz von Amerikanismen in der Regel auf die Erwähnung der "voces de Indias" beschränkte, fasst der Autor der ersten spanischen Sprachgeschichte, Bernardo de Aldrete (*Del origen o prin-*

cipio de la lengua castellana, 1606), das Spanische in Amerika 1616 in einem Brief als regional diversifizierte Varietät auf:

> "Diferentes son los dialectos, i frases i pureza de n*ues*tra lengua que se usan en Madrid de las de México, i Lima; no tan lexos de Córdoba a Sevilla ai en muchas cosas diferencia" (zit. nach Martínez Ruiz 1970, 308).

Diese Feststellung erfolgte ein Jahrhundert vor einer vergleichbaren Aussage zur Entwicklung des Portugiesischen in Brasilien. Da die Sprachbetrachtung jener Zeit das Spanische als Sprache eines Imperiums sah, als dessen Bindeglied sie fungierte und deren Reinheit (*pureza*) sich mit der Vorstellung von Einheit verband, traten varietätenlinguistische Aussagen allerdings in den Hintergrund. Somit blieben konkrete Aussagen zu sprachlichen Entwicklungen zu jener Zeit eher dem Zufall überlassen.

Lexikalische Amerikanismen wurden zum ersten Betätigungsfeld der sprachlichen Inventarisierung des Spanischen in Amerika (cf. Haensch 1990, Pottier-Navarro 1992). Aus dem 17. Jh. sind die Glossare von Pedro Fernández de Castro (*Descripción de la provincia de los Quixos*, Audiencia de Quito, 1608) und von Fray Pedro Simón (*Noticias Historiales*, 1627) bekannt, der bereits regionale Besonderheiten Kolumbiens berücksichtigt. Mit dem *Vocabulario de las voces provinciales de América* legte Antonio de Alcedo (1789) die erste systematische Zusammenstellung hispanoamerikanischen Wortschatzes vor, die sich auf Flora und Fauna konzentriert und dabei die geographische Verbreitung berücksichtigt. Aus regionaler Sicht wurde das Spanische Kubas Thema eines ersten kurzen Vokabulars, das der Mexikaner López Matoso im Rahmen seiner Exilbeschreibung *Viaje de perico ligero al país de los moros* zwischen 1817 und 1820 zusammenstellte. Darin kontrastiert er kubanische Bedeutungen mit mexikanischen: "*Maní* son los cacahuates" [mex. für *cacahuetes*] (Wogan 1961, 82). Auch das erste regionale Wörterbuch des amerikanischen Spanisch behandelt die kubanische Varietät. Es stammt von Esteban Pichardo und erschien 1836.

Ein amerikanisches Bewusstsein für die kontinentalen Varietäten des Spanischen bildete sich im 19. Jh. vor dem Hintergrund der Unabhängigkeit der Länder Lateinamerikas und der Publikation sprachbezogener Studien heraus. In seiner *Gramática de la lengua castellana destinada al uso de los americanos* unterstrich Andrés Bello 1847 die Notwendigkeit, der Aufsplitterung des Spanischen in Amerika in verschiedene Einzelsprachen entgegenzuwirken:

> "[...] si no se ataja, va a privarnos de las inapreciables ventajas de un lenguaje común [...] dialectos irregulares, licenciosos, bárbaros; embriones de idiomas futuros, que durante una larga elaboración reproducirían en América lo que fue en Europa en el tenebroso período de la corrupción del latín. Chile, el Perú, Buenos Aires, Méjico, hablarían cada uno su lengua, o por mejor decir, varias lenguas, como sucede en España, Italia, Francia donde dominan ciertos idiomas provinciales [...]" (Bello 1988, 160).

Auch ideologische Überlegungen nahmen auf die Verhältnisse Einfluss. Den nationalen Unabhängigkeitserklärungen folgten Manifeste sprachlicher Eigenständigkeit. Diese Entwicklung findet in der Geschichte des brasilianischen Portugiesisch eine Parallele. In einem Vergleich, der auf die Ausgliederung der romanischen Sprachen Bezug nahm, projizierte Rufino José Cuervo (1901) eine weitgehende Differenzierung zwischen den spanischen Varietäten beiderseits des Atlantiks. Im Gegensatz zu Andrés Bello verband Cuervo damit keinen Aufruf zur Bewahrung der sprachlichen Einheit.

Mit seinen *Apuntaciones críticas sobre el lenguaje bogotano* begründete Cuervo 1867 die linguistischen Studien zum amerikanischen Spanisch. Die erste Skizzierung einer dialektalen Gliederung entwarf 1882 der Kubaner Juan Ignacio de Armas y Céspedes (cf. 4.1). Der in Chile wirkende Rudolf Lenz stellte Ende des 19. Jhs. Überlegungen zur Differenzierung des amerikanischen Spanisch an, die er auf die Indianersprachen zurückführte (cf. 7.1). Über die allgemeine Entwicklung der hispanoamerikanischen Linguistik informiert der Band *Ibero-American and Caribbean Linguistics* (Sebeok 1968).

Nachdem die *Real Academia Española* Mitte des 19. Jhs. erste Mitglieder aus Hispanoamerika aufgenommen hatte, entstand der Plan zur Schaffung amerikanischer Sprachakademien. Als erste wurde 1871 die kolumbianische Akademie gegründet. 1951 schlossen sich die bis dahin bestehenden zwanzig Institutionen in der *Asociación de Academias de la Lengua Española* zusammen. Danach traten der Vereinigung noch die *Academia Puertorriqueña* (1955) und die *Academia Norteamericana* (1980) mit Sitz in New York bei.

In der Diskussion um die Einheit des Spanischen waren die extremen Vorstellungen Cuervos hinsichtlich einer sprachlich weitgehenden Differenzierung beiderseits des Atlantiks bereits früh relativiert worden. Heute scheint die Präsenz der modernen Medien ein Garant der Stabilität des Spanischen in der Welt zu sein. Die aktuellen Verhältnisse unterstreichen dies. Ungeachtet der lokalen Entwicklungen in den territorial extrem weitläufigen amerikanischen Sprachgebieten wird der Grad der sprachlichen Variation auf der Iberischen Halbinsel nicht übertroffen.

Während Brasilianer in Portugal oder US-Amerikaner im Süden Englands aufgrund der spezifischen Besonderheiten ihrer Varietäten stellenweise mit einer Beeinträchtigung der Verständigung rechnen müssen, stellt sich dieses Problem innerhalb des Spanischen kaum. In einem schriftlichen Text, der nicht näher auf lokale Verhältnisse Bezug nimmt, wird meist schwer zu entscheiden sein, ob er aus Spanien oder Südamerika stammt. Worin die Unterschiede zwischen dem kastilischen und dem amerikanischen Spanisch liegen, soll in Kapitel 2 skizziert werden.

1.4 Ausgewählte Hilfsmittel zum amerikanischen Spanisch

Dieser Abschnitt stellt selektiv einige bibliographische Informationen zusammen, die den Zugang zum Schrifttum des amerikanischen Spanisch erleichtern sollen. Dabei werden vor allem auch grundlegende Beiträge angeführt, die der Orientierung dienen und einen Ausgangspunkt für weitere Studien darstellen.

Die zentrale Arbeitsgrundlage jedes wissenschaftlichen Vorhabens bildet eine Übersicht über vorhandene Fachliteratur. Bei der Zusammenstellung einer Literaturliste sind die Konsultation von Schlagwortkatalogen und unspezifisches Suchen im Internet meist wenig hilfreich, während sich z.B. kumulatives Bibliographieren anhand der Literaturangaben in einschlägigen Fachpublikationen als ergiebiger erweist. Den systematischen Zugang zur Fachliteratur erschließen jedoch nur Bibliographien.

Bibliographische Hilfsmittel

Bei Bibliographien unterscheidet man abgeschlossene Publikationen (z.B. Solé 1990), die Material eines bestimmten Berichtszeitraums erfassen, und laufende Publikationen (RB, MLA), die regelmäßig erscheinen und unter Berücksichtigung eines gewissen Verzugs (1–3 Jahre) auch die jeweils aktuelle Literatur verzeichnen.

Die für die romanische Sprachwissenschaft wichtigste unter den laufenden Bibliographien ist die *Romanische Bibliographie* (RB). Sie erscheint als Supplement der *ZRPh* seit 1875, seit 1961 selbständig und erfasst das amerikanische Spanisch in der mittlerweile zweibändigen Jahresausgabe jeweils im Band Sprachwissenschaft unter dem Systemschlüssel 89. Ab dem Jahrgang 1965 ist sie in Universitätsnetzen jetzt auch online zugänglich und erlaubt damit eine Recherche mit kombinierter Stichworteingabe, die das Bibliographieren vor allem im Hinblick auf die Kumulierung der Jahrgänge erleichtert. Eine solche Kumulierung ermöglicht die amerikanische MLA ab 1963. Damit bietet sie, obwohl sie nicht auf die romanischen Sprachen spezialisiert ist, ebenfalls einen beachtlichen Fundus an Literaturangaben, die als Ergebnis einer Recherche abgespeichert werden können. Zudem ergibt sich aufgrund mehrerer Aktualisierungen pro Jahr auch kein größerer Verzug bei der Titelaufnahme, der vor allem Printausgaben betrifft. Die meisten Universitäten bieten einen lokalen Zugriff auf die MLA und die *Linguistic Bibliography* (LB, 1993–). Ferner steht die *Bibliographie linguistischer Literatur* (BLL, 1971–) mit direkten Links zu im Netz erhältlichen Volltexten zur Verfügung.

Von den abgeschlossenen Publikationen kommentieren Rohlfs (1957), Lope Blanch (1968) und Malkiel (1972) ältere linguistische Literatur zum amerikanischen Spanisch. Etwas neuere Beiträge bieten die von López Morales herausgegebenen *Cuadernos bibliográficos* (1994–), die aus zehn nach Regionen konzipierten Heften bestehen und bis auf Bd. 5 (Bolivia, Ecuador y Perú) und Bd. 10 (Índices) erschienen sind. Eine kommentierte Bibliographie der Wörterbücher zum amerikanischen Spanisch beinhalten Haensch/Omeñaca (2004, 301–327).

Da Beiträge zum amerikanischen Spanisch in Seminar- und Universitätsbibliotheken unterschiedlich stark vertreten sind, stellt die Fernleihe ein wichtiges Instrument für die Literaturbeschaffung dar. Dazu bietet im Internet der *Karlsruher Virtuelle Katalog* (*www.ubka.uni-karlsruhe.de/kvk.html*) eine hilfreiche Zusammenschaltung regionaler Kataloge, die das Auffinden eines Buchtitels erleichtern. Fachzeitschriften können im Netz über das Verzeichnis ZDB (*http://dispatch.opac.d-nb.de*) lokalisiert werden. Zeitschriftenaufsätze kann man thematisch und nach Autoren über die *Internationale Bibliographie der geistes- und sozialwissenschaftlichen Zeitschriftenliteratur* (IBZ, Universitätsnetze) ausfindig machen. Schließlich ist noch auf die Virtuelle Fachbibliothek Ibero-Amerika / Spanien / Portugal (Cibera: *www.cibera.de*) des Ibero-Amerikanischen Instituts in Berlin mit vielfältigen Vernetzungen hinzuweisen. Die Beschäftigung mit diesen Instrumenten der Literaturrecherche ist bereits in einer frühen Studienphase absolut notwendig.

Laufende Bibliographien

Romanische Bibliographie [RB, 1961–]. Berlin, Boston 2009ss. Tübingen 1965–2009. Zuvor: Supplement zur ZRPh [1875–]. Halle 1878–1940; Tübingen 1957–1964. [online, 1965–]
Bibliographie linguistischer Literatur [BLL, 1971–]. Frankfurt/M. 1976ss. [online 1971– ; BLLDB: *www.blldb-online.de*]
Linguistic Bibliography [LB, 1939–]. Utrecht – Bruxelles 1949; Utrecht – Antwerpen 1949ss. [online]
HLAS: Handbook of Latin America Studies, Cambridge (Mass.) 1935–1947; Gainsville (Fl.) 1948–1978; Austin (Tex.) 1979ss. (*http://lcweb2.loc.gov/hlas/mdbquery.html*)
MLA International Bibliography of Books and Articles of the Modern Languages and Literatures. New York 1969ss. [online, 1922–]

Abgeschlossene Bibliographien

Campos, H./Martínez-Gil, F. (1992): Current Studies in Spanish Linguistics. Washington, GUP.
Lope Blanch, J. M. (1968): El español de América. Madrid, Alcalá.
López Morales, H. (1994ss., ed.): El español de América. Cuadernos bibliográficos. 10 vol. Madrid, Arco Libros. 1. Introducción. 2. América Central. 3. Las Antillas. 4. Argentina, Paraguay y Uruguay. 5. Bolivia, Ecuador y Perú [fehlt]. 6. Chile. 7. Colombia y Venezuela. 8. Estados Unidos. 9. México. 10. Índices generales [fehlt].
Malkiel, Y. (1972): Linguistics and Philology in Spanish America. A Survey (1925–1970). The Hague – Paris, Mouton.
Rohlfs, G. (1957): Manual de filología hispánica. Guía bibliográfica, crítica y metódica. Bogotá.

Serís, H. (1964): Bibliografía de la lingüística española. Bogotá.
Solé, C. A. (1990): Bibliografía sobre el español en América 1920–1986. Bogotá, ICC.

Fachzeitschriften

Eine auf linguistische Fragestellungen Iberoamerikas spezialisierte Zeitschrift ist *RILI* (*Revista Internacional de Lingüística Iberoamericana*, 2003–). Die *RFE* widmete im Jubiläumsjahr 1992 einen Band überwiegend dem amerikanischen Spanisch (72, 269–733). Weitere Zeitschriftentitel erscheinen im hiesigen Abkürzungsverzeichnis (X–XII).

Terminologische Nachschlagewerke

Über die Bedeutung linguistischer Fachtermini kann man sich in folgenden Werken informieren.

Alcaraz Varó. E./Martínez Linares, M. A. (2004^2): Diccionario de lingüística moderna. Barcelona, Ariel.
Bußmann, H. (2008^4): Lexikon der Sprachwissenschaft. Stuttgart, Kröner.
Glück, H. (2005^3, ed.): Metzler Lexikon Sprache. Stuttgart – Weimar, Metzler. [2. Aufl. auf CD verfügbar]

Allgemeine Darstellungen zum amerikanischen Spanisch

Aleza Izquierdo, M./Enguita Utrilla, J. M. (2002): El español de América: aproximación sincrónica. Valencia, Tirant lo Blanch.
Araús Puente, C. (2005, ed.): Manual de lingüística hispanoamericana. II. Notas para un seminario sobre el español americano. Bogotá, ICC.
Berschin, H./Fernández-Sevilla, J./Felixberger, J. (2012^4): Die spanische Sprache. Verbreitung · Geschichte · Struktur. Hildesheim, Olms, 23–39, 95–106.
Cotton, E. G./Sharp, J. M. (1988): Spanish in the Americas. Washington, Georgetown Univ. Press.
Dietrich, W./Noll, V. (2012^6): Einführung in die spanische Sprachwissenschaft. Ein Lehr- und Arbeitsbuch. Berlin, Schmidt, 221–236.
Entwistle, W. J. (1982^4): Las lenguas de España: Castellano, catalán, vasco y gallego-portugués. Madrid, Istmo, 275–327.
Fontanella de Weinberg, M. B. (1976): La lengua española fuera de España. América, Canarias, Filipinas, judeoespañol. Buenos Aires, Paidos, 13–115.
Fontanella de Weinberg, M. B. (1993^2): El español de América. Madrid, MAPFRE.
Frago Gracia, J. A./Figueroa, M. F. (2003^2): El español de América. Cádiz, Universidad de Cádiz.
Kubarth, H. (1987): Das lateinamerikanische Spanisch. Ein Panorama. München, Hueber.
Lafuente, S. (2005): Manual del español de América. Firenze, Le Lettere.

Lipski, J. M. (1994): Latin American Spanish. London – New York, Longman. [El español de América. Madrid, Cátedra, 1996]
Holtus, G./Metzeltin, M./ Schmitt, Ch. (1992, ed.): Lexikon der Romanistischen Linguistik (LRL). VI,1. Aragonesisch/Navarresisch, Spanisch, Asturianisch/Leonesisch. Tübingen, Niemeyer, 531–577.
López Morales, H. (2005): La aventura del español en América. Madrid, Espasa.
Malmberg, B. (1974³): La América hispanohablante. Unidad y diferenciación del castellano. Madrid, Istmo.
MDH-A: M. Alvar (1996, ed.): Manual de dialectología hispánica. El español de América. Barcelona, Ariel.
Moreno de Alba, J. G. (2004³). El español en América. México, Fondo de Cultura Económica.
Moreno de Alba, J. G. (2007): Introducción al español americano. Madrid, Arco Libros.
Moreno Fernández, F. (2009): La lengua española en su geografía. Madrid, Arco Libros, 203–420.
Paufler, H.-D. (1977): Lateinamerikanisches Spanisch. Phonetisch-phonologische und morphologisch-syntaktische Fragen. Leipzig, VEB.
Penny, R. (2000): Variation and Change in Spanish. Cambridge, CUP, 136–163. [Variación y cambio en español. Madrid, Gredos]
Quesada Pacheco, M. A. (2003²): El español de América. Cartago, Ed. Tecnológica de Costa Rica.
Quilis, A. (1992): La lengua española en cuatro mundos. Madrid, MAPFRE, 20–93.
Quilis, A. (2002): La lengua española en el mundo. Valladolid, Univ. de Valladolid, 29–93.
Saralegui, C. (2004²): El español americano: teoría y textos. Pamplona, Ediciones Universidad de Navarra.
Torres Torres, Antonio (2000): El español de América. Barcelona, Edicions Universitat de Barcelona.
Zamora Vicente, A. (1985²): Dialectología española. Madrid, Gredos, 378–447.

Phonetik – Phonologie

Canfield, D. L. (1962): La pronunciación del español en América. Ensayo histórico-descriptivo. Bogotá, ICC.
Canfield, D. L. (1992, ¹1981): Spanish Pronunciation in the Americas. Chicago – London, The Univ. of Chicago Press. [El español de América. Fonética. Barcelona, Crítica, 1988]
NGLE III: RAE/ASALE (2011): Nueva gramática de la lengua española. Fonética y fonología. Madrid, Espasa, passim.
Revert Sanz, V. (2001): Entonación y variación geográfica en el español de América. Valencia, Universitat de València.
Vaquero de Ramírez, M. (1996): El español de América I. Pronunciación. Madrid, Arco Libros.

Morphosyntax

Bueso, I. et al. (2007, ¹1999): Diferencias de usos gramaticales entre español peninsular y español de América. Madrid, Edinumen.

Hernández Alonso, C. (2010, ed.): Estudios lingüísticos del español hablado en América. 3 vol. Madrid, Visor Libros.
Kany, Ch. E. (1951², ¹1945): American-Spanish Syntax. Chicago, The Univ. of Chicago Press. [Sintaxis hispanoamericana. Madrid, Gredos, 1994]
NGLE I+II: RAE/ASALE (2010): Nueva gramática de la lengua española. Morfología. Sintaxis. 2 vol. Madrid, Espasa, passim.
Vaquero de Ramírez, M. (1996): El español de América II. Morfosintaxis y léxico. Madrid, Arco Libros.

Wortschatz

Buesa Oliver, T./Enguita Utrilla, J. M. (1992): Léxico del español de América. Su elemento patrimonial e indígena. Madrid, MAPFRE.
Kany, Ch. E. (1960): American-Spanish Semantics. Berkeley, UCP. [Semantica hispanoamericana. Madrid, Aguilar, 1962]
Molero, A. (2003): El español de España y el español de América. Vocabulario comparado. Madrid, SM.
Moreno de Alba, J. G. (1992): Diferencias léxicas entre España y América. Madrid, MAPFRE.
Sala, M. et al. (1982): El léxico del español de América. 2 vol. Bogotá, Caro y Cuervo.

Wörterbücher zum amerikanischen Spanisch

Eine kommentierte Bibliographie bieten Haensch/Omeñaca, die auch Werke zu einzelnen Ländern vorstellen (2004, 301–327), außerdem Alvar (2002). Von Bedeutung ist das an der Universität Augsburg initiierte Projekt des *Nuevo diccionario de americanismos / Diccionarios contrastivos del español de América*, in dessen Rahmen Bände zu Kolumbien, Argentinien, Uruguay und Kuba erschienen sind (cf. Haensch/Werner 1993a–c; Cárdenas Molina/Tristá Pérez/Werner 2000; Chuchuy 2000). Der Band zu Bolivien steht in Vorbereitung. Bemerkenswert ist auch das von dieser Reihe unabhängige Wörterbuch zu Mexiko (Lara 1996). Der neue *Diccionario de americanismos* der Asociación de Academias de la Lengua Española bietet mit 70.000 Lemmata einen erstaunlichen Fundus an Wortmaterial, der im Gegensatz zum spanischen Akademiewörterbuch (DRAE 2003) und María Moliner (DUE 2008) jedoch leider noch nicht die erweiterten Möglichkeiten der elektronischen Recherche eröffnet.

AALE (2010): Diccionario de americanismos. Madrid, Santillana.
Arias de la Cruz, M. Á. (1987, 1980): Diccionario temático: americanismos. León, Everest.
Malaret, A. (1946³, ¹1925): Diccionario de americanismos. Buenos Aires.
Morínigo, M. A. (2001, 1998): Nuevo diccionario de americanismos e indigenismos. Buenos Aires, Ed. Claridad.
Neves, A. (1975, ¹1973): Diccionario de americanismos. Buenos Aires.
Santamaría, F. J. (1942): Diccionario general de americanismos. 3 vol. México.

Dialektologie

Montes Giraldo, J. J. (1995³): Dialectología general e hispanoamericana. Orientación teórica, metodológica y biliográfica. Santafé de Bogotá, ICC.
Moreno Fernández, F. (1993, ed.): La división dialectal del español de América. Alcalá de Henares, Universidad de Alcalá de Henares.
Zamora Munné, J. C./Guitart, J. M. (1988²): Dialectología hispanoamericana. Teoría – descripción – historia. Salamanca, Almar.

Sprachatlanten

Alvar, M. (1991): "Proyecto del *Atlas Lingüístico de Hispanoamérica*", in: Estudios de geografía lingüística. Madrid, Paraninfo, 439–456.
Araya, G./Contreras, C./Wagner, C./Bernales, M. (1973): Atlas lingüístico-etnográfico del Sur de Chile (ALESUCH). I. Valdivia, Universidad Austral de Chile – Editorial Andrés Bello.
Flórez, L./Montes, J. (1981–83, ed.): Atlas lingüístico-etnográfico de Colombia (ALEC). 6 vol. Bogotá, ICC.
Lope Blanch, J. (1990–2000, ed.): Atlas lingüístico de México (ALM). I. Fonética. 3 vol. II. Morfosintaxis. 1 vol. III. Léxico. 2 vol. México, Colegio de México.
Quesada Pacheco, M. Á. (1992): "Pequeño atlas lingüístico de Costa Rica (PALCR)", in: Revista de Filología y Lingüística de la Universidad de Costa Rica 18, 85–189.
Richards, M. (2003): Atlas lingüístico de Guatemala. Guatemala, SEPAZ/UVG/URL/USAID.
Thun, H./Elizaincín, A. (2000–, ed.): Atlas lingüístico diatópico y diastrático del Uruguay (ADDU). Kiel, Westensee.

Länder- und regional orientierte Darstellungen

Eine kompakte Übersicht über den hispanoamerikanischen Sprachraum bietet nach wie vor der zweite Teil von Lipskis *Latin American Spanish* (1994) in einer nach Ländern gegliederten Darstellung (ohne USA). Man muss sich bei dieser Art der Einteilung jedoch im Klaren darüber sein, dass die Präsentation nach Ländern eher den Bedürfnissen nach Klassifikation eines Lexikons entspricht, nicht aber der sprachgeographischen Wirklichkeit. Die meisten Phänomene lassen sich nicht innerhalb von Landesgrenzen erfassen.

Informationen zur sprachlichen Variation im amerikanischen Spanisch verteilen sich auf zahllose Detailstudien. Nachfolgend werden in knapper Auswahl Überblicksbeiträge zu verschiedenen Ländern und Regionen aufgeführt, die sich als Einstieg in die Problematik oder Orientierung eignen. Dazu liegen zunächst mehrere Sammelbände vor:

(1) *Historia y presente del español de América* (HPEA 1992) enthält Beiträge zu den USA, den Antillen, Puerto Rico, Mexiko, Kolumbien, Venezuela, Ecuador, Peru, Bolivien, Chile, Argentinien, Uruguay und Paraguay. (2) Das *Manual de dialectología his-*

pánica. El español de América (MDH-A 1996) beinhaltet Artikel zu den USA, Mexiko, Mittelamerika, Kolumbien, Venezuela, Ecuador, Peru, Bolivien, Chile, Argentinien, Uruguay und Paraguay. (3) *Weltsprache Spanisch* (Herling/Patzelt 2013) präsentiert ebenfalls länderorientiert Aufsätze zu allen hispanoamerikanischen Gebieten. (4) Älteren Datums sind die Beiträge in *Presente y Futuro de la Lengua Española* (PFLE I, 1964), die Puerto Rico, Mexiko, Costa Rica, Kolumbien, Ecuador, Chile, Argentinien und Paraguay betreffen.

Ein Sammelband aus der Perspektive der Sprachkontakte ist *El español de América. Contactos lingüísticos en Hispanoamérica* von Palacios Alcaine (2008), der alle Länder Hispanoamerikas (und die USA) abdeckt. Ein nach Sprachräumen orientiertes ausführliches Kompendium zur Anrede bieten Hummel/Kluge/Vázquez Laslop (2009) mit *Formas y fórmulas de tratamiento en el mundo hispánico*.

Sprachgeographische Detailstudien, die im Rahmen des Projektes *Atlas Lingüístico de Hispanoamérica* realisiert wurden, liegen bisher in vier Bänden vor (Süden der USA, Dominikanische Republik, Paraguay, Venezuela; Untertitel: *Estudios, mapas / encuestas, textos*; Alvar 2000a, 2000b, 2001a, 2001b). Weitere Bände zu Mexiko, Argentinien und Uruguay sowie Chile sind angekündigt.

ANTILLEN
López Morales, H. (1992): El español del Caribe. Madrid, MAPFRE.

DOMINIKANISCHE REPUBLIK
Henríquez Ureña, P. (1940): El español en Santo Domingo. Buenos Aires, La Universidad de Buenos Aires.

KUBA
López Morales, H. (1971): Estudios sobre el español de Cuba. New York, Las Américas.

PUERTO RICO
Navarro Tomás, T. (1966^2, ^{1}1948): El español en Puerto Rico. Contribución a la geografía lingüística hispanoamericana. Río Piedras, Universidad de Puerto Rico.

USA
López Morales, H. (2009, ed.): Enciclopedia del español en los Estados Unidos. Madrid, Instituto Cervantes.

MEXIKO
Lope Blanch, J. (1983^2, ^{1}1972): Estudios sobre el español de México. México, UNAM.

MITTELAMERIKA
Quesada Pacheco, M. Á. (2010–12, ed.): El español hablado em América Central. 2 vol. Madrid – Frankfurt/M., Iberoamericana – Vervuert.

HONDURAS
Herranz, A. (1990, ed.): El español hablado en Honduras. Tegucigalpa, Gayamuras.

NICARAGUA
Mántica, C. (1994): El habla nicaragüense. Managua, Hispamer.

COSTA RICA
Agüero Chaves, A. (2009): El español de Costa Rica. San Juan, UCR.

PANAMA
Quilis, A./Graell/M. (1992): "La lengua española en Panamá", in: RFE 72, 583–638.

KOLUMBIEN
Montes Giraldo, J. J. (1985): Estudios sobre el español de Colombia. Bogotá, Caro y Cuervo.

VENEZUELA
Calcaño, J. (1949, ^{1}1897): El castellano en Venezuela. Estudio crítico. Madrid, Artegrafía.

ECUADOR
Toscano Mateus, H. (1953): El español en el Ecuador. Madrid, CSIC.

PERU
Benvenutto Murrieta, P. M. (1936): El lenguaje peruano. Lima.

CHILE
Oroz, R. (1966): La lengua castellana en Chile. Santiago, Universidad de Chile.

ARGENTINIEN
Fontanella de Weinberg, M. B. (2004^{2}, ed.): El español de la Argentina y sus variedades regionales. Bahía Blanca, Asociación Bernardino Rivadavia.

PARAGUAY
Granda, G. de (1988): Sociedad, historia y lengua en el Paraguay. Bogotá, ICC.

Geschichte des amerikanischen Spanisch

Eine umfassende Geschichte des amerikanischen Spanisch liegt noch nicht vor, ein solides Handbuch steht jedoch mit Sánchez Méndez (2003) zur Verfügung. Zur Entwicklung des Spanischen in Amerika informiert zudem der Sammelband *Historia y presente del español de América* (HPEA 1992) mit Beiträgen zu den Antillen, den USA, Mexiko, Kolumbien, Peru, Bolivien, Chile, Argentinien, Uruguay und Paraguay. Ferner beinhaltet die *Romanische Sprachgeschichte* (Ernst et al. 2003) in Band I neun einschlägige Artikel, die die externe Sprachgeschichte Hispanoamerikas behandeln.

ALLGEMEINE BEITRÄGE

Frago Gracia, J. A. (1994): Andaluz y español de América: historia de un parentesco lingüístico. Sevilla, Junta de Andalucía.
Frago Gracia, J. A. (1999): Historia del español de América. Textos y contextos. Madrid, Gredos.
Garrido Domínguez, A. (1992): Los orígenes del español de América. Madrid, MAPFRE.
Lapesa, R. (1986⁹, ¹1942): Historia de la lengua española. Madrid, Gredos, 535–602.
Parodi, C. (1995): Orígenes del español americano. I. Reconstrucción de la pronunciación. México, UNAM.
Ramírez Luengo, J. L. (2007): Breve historia del español de América. Madrid, Arco Libros.
Rivarola, J. L. (2001): El español de América en su historia. Valladolid, Univ. de Valladolid.
Sánchez Méndez, J. (2003): Historia de la lengua española en América. Valencia, Tirant lo Blanch.

NACH LÄNDERN

Álvarez Nazario, M. (1982): Orígenes y desarrollo del español en Puerto Rico (siglos XVI y XVII). Río Piedras, Editorial de la Universidad de Puerto Rico.
Álvarez Nazario, M. (1991): Historia de la lengua española en Puerto Rico. Su pasado y su presente en el marco de la realidad social. San Juan, Academia Puertorriqueña de la Lengua Española.
Choy López, L. R. (1999): Periodización y orígenes en la historia del español de Cuba. València, Universitat de València.
Ernst, G. et al. (2003, ed.): Romanische Sprachgeschichte. Ein internationales Handbuch zur Geschichte der romanischen Sprachen (HSK, 23,1). I. Berlin, de Gruyter, 972–1052.
Fontanella de Weinberg, M. B. (1987): El español bonaerense. Cuatro siglos de evolución lingüística (1580–1980). Buenos Aires, Hachette.
Granda, G. de (1988): Sociedad, historia y lengua en el Paraguay. Bogotá, ICC.
HPEA (1992): C. Hernández Alonso (ed.): Historia y presente del español de América. Valladolid, Junta de Castilla y León.
Quesada Pacheco, M. Á. (1990): El español colonial de Costa Rica. San José, Universidad de Costa Rica.
Rojas, E. M. (1985): Evolución histórica del español de Tucumán entre los siglos XVI y XIX. Tucumán, Universidad Nacional de Tucumán.
Sánchez Méndez, J. P. (1997): Aproximación histórica al español de Venezuela y Ecuador durante los siglos XVII y XVIII. València, Tirant lo Blanch Libros – Universitat de València.

Geschichte des Wortschatzes – Indigenismen

Buesa Oliver, T. (1965): Indoamericanismos léxicos en español. Madrid, CSIC.
Company, C./Melis, Ch. (2002): Léxico histórico del español de México. Régimen, clases funcionales, usos sintácticos, frecuencias y variación gráfica. México, UNAM.
Dietrich, W. (1998): "Amerikanische Sprachen und Romanisch", in: Holtus, G./Metzeltin, M./Schmitt, Ch. (ed.), Lexikon der Romanistischen Linguistik (LRL). VII. Kontakt, Migration und Kunstsprachen. Kontrastivität, Klassifikation und Typologie. Tübingen, Niemeyer, 428–499.
Enguita Utrilla, J. M. (2004): Para la historia de los americanismos léxicos. Frankfurt/M., Lang.

Friederici, G. (1960², ¹1947): Amerikanistisches Wörterbuch und Hilfswörterbuch für den Amerikanisten. Deutsch – Spanisch – Englisch. Hamburg, Cram – De Gruyter.
Harris-Northall, R./Nitti, J. J. (2003, ed.): Peter Boyd-Boman's Léxico hispanoamericano 1493–1993. Version 1.0. The Hispanic Society of America. [CD-ROM]
Tovar, A./Larrucea de Tovar, C. (1984²): Catálogo de las lenguas de América del Sur, con clasificaciones, indicaciones tipológicas, bibliografía y mapas. Madrid, Gredos.
Zamora Munné, J. C. (1976): Indigenismos en la lengua de los conquistadores. Río Piedras, Univ. de Puerto Rico.

Amerindische Sprachen

Adelaar, W. F. H./Muysken, P. C. (2004): The Languages of the Andes. Cambridge, CUP.
Campbell, L./Grondona, V. (2012, ed.): The Indigenous Languages of South America. A Comprehensive Guide, De Gruyter Mouton.
Ethnologue. Languages of the World (*www.ethnologue.com*)
Suárez, J. A. (2007): The Mesoamerican Indian Languages. Cambridge, CUP.

Hispanisierung

Bono López, M. (1997): "La política lingüística en la Nueva España", in: Anuario Mexicano de Historia del Derecho 9, 11-45.
Konetzke, R. (1964): "Die Bedeutung der Sprachenfrage in der spanischen Kolonisation Amerikas", in: Jahrbuch für Geschichte von Staat, Wirtschaft und Gesellschaft Lateinamerikas 1, 72–116.
Rosenblat, Á. (1964): "La hispanización de América. El castellano y las lenguas indígenas desde 1492", in: PFLE II, 189–216.

Sprachkontakte und Zweisprachigkeit

Klee, C. A./Lynch, A. (2009): El español en contacto con otras lenguas. Washington, Georgetown Univ. Press.
Lipski, J. M. (2005): A History of Afro-Hispanic Language. Five Centuries, Five Continents. Cambridge, CUP.
Montrul, S. (2012): El bilingüismo en el mundo hispanohablante. Chichester, Wiley-Blackwell.
Palacios Alcaine, A. (2008, ed.): El español en América. Contactos lingüísticos en Hispanoamérica. Barcelona, Ariel.
Perl, M./Schwegler, A. (1998, ed.): América negra. Panorámica actual de los estudios lingüísticos sobre variedades hispanas, portuguesas y criollas. Frankfurt/M., Vervuert – Madrid, Iberoamericana.

Soziolinguistik, Sprachpolitik und Medien

Albarran, Alan B. (2009): The Handbook of Spanish Language Media. New York – London, Routledge.
Barriga Villanueva, R./Martín Buitragueño, P. (2010, ed.): Historia sociolingüística de México. I: México prehispánico y colonial. II: México contemporáneo. México, El Colegio de México.
Díaz-Campos, M. (2011, ed.): The Handbook of Hispanic Sociolinguistics. Chichester, Wiley-Blackwell.
Cerrón-Palomino, R. (2003): Castellano andino. Aspectos sociolingüísticos, pedagógicos y gramaticales. Lima, Pontificia Universidad Católica del Perú.
Lastra, Y. (1997, ¹1992): Sociolingüística para hispanoamericanos. Una introducción. México, El Colegio de México.
Mar-Molinero, C. (2000): The Politics of Language in the Spanish-Speaking World. From colonisation to globalisation. London – New York, Routledge.
Silva-Corvalán, C. (2001): Sociolingüística y pragmática del español. Washington D.C., Georgetown University Press.

Landeskunde

Wie in allen sprachbezogenen Fächern bedingt auch die Beschäftigung mit dem amerikanischen Spanisch eine Auseinandersetzung mit den geographischen, geschichtlichen, gesellschaftlichen und kulturellen Verhältnissen des jeweiligen Sprachraums. Dies erweist sich umso wichtiger, wenn die Verhältnisse aufgrund von räumlicher Distanz und kulturellem Abstand, wie sie zum amerikanischen Kontinent bestehen, nur schwer mit europäischen Maßstäben zu fassen sind.

Bibliographische Informationen über Lateinamerika zu mediengestützten Ressourcen, Kunst, Geschichte, Literatur, Musik und Philosophie veröffentlicht das *Handbook of Latin America Studies* regelmäßig im Band der Geisteswissenschaften (Humanities). Diese Informationen stehen auch über das Internet zur Verfügung (*lcweb2.loc.gov/hlas*). Das Internet bietet darüber hinaus nützliche Link-Sammlungen. Von Interesse sind z.B. das "Latin American Network Information Center" (*www.lanic.utexas.edu*), "La Guía Nueva" (*lib.nmsu.edu/subject/bord/laguia*) und Cibera, die Virtuelle Fachbibliothek zu Ibero-Amerika / Spanien / Portugal (*www.cibera.de*).

Bernecker, W. L. et al. (1992–96, ed.): Handbuch der Geschichte Lateinamerikas. I. Mittel-, Südamerika und die Karibik bis 1760. Stuttgart, Klett-Cotta, 1994. II. Lateinamerika 1760 bis 1900. Stuttgart, Klett-Cotta, 1992. III. Lateinamerika im 20. Jahrhundert. Stuttgart, Klett–Cotta, 1996.
Bethell, L. (1984–95, ed.): The Cambridge History of Latin America. 10 vol. Cambridge, CUP.
Coe, M. D. (1998, ¹1986, ed.): Bildatlas der Weltkulturen. Amerika vor Kolumbus. Augsburg, Bechtermünz.
Enciclopedia Universal (1981–92): Enciclopedia Universal Ilustrada Europeo-Americana. 70 vol. (+ apendices + suplementos). Madrid, Espasa-Calpe.

Fischer Weltalmanach (2009): Der Fischer Weltalmanach 2009. Frankfurt/M., Fischer, 2008.

Haring, C. H. (1975, [1]1947): The Spanish Empire in America. San Diego – New York – London, Harcourt Brace Jovanovich. [El imperio español en América. México, Alianza, 1990]

Konetzke, R. (1995, [1]1956): Süd- und Mittelamerika I. Die Indianerkulturen Altamerikas und die spanisch-portugiesische Kolonialherrschaft (Fischer Weltgeschichte, 22). Frankfurt/M., Fischer.

Morales Padrón, F. (1988): Atlas histórico cultural de América. 2 vol. Las Palmas.

Nohlen, D./Nuscheler, F. (1995[3], ed.): Handbuch der dritten Welt. II. Südamerika. III. Mittelamerika und Karibik. Bonn, Dietz Nachf.

Schüller, K. (2001): Einführung in das Studium der iberischen und lateinamerikanischen Geschichte. Münster, Aschendorff.

Séjourné, L. (1988, [1]1971): Altamerikanische Kulturen (Fischer Weltgeschichte, 21). Frankfurt/M., Fischer.

Sichra, I. (2009, ed.): Atlas sociolingüístico de pueblos indígenas en América Latina. 2 vol. Cochabamba, FUNPROEIB – UNICEF.

Waldmann, P./Krumwiede, H.-W. (1992[3]): Politisches Lexikon Lateinamerika. München, Beck.

Aufgaben

1. Machen Sie sich mit den geographischen Verhältnissen auf dem amerikanischen Kontinent vertraut, indem Sie Angaben aus Ihrer Lektüre (z.B. Kap. 1.2) in einem Atlas verfolgen.
2. Vertiefen Sie Ihr Länderwissen nach regionaler Präferenz, z.B. anhand von Beiträgen der Beck'schen Reihe "Länder" oder Publikationen wie *Mexiko* (Sommerhoff/Weber 1999), *Mexiko heute* (Bernecker et al. 2004), *Kolumbien heute* (Altmann/Fischer/Zimmermann 1997).
3. Was versteht man unter Varietätenlinguistik?
4. Vergleichen Sie die bei Gútemberg Bohórquez (1984, 86ss.) vorgestellten Definitionen des Amerikanismus.
5. Machen Sie sich anhand des Abschnitts zum amerikanischen Spanisch mit der Systematik der *Romanischen Bibliographie* (Bände Sprachwissenschaft, Systemschlüssel 89) vertraut.
6. Ermitteln Sie mit der elektronischen Version der MLA Ihrer Universitätsbibliothek zu einem hispanoamerikanischen Thema Ihrer Wahl Literaturangaben.

2 Besonderheiten des amerikanischen Spanisch

Hispanoamerika bildet sprachlich weder einen homogenen Raum, noch besteht ein grundsätzlicher Gegensatz zu den spanischen Varietäten der Iberischen Halbinsel. Allerdings lässt sich ein markanter Kontrast zum Kastilischen bzw. zum Nord- und Zentralspanischen feststellen, der in erster Linie Unterschiede in der Aussprache und den regionalen amerikanischen Wortschatz betrifft. Phonetisch besteht eine offensichtliche Nähe zum Andalusischen, die im einzigen panamerikanischen Merkmal der Aussprache, dem *seseo*, d.h. der fehlenden Opposition von /θ/ und /s/, weiträumig zum Ausdruck kommt. Weiterhin treten im amerikanischen Spanisch morphosyntaktische Besonderheiten auf, die sich in einer regional bestehenden speziellen Form für die 2. Pers. Sg. *vos* sowie in der Absenz der 2. Pers. Pl. *vosotros, -as* am deutlichsten abbilden.

Die nachfolgende Darstellung beschreibt das amerikanische Spanisch unter Berücksichtigung verbreiteter Varianten und stellt sie dem peninsularen Standard, der auf dem Kastilischen basiert, gegenüber.[1] Die damit verbundene historische und vergleichende Entwicklung der strukturellen Charakteristika (Phonetik/Phonologie, Morphosyntax) wird ergänzend in Kapitel 6 behandelt.

Bei der Beschreibung der Merkmale des amerikanischen Spanisch steht in der vorliegenden Darstellung der mündliche Sprachgebrauch im Vordergrund. Im Hinblick auf die gesprochene Sprache ist zu beachten, dass der Umgangs- und der Volkssprache (*español familiar, español popular*) im amerikanischen Spanisch größeres Gewicht zukommt als vergleichsweise in Spanien. Dies liegt einerseits an der historischen Entwicklung der Sprache und dem Stand des Bildungssystems in den Ländern Hispanoamerikas, in denen die Schriftsprache in geringerem Maße als Korrektiv fungiert. Andererseits ist auch die soziale Lage der Menschen zu berücksichtigen. Eine breite Mittelschicht wie in Europa bildet sich in einigen Ländern erst heraus. Während sich die Lage im La Plata-Raum und Chile günstiger darstellt, gehören in Guatemala oder El Salvador nur wenige zu den Privilegierten mit guter Ausbildung, die eine *habla culta* pflegen können. Diese Bezeichnung nimmt auf die kultivierte gesprochene Sprache Bezug, die im Rahmen eines Projektes zur *norma culta* in den städtischen Zentren Hispanoamerikas seit 1964 untersucht wird (cf. Lope Blanch 1986).

Im Gebrauch der Formen in der Umgangssprache stellt man im amerikanischen Spanisch eine beachtliche Variabilität fest, die vergleichsweise auch für das brasilianische Portugiesisch in Bezug auf den europäischen Standard typisch ist. Einen solchen Zustand bezeichnet man als Polymorphie. Polymorphie ist im Allgemeinen für Sprachgebiete mit geringer Normierung kennzeichnend.

---

[1] Phänomene, die in spanischen Varietäten allgemein auftreten wie Akzentverschiebungen (*baúl* → [ˈbau̯l]) oder die Auflösung von Hiaten (*teatro* → [ˈtjatro]) werden nicht gesondert berücksichtigt. Ergänzend sei darauf hingewiesen, dass diese Entwicklungen in Spanien eher stigmatisierend aufgefasst werden als in Hispanoamerika.

Die nachfolgende Beschreibung orientiert sich an allgemeinen Charakteristika des amerikanischen Spanisch, die regional zugeordnet werden. Dies schließt nicht aus, dass die erwähnten Phänomene auch in anderen Regionen als den genannten auftreten können. Teile des Sprachgebiets sind nicht eingehender erfasst, manchmal liegen widersprüchliche Aussagen vor. Diesen Mangel wird man erst in Zukunft durch den in Arbeit befindlichen *Atlas lingüístico de Hispanoamérica* (cf. Alvar 1991) und weitere Studien vor Ort ausgleichen. Für die regionale Zuordnung eignen sich übergreifend Lipski (1994), HPEA (1992), das MDH-A (1996) und Aleza Izquierdo/Enguita Utrilla (2002). Die Reihung der Länder in Aufzählungen folgt der geographischen Anordnung.

2.1 Phonetik und Phonologie

In der phonetischen Beschreibung des amerikanischen Spanisch ergibt sich durch die Distribution der Phänomene eine grundsätzliche Unterscheidung in zwei Zonen, die als *tierras altas* bzw. *interiores* (Hochlandgebiete; binnenländische Gebiete) und *tierras bajas* bzw. *marítimas* (Tiefland- bzw. Küstengebiete) bezeichnet werden (cf. 4.2, 7.2). Diese Unterscheidung kommt auch innerhalb der Landesgrenzen zum Tragen, so dass in Mexiko z.B. ein klarer Gegensatz zwischen der Aussprache des Hochlandes einerseits und der Sprechweise an der Karibik- bzw. der Pazifikküste andererseits besteht. Dies betrifft ebenso Kolumbien im Kontrast der Hochlandgebiete zu den ausgedehnten Küstenbereichen sowie Peru, das stärker von seiner Andenzone geprägt ist.

Charakteristisch für die Phonetik der Tieflandgebiete sind Schwächung (*relajamiento*) oder Schwund von Konsonanten in Silbenendstellung, während der Vokalismus stabil bleibt. In den Hochlandgebieten stellt sich die Situation unter umgekehrten Vorzeichen dar, da dort unbetonte Vokale regional zur Reduktion, zur Alternanz oder zum Ausfall neigen, während der Konsonantismus, der zwar auch Veränderungen unterliegen kann, keine grundsätzliche Tendenz zur Schwächung aufweist. Bei der Unterscheidung in *tierras altas* und *tierras bajas* handelt es sich um die Kategorisierung einer prinzipiellen Tendenz in der Sprachentwicklung, die sich nicht in allen Fällen konsequent bestätigt.

Zu den *tierras altas* gehören die Hochlandgebiete in Mexiko, Mittelamerika sowie der Andenbereich in Venezuela, Kolumbien, Ecuador, Peru, Bolivien, Argentinien und Chile. Die *tierras bajas*, deren Merkmale auf den Antillen am typischsten zur Geltung kommen, umfassen neben den Inseln die zirkumkaribischen Küstengebiete im Südosten Mexikos (Veracruz, Tabasco), in Mittelamerika und Kolumbien sowie den überwiegenden Teil Venezuelas. Zu den *tierras bajas* zählen auch die Pazifikküste Mexikos (Acapulco), Kolumbiens und Ecuadors, die La Plata-Staaten und Chile (ohne den Andenbereich).

Die nachstehend beschriebenen Veränderungen des Lautstandes kann man sich anhand der Vokal- und Konsonantenübersicht (cf. 2.1.3) vergegenwärtigen. Um die allophonischen Verhältnisse des Standardspanischen zu rekapitulieren, eignen sich Macpherson (1975) und Quilis (1999). Entsprechend den allgemeinen Konventionen erscheinen Phoneme in / /, Allophone sowie Aussprache in [ ] und graphische Spezifizierungen in < >.

Bei der Beschreibung der Lautung ist zu beachten, dass die spanische Fachliteratur in der Tradition der *Revista de Filología Española* (RFE) Zeichen vom Internationalen Phonetischen Alphabet (IPA) oder deutschen Beiträgen abweichend verwendet: ĉ [tʃ], ļ [ʎ], ņ [ɲ], ř [ʒ], tř [tʃ], y [j], ŷ [dʒ], ž [ʒ]. Dies betrifft ferner die auf /p t k/ basierenden Frikative [β ð γ], die auch in hispanistischen Arbeiten zum Teil mit [ɓ ɗ ɠ] notiert werden. Aus Gründen der besseren Transparenz werden im Rahmen dieses Arbeitsheftes das multiple *rr* mit /r̄/ (anstatt /r/ vs. /ɾ/) und die präpalatale Affrikate [ɟ] mit [dʒ] wiedergegeben.

2.1.1 Vokalismus

Der Vokalismus des amerikanischen Spanisch entspricht mit fünf Vokalphonemen aus phonologischer Sicht dem des Kastilischen. Bei der phonetischen Analyse ist die Einteilung in *tierras altas* und *tierras bajas* zu berücksichtigen.

In den Hochlandgebieten besteht eine variable Tendenz zur Abschwächung unbetonter Vokale, die vor allem in Mexiko, Ecuador, im Süden Perus und in Bolivien bis zur Elision führen kann. Dieser Vokalschwund betrifft hauptsächlich /e/, /o/ und wird in Verbindung mit Plosiven (/p t k/) und finalem /s/ begünstigt (*antes* [ˈantəs]; *estos* [ˈestᵒs], [ˈests]; *parques* [ˈparks]). Auch Diphthonge sind betroffen (*gracias* [ˈgrasɐs]). Bei *pues* ([pᵒs], [ps]) ist die Entwicklung außerdem satzphonetisch bedingt. Der Vokalschwund ist soziolinguistisch nicht festgelegt und stellt sich in Mexiko bei knapp der Hälfte der Sprecher als ausgeprägt dar (cf. Lope Blanch 1963–64). Eine gewisse Reduktion tritt auch in den Hochlandgebieten von El Salvador, Kolumbien und Argentinien auf.

Ein weiteres Charakteristikum der Hochlandgebiete gerade in Peru und Bolivien ist die Tendenz zur Alternanz von unbetontem [e] und [o] mit [i] und [u], die bei Zweisprachigen auftritt, die das Spanische weniger beherrschen (Lipski 1994). Man könnte die Entwicklung als Reduktion des dreistufigen spanischen Vokalsystems mit fünf Vokalen zu einem zweistufigen Vokalsystem mit /i/, /a/ und /u/ interpretieren. Dies bedeutet jedoch nicht, dass die Vokale /e/ und /o/ verdrängt werden, sondern es entwickelt sich vielmehr eine allophonische Alternanz zwischen [e – i] und [o – u] (*pedir* → [piˈðir], *suspiro* [sosˈpiro]), die sozial markiert ist. Eine solche Vokalalternanz tritt in Ansätzen volkssprachlich in vielen Gebieten Hispanoamerikas auf. In ländlichen Gegenden kommt es z.B. in Mexiko, Puerto Rico und im zentralen Costa Rica im Auslaut vereinzelt zur Hebung des finalen /e/, /o/ (*poco* [ˈpoku], *ándale* [ˈandali], *leche* [ˈletʃi]).

In mittelamerikanischen Gebieten (Guatemala, Honduras, El Salvador), aber auch an der Küste Ecuadors, beobachtet man den Ausfall von intervokalischem [j] (*sello* [ˈseo]), der vor allem im Kontakt mit /i/ (*gallina* [gaˈina]) begünstigt wird (Nicaragua). In den genannten mittelamerikanischen Gebieten werden Hiate in der Sprache der einfachen Leute aber auch durch Einschub von [j] aufgelöst (*sea* [ˈseja]).

Beim Ausfall des finalen /s/ (cf. 2.1.2.3) kommt es vorwiegend auf den Antillen zu einer leichten Öffnung der vorangehenden Vokale /e/ und /o/. Diese Öffnung kontrastiert mit den im Spanischen sonst im Auslaut geschlossenen Vokalen (*come* [ˈkome] vs. *comes* [ˈkomɛ], *el gusto* [ˈguʰto] vs. *los gustos* [ˈguʰtɔ]). Für die 2. Pers. Sg. und bei der Pluralbildung hat dies auch eine gewisse phonologische Relevanz, denn im Prinzip werden z.B. [ˈguʰto] : [ˈguʰtɔ] durch die Öffnung zu einem Minimalpaar.[2] Das Beispiel *lobo* [ˈloβo] vs. *los lobos* [lɔˈlɔβɔ] zeigt hingegen, dass sich die Öffnung kontaktharmonisch auf den Stammvokal ausweitet, wodurch die Minimalpaarbildung unterbleibt ([ˈloβo] vs. [ˈlɔβɔ]). Durch das unsystematische Auftreten, das Schwanken der Öffnungsgrade und die kontaktharmonischen Beeinflussungen lässt sich das Phänomen der Öffnung von finalem /e/ und /o/ allerdings nicht als Phonemspaltung (*desdoblamiento*) und Erweiterung des Phoneminventars klassifizieren.

Ein weiteres Charakteristikum, das vor allem die Antillen betrifft, ist die Tendenz zur Nasalierung betonter Vokale, die sich in Verbindung mit der Velarisierung von /n/ [ŋ] im Auslaut besonders ausgeprägt darstellt (*bien* [ˈbjẽŋ], *nación* [naˈsjõŋ]; cf. 2.1.2.9). Steht der Nasal vor dem Vokal, kann eine geringfügige progressive Nasalierung eintreten (*mes* [ˈmẽʰ]). Eine Transkription wie *canta* [ˈkãnta] darf jedoch nicht darüber hinwegtäuschen, dass es sich im Sprachvergleich nur um eine leichte Nasalierung handelt, die z.B. nicht mit der im brasilianischen Portugiesisch bestehenden gleichgesetzt werden kann.

In Bezug auf die Quantität ist im amerikanischen Spanisch vereinzelt eine leichte Längung betonter Vokale in offener Silbe festzustellen (*México* [ˈmeːxiko]). Dies hängt einerseits mit der Prosodie zusammen, die im Vergleich zu der des Kastilischen zum Teil getragener erscheint und sich durch individuelle Emphase noch verstärken kann. Andererseits kann die Längung auf den Ausfall von Konsonanten zurückgehen, wie er in den Tieflandgebieten auftritt (*cansado* [kanˈsaːo], *mismo* [ˈmiːmo]). Auch bei dieser Entwicklung sind Abstufungen zu verzeichnen (*pescado* [peʰˈkaːo], peːˈkaːo]; cf. 2.1.2.3).

2.1.2 Konsonantismus

Im Konsonantismus weist das amerikanische Spanisch im Vergleich mit dem Kastilischen eine Reduktion des Inventars von 19 Phonemen um ein bis zwei Einheiten auf (→ /θ/, /ʎ/). Dabei ist das Fehlen von /θ/ das einzige panamerikanische Charakteristi-

---

[2] Die Vokale des Spanischen werden unter dem Hauptton als halboffen eingestuft, wobei sich /e/ und /o/ stellungsbedingt (z.B. vor [x], in Nachbarschaft zu [r̄] und überwiegend in geschlossener Silbe) weiter öffnen (*pero* [ˈpero] vs. *perro* [ˈpɛr̄o]). Im Gegensatz zum Portugiesischen werden durch den Öffnungsgrad keine Bedeutungsunterschiede markiert (cf. bpg. *gosto* [ˈgɔstu] 'ich mag' vs. [ˈgostu] 'Geschmack').

kum. Allophonisch besteht eine weitgehend prädorsale Realisierung von /s/. Auch im Konsonantismus ist die Einteilung in *tierras altas* und *tierras bajas* mit einer typischen Schwächung der Konsonanten im Bereich der Tiefländer zu berücksichtigen.

2.1.2.1   Der *seseo*

Im amerikanischen Spanisch ist die kastilische Opposition von /s/ : /θ/ in /s/ aufgehoben (*casar*, *cazar* [kaˈsar]). Dieses Phänomen wird als *seseo* bezeichnet. Bei der Auflösung der Opposition, die ihren Ursprung im historischen Zusammenfall zweier Artikulationen von /s/ findet (cf. 6.1.2.1), handelt es sich um eine Dephonologisierung, die das Konsonanteninventar im amerikanischen Spanisch um ein Phonem auf 18 Einheiten reduziert. Durch den Zusammenfall der Sibilanten entstanden einige homophone Paare (*coser*, *cocer* [s]), die die Kommunikation jedoch nicht beeinträchtigen, zumal regional Varianten auftreten (*costurar* für *coser*, *cocinar* für *cocer*). Phonologisch relevant ist, dass das Fehlen des Phonems /θ/ im amerikanischen Spanisch auch das Ausbleiben der im Kastilischen in diesem Kontext bestehenden (durch regressive Assimilation bedingten) interdentalen Allophone wie z.B. [n̪] in *once* [ˈon̪θe] bedeutet ([ˈonse]). Der *seseo* wurde auf dem *II Congreso de Academias de la Lengua Española* 1956 in Madrid als Variante der normativen Aussprache anerkannt.

In ländlichen Gebieten, so in Puerto Rico, im Nordwesten Mexikos, in Honduras, El Salvador und im Hochland von Peru ist eine gelegentliche interdentale Realisierung von /s/ [θ] festzustellen (*realización ciceante*). Sie ist volkssprachlich und tritt keineswegs systematisch auf.

2.1.2.2   Prädorsales und apikoalveolares /s/

Die Aussprache von /s/ entspricht im amerikanischen Spanisch überwiegend dem prädorsalen [s], das im alveolar-dentalen Bereich artikuliert und auch prädorsodental genannt wird. Die Engebildung erfolgt zwischen dem vorderen Zungenrücken, der sich konvex zeigt, und den oberen Schneidezähnen sowie den Alveolen. Es handelt sich somit nicht um ein rein dentales /s/. Das Kastilische realisiert demgegenüber ein apiko-alveolares [ṣ], das die Enge zwischen Zungenspitze (Apex) und den Alveolen bildet, wobei die Zunge konkav liegt. Damit ist es gegenüber dem prädorsalen /s/ in der Artikulation rückwärtig verschoben und steht in Nachbarschaft zu [ʃ], was ihm seinen charakteristischen Klang verleiht. Eine diakritische Notation der Varianten kommt nur zur Anwendung, wenn die *s*-Laute differenziert werden sollen. Die Fachliteratur verwendet hier vorwiegend die Diakritika für [̪] (dental) und [̺] (apikal), die optisch jedoch nicht sehr abgrenzend wirken.

dental	alveolar	präpalatal
s̪	s̺	(ʃ)

Abb. 1: *Artikulationsorte der Sibilanten*

Neben dem prädorsalen [s̪] treten im amerikanischen Spanisch weitere freie Varianten auf. So wird z.B. in Kolumbien in der Region um Medellín (Antioquia, auch *país paisa*), im bolivianischen Hochland und vereinzelt im venezolanischen Andengebiet auch das apikoalveolare [s̺] realisiert, das man aus dem Kastilischen kennt.

Eine im amerikanischen Spanisch in der Regel nur am Rande berücksichtigte Variante ist das koronale [s̻], das im Gegensatz zum konvexen prädorsalen [s̪] mit flacher Zungenstellung artikuliert wird, ohne dass die Zungenspitze die unteren Schneidezähne berührt.³ Canfield (1962, Karte 2) verzeichnet es in Mittelamerika, im Norden Venezuelas sowie in Gebieten Boliviens und Argentiniens.

2.1.2.3   Kombinatorische Allophone von /s/

In den *tierras bajas* besteht eine Tendenz, /s/ in implosiver Stellung⁴ zu aspirieren. Dies bedeutet die Abschwächung des Sibilanten zu [ʰ] (Glottalisierung), die auch den Ausfall zur Folge haben kann (*fantástico* [fanˈtaʰtiko], *las casas* [laʰˈkasaʰ] → [laʰˈkasa]). Bei betontem vokalischen Anlaut bei Artikeln und Zahlwörtern wird die Aspiration eher vermieden (*dos alas* [doˈsalaʰ]). Hualde (2005, 162) referiert Ergebnisse für Kuba und Buenos Aires von gebildeten Sprechern der Mittelklasse, die wortintern in vorkonsonantischer Stellung eine Aspiration in 97%, respektive 80% der Fälle ausweisen. Die Entwicklung tritt auch syntagmatisch vor vokalischem Anschluss auf. Dabei wird /s/ in Buenos Aires jedoch in 88% der Fälle [s] erhalten, in 7% aspiriert und lediglich bei 5% elidiert, während der Ausfall in Kuba 34% erreicht.

In der Karibik ist der Ausfall von /s/ gerade volkssprachlich besonders ausgeprägt. Er wird begünstigt, wenn syntagmatisch ein stimmloser Frikativ folgt (*los fósforos* [lɔ ˈfɔfɔrɔ]) oder /s/ wort- bzw. satzfinal steht. In der in Fragen der Bildung weniger favorisierten Dominikanischen Republik ist der Ausfall in den einfachen Bevölkerungsschichten fast komplett (cf. Terrell 1986). Morphologisch hat die Elision Auswirkungen auf die Kennzeichnung der 2. Pers. Sg. und die Pluralbildung. Ein im Singular aspiriertes /s/ wird bei der Affigierung des Pluralmorphems hingegen restituiert (*el pez* [elˈpeʰ] → *los peces* [loʰ ˈpeseʰ]). Daneben kommt es im Auslaut zu hyperkorrekten Formen (**venistes*, Sg., [beˈniʰtes], **veintes* [ˈbei̯ntes]), weil sich die Sprecher bezüglich der korrekten Setzung von /s/ unsicher sind.

---

[3]   Koronal bezieht sich auf eine apikale (mit der Zungenspitze) bzw. laminale (mit dem Zungenblatt realisierte) Artikulation. Daran schließt der dorsale (→ Zungenrücken) Bereich an.

[4]   Als implosiv (*implosivo, posnuclear*) bezeichnet man Laute, die im Silbenauslaut vor Konsonant oder im Wortauslaut stehen. Eine Verbindung der beiden Stellungen ist dadurch gegeben, dass phonetische Entwicklungen vielfach parallel verlaufen.

Die Hochlandgebiete in Mexiko, Kolumbien, Ecuador, Peru und Bolivien erhalten implosives /s/. In Mittelamerika zählen Guatemala und das zentrale Costa Rica zu dieser Zone, während Panama und Nicaragua zu Aspiration und Ausfall des finalen /s/ tendieren. Die Tieflandgebiete Mexikos hingegen kontrollieren die Aspiration aufgrund des Prestiges der Hauptstadt stärker. Dies gilt auch für die karibischen Seestädte Cartagena und Santa Marta (Kolumbien), die /s/ verhaltener abschwächen als die Küstenregionen Venezuelas. In Peru nimmt Lima in Bezug auf /s/ eine intermediäre Stellung im Vergleich mit den konservativen Hochlandgebieten ein. Zwar ist die Aspiration in Lima weit verbreitet und akzeptiert, der Ausfall bleibt hingegen auf die einfachen Bevölkerungsschichten beschränkt. Dabei erreicht der Ausfall unter Migranten aus dem Hochland eine höhere Rate als bei den Limeños selbst (cf. Klee/Caravedo 2006, 104).

In Chile, Argentinien, Uruguay und Paraguay wird der Ausfall von implosivem /s/ insbesondere von der Stadtbevölkerung mit einem Mangel an Bildung in Verbindung gebracht. Durch die dort weit verbreitete Aspiration von /s/ [ʰ] unterbleibt die im Kastilischen übliche Assimilation von /s/ in stimmhafter Umgebung (*mismo* [ˈmiʰmo] vs. [ˈmizmo]).

An- und inlautendes /s/ vor Vokal werden volkssprachlich gelegentlich in New Mexico (USA), Nordmexiko, Honduras, El Salvador und im kolumbianischen Hochland aspiriert (*la semana* [laheˈmana], *presidente* [prehiˈðente]). In New Mexico und Oaxaca (Mexiko) besteht vor stimmlosen Plosiven die Tendenz, /s/ palatal zu verschieben (*buscar* → [buʃˈkar]).

In Costa Rica und Kolumbien kommt es sporadisch zur Sonorisierung von /s/ in intervokalischer Stellung (*cosa* [ˈkoza]). Im zentralen Hochland von Ecuador sowie in den Hochlandgebieten Perus und Boliviens tritt die Sonorisierung vereinzelt bei finalem /s/ vor anschließendem Vokal auf (*los amigos* [loz‿aˈmigos]).

2.1.2.4 *Yeísmo* und *žeísmo* (*šeísmo*)

Der *yeísmo* ist wie der *seseo* das Ergebnis einer Dephonologisierung, bei der die Phoneme /ʎ/ und /j/ > /j/ zusammenfallen (*se calló* [se kaˈʎo] : *se cayó* [se kaˈjo] → [se kaˈjo]). Dieser Zusammenfall betrifft den größten Teil des amerikanischen Sprachgebiets und bedeutet den Verlust des Phonems /ʎ/, so dass das Konsonanteninventar dort nur aus 17 Einheiten besteht.

Der *yeísmo* wurde auf dem *IV Congreso de Academias de la Lengua Española* 1964 in Buenos Aires als gleichberechtigte Variante in der normativen Aussprache des Spanischen anerkannt, zumal das Phänomen in Spanien gleichfalls weit verbreitet ist und auch im Norden des Landes immer mehr an Boden gewinnt. Insofern stellt der *yeísmo* heute auch kein kontrastives Merkmal des amerikanischen Spanisch mehr dar, obwohl er insbesondere in historischer Perspektive oft als solches erwähnt wird.

In der phonetischen Notation sieht die Fachliteratur für den palatalen Frikativ das Symbol [j] vor, das den konsonantischen Charakter mit deutlichem Reibegeräusch hervorhebt (*Medellín* [meðeˈjin]), während der Approximant durch [j] wiedergegeben wird (*pienso* [ˈpjenso]). Allerdings existiert gerade vor dem Hintergrund der weitläufigen sprachgeographischen Verhältnisse eine gewisse Variationsbreite in der Realisierung, die auch von Sprecherhaltung und Diktion abhängt. Im Hinblick auf die bestehende Variation ist ferner darauf hinzuweisen, dass das Standardspanische in Nexus, die z.B. /l/ oder /n/ mit /j/ (auch /ʎ/) verbinden, eine Affrikate kennt (*inyectar* [indʒekˈtar], *conllevar* [kondʒeˈβar]). Dies betrifft auch /j/ im absoluten Anlaut: *yo* [ᵈʒo] (die Notation nach IPA wäre hier [ɟo]). In Verbindung mit dem *yeísmo* treten unterschiedliche Realisierungen auf, die sich regional als charakteristisch erweisen.

(1) Zusammenfall der Phoneme (/ʎ/ : /j/ > /j/)

[j]   (*yeísmo*)   überwiegend verbreitet
[ʒ] / [ʃ]   (*žeísmo/šeísmo*)   z.B. Ostargentinien

Neben der in Hispanoamerika überwiegend verbreiteten Ausprägung des *yeísmo*, der /ʎ/ zu /j/ [j] entwickelte, besteht für /j/ auch die präpalatale Variante [ʒ] (*calle* [ˈkaʒe]). Sie tritt einerseits punktuell auf, so in der Stadt Oaxaca (Mexiko), andererseits ist sie im Osten Argentiniens (*zona litoral-pampeana*) sowie in Uruguay weit verbreitet (→ [ʒ ʃ]). Diese Realisierung wird als *žeísmo* bezeichnet. Es handelt sich um einen Prozess der Assibilierung (Bildung eines Sibilanten), der in der spanischen Terminologie in Bezug auf > [ʒ] unter der Bezeichnung *rehilamiento* bekannt ist.

Heute ist der *žeísmo* gerade in Buenos Aires und Montevideo bereits definitiv in das Stadium der Desonorisierung ([ʒ] > [ʃ]) eingetreten (*calle* [ˈkaʃe]). Dieser so genannte *šeísmo* der Hauptstadt gilt innerhalb Argentiniens als Prestigeform. Darüber hinaus lässt sich jenseits der *zona litoral-pampeana* eine Ausstrahlung des Phänomens in die Städte des argentinischen Binnenlandes feststellen. So findet man in Santa Fe und Paraná (Entre Ríos), die beide am Río Paraná ca. 500 km nördlich von Buenos Aires liegen, sonore und desonorisierte Formen des *žeísmo* vor. Das weiter westlich situierte und ursprünglich für den unmodifizierten *yeísmo* ([j]) bekannte Córdoba realisiert heute überwiegend noch [ʒ] (*desayuno* [desaˈʒuno]). Das gleiche gilt für Salta im hohen Nordwesten des Landes.

Aber auch im Nordwesten Argentiniens beobachtet man Tendenzen zur Desonorisierung, so z.B. in der südwestlich von Salta weiter im Andengebiet gelegenen Kleinstadt Cafayate. In diesem Zusammenhang kann es in der Aussprache auch zu Überschneidungen zwischen dem *žeísmo* und der für die Hochländer charakteristischen Assibilierung von /r̄/ [ʒ ʃ] geben (cf. 2.1.2.7). In diesem Fall werden /j/ und /r̄/ identisch realisiert (*rallado* [ʃaˈʃaðo]).

(2) Die Opposition (/ʎ/ : /j/) bleibt erhalten

Es gibt im amerikanischen Spanisch auch Gebiete, die die ursprüngliche kastilische Opposition erhalten haben (*halla* [ˈaʎa] : *haya* [ˈaja]). Die Realisierung von /ʎ/ bezeichnet man in diesem Zusammenhang als *lleísmo*. Betroffen sind vor allem Bolivien und

Paraguay. Darüber hinaus tritt /ʎ/ in den nordwestlichen bis nordöstlichen Randgebieten Argentiniens auf, so z.B. in der am Fuße der Anden nahe der chilenischen Grenze gelegenen Stadt Mendoza. Dies gilt auch für die Grenzregionen zu Bolivien und Paraguay sowie den Andenbereich in Venezuela, im nördlichen Ecuador und in Peru. Unterschiedliche Realisierungen sind zu beachten:

[ʎ]	:	[j]	z.B. Bolivien, Paraguay
[ʎ]	:	[dj]	z.T. Paraguay
[ʎ]	:	[dʒ]	argentinischer Chaco
[dʒ]	:	[j]	Amazonastiefland Perus
[ʒ]	:	[j]	z.B. Zentralecuador

Für die Bewahrung der Opposition /ʎ/ : /j/ ergeben sich zwei Konstellationen: Während /ʎ/ [ʎ] unverändert bleibt, wird in Paraguay das intervokalische /j/ mit Tendenz zu leichter Affrizierung gesprochen (*halla* [ˈaʎa] : *haya* [ˈadja]) und z.B. im argentinischen Chaco (Resistencia) sogar als [dʒ] realisiert.

In anderen Regionen wiederum hat sich die ursprüngliche Opposition mit einer Modifikation von /ʎ/ erhalten. Dort verschiebt sich /ʎ/ zu [ʒ] (*halla* [ˈaʒa] : *haya* [ˈaja]). Betroffen sind das zentrale Hochland Ecuadors und das Gebiet um Santiago del Estero im Nordwesten Argentiniens. Im Amazonastiefland Perus besteht für /ʎ/ die affrizierte Form [dʒ]. Artikulatorisch von Bedeutung ist, dass die Aussprache von [dʒ], [ʒ] und [ʃ] grundsätzlich nicht mit einer Lippenrundung einhergeht, wie dies im Italienischen oder Französischen der Fall ist.

2.1.2.5   Die Allophone [h] und [x]

Im Gegensatz zum Kastilischen, das kein [h] kennt, tritt der Glottal im amerikanischen Spanisch als Konsequenz aus drei unterschiedlichen Entwicklungen auf:

(1) Vorwiegend auf den Antillen, aber auch in anderen ländlichen Gebieten Hispanoamerikas, hat sich anlautendes [h-], das ansonsten nur in der Graphie erscheint, lokal aus einer früheren Sprachstufe erhalten (*hablador* [haβlaˈðɔr]). Der Glottal wird allerdings nicht konsequent realisiert.

(2) Ebenfalls im karibischen Raum, in Teilen Mittelamerikas (mexikanische Küsten, Guatemala, Honduras, Nicaragua), an der Küste Ecuadors und im peruanischen Amazonastiefland unterliegt das Phonem /x/ in der Realisierung einer Abschwächung, die zur Bildung des Allophons [h] geführt hat (*jugar* [huˈɣar], *rojo* [ˈr̄oho]). In intervokalischer Stellung kommt es auch zum Ausfall ([ˈr̄ɔ]).

(3) Schließlich tritt in Zusammenhang mit der Aspiration des implosiven /s/ in den *tierras bajas* (cf. 2.1.2.3) das variable Allophon [h] auf (*las casas* [lahˈkasah]). Neben der artikulatorischen Abschwächung erscheint in vorkonsonantischer Stellung als weitere Variante auch [x], das sich durch eine velare Verschiebung von [h] bildet und eine Ver-

stärkung der Aspiration darstellt (*fantástico* [fanˈtaʰtiko] → [fanˈtaxtiko]). Eine Verschiebung zu [x] verzeichnet in diesem Zusammenhang zum Teil auch der Nexus *fue-* (*fuerza* [ˈxwɛrsa]).

2.1.2.6   Die Neutralisierung von implosivem /r/, /l/

Ein volkssprachliches Merkmal der *tierras bajas*, das sich im Spanischen der Karibik besonders ausgeprägt darstellt, ist die Tendenz zur Neutralisierung von implosivem /r/, /l/. Von dieser Entwicklung ist in erster Linie /r/ betroffen, das in dieser Stellung bevorzugt zu [l] entwickelt (Lambdazismus: *cuerpo* > [ˈkwelpo]; *mar* > [mal], phonologisch /maR/). Bei der Suffigierung des Pluralmorphems ist die Neutralisierung aufgehoben (*mares* [ˈmareʰ]). In geringerem Maße kommt es auch zur entgegengesetzten Entwicklung, bei der sich /l/ in der Realisierung als [r] darstellt (Rhotazismus: *soldado* > [sɔrˈðao]).
  Eine Variante der Neutralisierung von /r/, /l/ ist die im Westen der Dominikanischen Republik (El Cibao) und stellenweise in Puerto Rico auftretende Vokalisierung von /r/ und /l/, die sich im ländlichen Raum in vorkonsonantischer Position zeigt (*carbón* [kaɪ̯ˈβõŋ], *golpe* [ˈgoi̯pe]). In ländlichen Gebieten Zentralkubas kommt es bei der Verbindung von /r/, /l/ mit nachfolgendem Plosiv zu einer regressiven Assimilation, die zur Längung (Gemination) des Plosivs führt (*puerta* > [ˈpwetta]).

2.1.2.7   Die Realisierung von /r̄/, /r/

Im größten Teil des amerikanischen Sprachgebiets werden das Phonem /r̄/ <rr> sowie das Allophon von /r/ im Anlaut (und nach /l/, /n/, /s/) entsprechend den kastilischen Verhältnissen als multipler Vibrant [r̄] gesprochen. Die Intensität der Vibration zeigt sich allerdings oft reduziert. Auch das kurze /r/ entspricht wie im Kastilischen in der Regel dem einfachen Vibranten [r].
  Davon abgesehen besteht für die Realisierung des Vibranten in Hispanoamerika eine sprachlich komplexe Situation großer Variationsbreite. Die Tendenz zur Assibilierung von /r̄/, d.h. zur Ausbildung eines Sibilanten (z.B. *carro* → [ˈkaʒo]), ist ein Merkmal der Hochländer. Es besteht in unterschiedlicher Ausprägung – zum Teil unter Reduktion der Stimmhaftigkeit wie z.B. im Norden und Nordwesten Argentiniens (*un ratito* [ʃaˈtito]) – in den Hochlandgebieten von Bolivien, Peru und Ecuador, in der Ostkordillere Kolumbiens sowie im zentralen Costa Rica und in Guatemala. In den Gebieten, in denen darüber hinaus ein *rehilamiento* besteht wie im Norden und Nordosten Argentiniens sowie in Zentralecuador (cf. 2.1.2.4), ergibt sich eine Überschneidung in der Aussprache beider Laute (*rallado* [ʒaˈʒaðo] [ʃaˈʃaðo]).
  Im städtischen Milieu Mexikos beobachtet man die Aussprache [ʒ] (/r̄/) als Prestigeform bei Frauen der Mittelschicht. Ganz anders ist die Perzeption in Lima, wo das Hoch-

land nicht als sprachliches Leitbild gilt und die Assibilierung als stigmatisierendes Kennzeichen des Andenspanischen begriffen wird. Dementsprechend reduziert sich die Assibilierung bei Migranten aus dieser Region und tendiert bei deren Kindern schließlich gegen Null (cf. Klee/Caravedo 2006, 101–102).

Auch der Nexus -*tr*- hat eine leichte Assibilierung [tř] entwickelt, die einer Affrizierung gleichkommt (*otro* [ˈotʲo]). Man beobachtet sie in Chile, im Norden Argentiniens, in Paraguay, über die Hochlandgebiete Boliviens bis nach Kolumbien sowie im zentralen Costa Rica und vereinzelt in Gebieten Mittelamerikas. Die Assibilierung kann regional auch finales /r/ [ř] betreffen, wobei es zur Desonorisierung kommt, die den Laut in die Nähe eines apikoalveolaren [s̺] rückt.

Im Spanischen Puerto Ricos zeigt /r̄/ bei einer Reihe von Sprechern eine dorsale Realisierung, die zwischen dem uvularen Vibranten [ʀ], der auch im Deutschen existiert, und dem stimmlosen velaren Frikativ [x] variiert. Im zentralen Costa Rica besteht zu /r̄/ und implosivem /r/ eine retroflexe Variante [ɻ], die der englischen Aussprache nahesteht und zudem im Nexus -*tr*- [tɻ] auftritt. Auch in ländlichen Gebieten Guatemalas und im mexikanischen Veracruz besteht ein mehr oder weniger ausgeprägtes retroflexes /r/ [ɻ] (*tres* [ˈtɻes], *similar* [simiˈlaɻ]).

Das einfache /r/ kennt ebenfalls diverse Ausprägungen. So kann es in finaler Stellung (z.B. bei Infinitiven) im Nordosten Argentiniens, in Chile, den kolumbianischen und venezolanischen Küstengebieten, Panama und auf den Antillen ausfallen. In Silbenendstellung ist auf den Antillen auch eine Aspiration möglich (*perla* [peʰla]). In Costa Rica wird es assibiliert, retroflex [ɻ] artikuliert oder als [r] gesprochen. In der Dominikanischen Republik ist eine Vokalisierung möglich (*carbón* [kai̯ˈβõŋ], cf. 2.1.2.6).

2.1.2.8 Die Realisierung der Lenisplosive /b/, /d/, /g/

Die Lenisplosive /b/, /d/, /g/ werden im amerikanischen Spanisch entsprechend der Verhältnisse im Kastilischen inlautend meist als Frikative [β], [ð], [ɣ] realisiert (cf. Macpherson 1975, 61–65). In der *tierras bajas* besteht vor allem bei /d/ eine ausgeprägte Tendenz zur weiteren Abschwächung, die insbesondere in den Partizipialendungen -*ado*, -*ido* und frequenten Formen wie *todo*, aber auch grundsätzlich zum Ausfall führen kann ([-ˈao], [ˈtoo], *médico* [ˈmei̯ko]). Auslautendes /d/ fällt in der Regel aus oder wird gelegentlich als schwaches [d], [ð] oder auch [t] gesprochen, das als emphatisch gilt (*verdad* [bɛrˈða], [bɛrˈðad], [bɛrˈðaðˑ], [bɛrˈðat]).

Daneben sind weitere Konstellationen zu berücksichtigen. Während der Ausfall des intervokalischen /d/ für den karibischen Raum typisch ist, gilt er in Argentinien als stark sozial markiert. An der Küste Perus im Gebiet um Lima ist der Ausfall wiederum geläufig und betrifft dort oft auch intervokalisches /b/ (*caballo* [kaˈajo]). Entgegen der Tendenz zum stabilen Konsonantismus in den *tierras altas* fällt intervokalisches /d/ auch im bolivianischen Hochland häufig aus. In den östlichen bolivianischen Tiefländern neigen /b/, /d/, /g/ grundsätzlich zum Ausfall.

In Mittelamerika (Honduras, El Salvador), in Teilen Kolumbiens und im venezolanischen Andengebiet werden /b/, /d/, /g/ nachkonsonantisch insbesondere nach /r/, /l/, /s/ und Halbvokalen als Plosive realisiert (*cerveza* [sɛrˈbesa]). Im Westen Kubas bleibt dies auf die Stellung nach /r/, /l/ beschränkt. In Oaxaca (Mexiko) und im peruanischen Amazonastiefland tritt die plosive Realisierung oft auch in intervokalischer Stellung auf (*nueve* [ˈnwebe]).

Das Phonem /b/ <v> wird gelegentlich nach seinem graphischen Wert labiodental realisiert (*lavar* [laˈvar]). Dies geht zum Teil auf schulischen Einfluss zurück und wird manchmal auch in den Medien gepflegt. Labiodentales [v] tritt z.B. in Mexiko, Venezuela und vor allem in Chile auf.

2.1.2.9 Diverse konsonantische Entwicklungen

Der Nasal /n/ unterliegt implosiv überwiegend im betonten Auslaut einer Velarisierung mit Nasalierung des vorangehenden Vokals (*bien* [ˈbjẽŋ], *nación* [naˈsjõŋ]; cf. 2.1.1). Dabei kommt es vor allem in der Dominikanischen Republik und Puerto Rico auch zum Ausfall des Nasals. Die Velarisierung des finalen /n/ [-ŋ] ist darüber hinaus in den Tieflandgebieten Mexikos, in Mittelamerika, in den kolumbianischen und ecuadorianischen Küstengebieten sowie in Venezuela verbreitet. Entgegen der Tendenz zum stabilen Konsonantismus in den *tierras altas* wird /n/ auch im Hochland Zentralecuadors, Perus und Boliviens velarisiert oder fällt aus. In Chile, Argentinien, Uruguay und Paraguay hingegen bleibt /n/ alveolar [-n].

Eine Deaffrizierung von /tʃ/ > [ʃ] (*muchacho* [muˈʃaʃo]) ist auf den Antillen (Puerto Rico), im Nordwesten Mexikos, in Panama, vereinzelt in Venezuela, im peruanischen Hochland und Amazonastiefland sowie im Norden Chiles zu beobachten. In Mittel- und Südchile tritt dabei die Variante [tˢ] auf.

Bei der Realisierung von /x/ vor palatalen Vokalen (/i/, /e/) kommt es in Chile zu einer Palatalisierung, die im Ergebnis dem deutschen *ich*-Laut nahesteht (*ginebra* [çiˈneβra]).

Bei indianischen Ortsnamen beobachtet man im amerikanischen Spanisch regional die Akzeptanz systemfremder Lautungen. In Yucatán betrifft dies z.B. die Städte *Tulum* mit auslautendem [-m] (cf. *álbum* [ˈalβun]) und *Xcaret* [ʃkaˈret] mit [ʃ], dem anlautenden Nexus [ʃk] (ohne prothetisches [e-]) und auslautendem [-t].

2.1.3 Vokal- und Konsonantenübersicht

Zur Erläuterung der nachstehenden Vokal- und Konsonantenübersicht sei darauf hingewiesen, dass Allophone in [ ] stehen, während regionale Varianten des amerikanischen Spanisch mit * gekennzeichnet sind. Allophone, die diatopisch keine Relevanz haben wie z.B. dentales [n̪] (vor /d/), erscheinen nicht.

palatal					velar	
i					u	geschlossen
	e				o	halbgeschlossen
		[ɛ]			[ɔ]	halboffen
			a			offen
ungerundet				gerundet		

Abb. 2: *Vokale des Spanischen mit Allophonen* [ ]

	bilab.	labiod.	interd.	dental	alveolar	präpal.	palatal	velar	uvular	glottal
Plosiv	p			t				k		
(lenis)	b			d				g		
Frikativ	*ɸ	f	*θ		s̺/*s̻	*ʃ	*ç	x	*χ	*h
(lenis)	[β]	*v	[ð]		[z]	*ʒ	j	[ɣ]	*ʁ	
Affrikate						tʃ				
(lenis)						*dʒ				
Nasal	m	[ɱ]			n		ɲ	[ŋ]		
Lateral					l		*ʎ			
Vibrant					r				*R	
(multipel)					r̄					
Approximant					*ɹ		[j]	[w]		

Abb. 3: *Konsonanteninventar des amerikanischen Spanisch mit (*) regionalen Varianten*

	bilab.	labiod.	interd.	dental	alveolar	präpal.	palatal	velar	uvular	glottal
Plosiv	p			t				k		
(lenis)	b			d				g		
Frikativ		f	θ		s̺			x		
(lenis)	[β]		[ð]		[z̺]		j	[ɣ]		
Affrikate						tʃ				
(lenis)						[dʒ]				
Nasal	m	[ɱ]			n		ɲ	[ŋ]		
Lateral					l		ʎ			
Vibrant					r					
(multipel)					r̄					
Approximant							[j]	[w]		

Abb. 4: *Konsonanteninventar des Spanischen (Standard) mit Allophonen* [ ]

Apikoalveolares [s̺] und prädorsales [s̻] sind zur Unterscheidung mit einem Diakritikum versehen. Die Allophone [ɱ] und [z] treten vor /f/ (*confuso* [koɱˈfuso]) bzw. vor stimmhaften Konsonanten auf (*desde* [ˈdezðe]). Die Allophone [ʒ], [dʒ] werden silbenanlautend mit unterschiedlicher Intensität auch im Kastilischen realisiert (*yo* [ᵈʒo]).

2.2 Morphosyntax

2.2.1 Anrede (*voseo*)

Der *voseo* ist die charakteristischste morphosyntaktische Erscheinung im amerikanischen Spanisch. Die Bezeichnung nimmt auf das Pronomen der 2. Pers. Sg. *vos* Bezug, das in der vertrauten Anrede *tú* (*tuteo*) in regionaler Verbreitung und sozialer Varianz mündlich und zum Teil auch schriftlich ersetzt. *¿Qué onda vos?* 'Wie geht's dir denn?' fragt man umgangssprachlich z.B. in Guatemala. Wie in Spanien ist das Duzen auch in Hispanoamerika weit verbreitet, so z.B. oft in der Werbung. Die pluralische Anrede lautet in Hispanoamerika unabhängig von den *voseo*-Gebieten in höflicher sowie vertrauter Form jedoch generell *ustedes*, da *vosotros, -as* nicht gebräuchlich ist.

Bezüglich seiner geographischen Ausdehnung bestehen für den *voseo* zwei Großräume, nämlich einerseits das La Plata-Gebiet (Argentinien, Uruguay, Paraguay), dem sich in unterschiedlichen Konstellationen Chile, Bolivien und der Süden Perus anschließen, andererseits Mittelamerika zwischen Guatemala und Costa Rica.[5] Nach den Angaben von Páez Urdaneta (1980, 75) lebten um 1974 ca. 47% der Bevölkerung Hispanoamerikas in Gebieten mit *voseo*.

Die Antillen, Mexiko, die karibischen Küstengebiete Kolumbiens, Venezuela und Peru sind *tuteo*-Gebiete. Innerhalb dieser Zone bestehen Ausnahmen mit *voseo* (Mexiko: Chiapas; Venezuela: Andengebiet im Westen, Region um Maracaibo; Peru: Teile der Nordküste, südliches Hochland). Am konsequentesten findet der *voseo* in Argentinien Anwendung, wo er in allen Bevölkerungsschichten mündlich wie schriftlich auftritt. Auch im religiösen Schrifttum wurde *tú* verdrängt: *¡Jesús, en vos confío!*

Im Gebrauch des *voseo* unterscheidet man je nach Kombination von Pronomen und Verb drei Varianten:

(1) pronominal-verbaler *voseo* (*voseo auténtico*),
(2) pronominaler *voseo* (*voseo mixto pronominal*),
(3) verbaler *voseo* (*voseo mixto verbal*).

Bei den Varianten (1) und (3) weist das Verbalparadigma des *voseo* Sonderformen auf, die allerdings vornehmlich im Präsens (Indikativ), zum Teil auch im Konjunktiv Präsens und im Futur auftreten, während sich die weitere Zeitenbildung an den regulären Formen der 2. Pers. Sg. orientiert (*vos tomabas, habías tomado, tomaras*). Dementsprechend unterscheiden sich auch die verschiedenen regionalen *voseo*-Varianten untereinander in erster Linie im Präsens und im Futur.

---

[5] Cf. Kap. 4 mit dem *voseo* als Kriterium zur diatopischen Einteilung des amerikanischen Spanisch. Fachliteratur steht mit Páez Urdaneta (1981), Rojas (1992) und Carricaburo (1997) zur Verfügung. Zuletzt erschienen ist der umfassende Sammelband von Hummel/Kluge/Vázquez Laslop (2010) zu den Anredeformen im Spanischen.

(1) Die geläufige Form ist der pronominal-verbale *voseo*, der in seiner typischen Ausprägung *vos* mit dem Verb in der undiphthongierten Form der 2. Pers. Pl. verbindet: *vos hablás, vos tenés, vos salís*.[6] Dies ist die vorherrschende Variante im La Plata-Raum und in Mittelamerika. Die besonderen *voseo*-Formen des Konjunktiv Präsens (*vos hablés, vos tengás, vos salgás*) finden nicht grundsätzlich Anwendung und werden in der Schriftsprache vermieden. So liest man in Argentinien in der Werbung zu den Einsatzmöglichkeiten eines Produktes: *donde vos prefieras*. Ein Aufruf zum Umweltschutz lautet in Uruguay: *Vos sabés que para tener tu ciudad limpia es mejor que no la ensucies* (also mit den jeweils regulären Konjunktivformen). Wo die speziellen *voseo*-Formen des Konjunktiv Präsens z.B. in Argentinien auftreten, ist in der Regel ein größerer Grad der Vertrautheit zwischen den Gesprächspartnern gegeben.

Hinsichtlich der Aussprache ist zu beachten, dass das finale /s/ regional aspiriert wird oder ausfallen kann (*vos querés* [boʰ keˈreʰ]; cf. 2.1.2.3). In Zusammenhang mit dem Sibilanten steht auch das gelegentlich auftretende Indefinido mit finalem -s (→ *vos hablastes*), das sich nicht aus dem *voseo* ableitet, sondern vielmehr als Analogie zu dem ansonsten bestehenden finalen /s/ in den Formen der 2. Pers. Sg. zu sehen ist.

Syntagmatisch verbindet sich das Subjektpronomen *vos* mit den Objektpronomen *te* und *vos*. Dabei fungiert die überkommene Form der 2. Pers. Sg. *te* als unbetontes Pronomen (*vos te lavás*), während nach Präpositionen in der Regel betontes *vos* anstelle von *ti* verwendet wird (*me voy a encontrar con vos* statt *contigo*). Allerdings treten trotzdem auch Verbindungen wie *contigo* oder *a ti, para ti* auf. Die Possessiva lauten *tu* und *tuyo*. Im Imperativ, der auf der 2. Pers. Pl. ohne finales *-d* basiert (*venid* → *vení*), sind Betonung und Gebrauch des graphischen Akzents zu beachten (*vení acá, sentate*).

Neben der beschriebenen La Plata-Variante des *voseo* (*-ás, -és, -ís*) tritt in der Volkssprache Chiles sowie in Ecuador eine Spielart auf, die eine leichte Modifikation bei den Verben auf *-ar* und *-er* aufweist (*vos habláis, vos tenís, vos salís*; Konj. Präs. → *vos hablís, tengáis, salgáis*). In Chile hat der Diphthong im Präsens der *a*-Konjugation (*vos hablái*) auf die Endungen der anderen Tempora ausgegriffen, so dass (bei allgemeinem Ausfall des *-s* in der Verbalendung *-ai* in der gesprochenen Sprache) im Präteritum *hablabai*, im Konditional *hablaríai* und im Konjunktiv Imperfekt *hablarai* bestehen (cf. Torrejón 1986, 678).

Im Westen Panamas der Grenzregionen zu Costa Rica sowie im Westen Venezuelas (Zulia) verbindet sich *vos* mit den aus Spanien bekannten regulären Formen der 2. Pers. Pl. (*vos habláis, vos tenéis, vos salís*).

Grundsätzlich besteht auch eine gewisse regionale Variation in der Futurbildung. Neben der im La Plata-Raum verbreiteten Variante *vos tomarás* existieren z.B. *vos tomarés* (Guatemala), *vos tomarís* (Chile) und *vos tomaréis* (Bolivien, Altiplano). In den

---

[6] Die hier zur Veranschaulichung der Formen vorgenommene Setzung des Subjektpronomens soll nicht den Eindruck vermitteln, das Subjektpronomen werde grundsätzlich gesetzt, obwohl die Frequenz von *vos* gewiss höher ist als *tú* in Spanien.

Vergangenheitstempora deckt sich der pronominal-verbale *voseo* ohne besondere Verbformen mit der Kategorie des pronominalen *voseo* (→ 2).

(2) Beim pronominalen *voseo* verbindet sich *vos* mit der regulären Form der 2. Pers. Sg. (*vos hablas*, *vos tienes*, *vos sales*). Diese Variante tritt in den Städten des bolivianischen Altiplano (Westbolivien) und in Santiago del Estero (Nordwestargentinien) auf.

(3) Beim verbalen *voseo* erscheint *tú* mit dem defektiven Paradigma der *voseo*-Verbformen. In dieser Kombination tritt *tú* in Uruguay vornehmlich in höheren Gesellschaftsschichten in Konkurrenz zu *vos* (→ *tú hablás*), wobei auch der reguläre *tuteo* (*tú hablas*) zur Anwendung kommt.

Neben der skizzierten Großeinteilung in *voseo*- und *tuteo*-Gebiete weisen manche Regionen eine Alternanz zwischen *voseo* und *tuteo* mit wechselnder Verbalmorphologie auf, so z.B. Honduras (Tegucigalpa). Dabei wird *tú* als die angemessene Form gewertet, während *vos* eher volkssprachlichen Charakter hat. Dies gilt in besonderer Weise für Chile, wo die Mittel- und Oberschicht heute den verbalen *voseo* (*tú hablás*) vorziehen, während der *voseo auténtico* im ländlichen Bereich und bei der wenig gebildeten Stadtbevölkerung auftritt (cf. Torrejón 1986, 1991). In Gebieten, in denen *tú* gegenüber *vos* vorherrscht, kann *vos* als abwertend aufgefasst werden. Dies betrifft die Frage der Gleichstellung von Gesprächspartnern. Wer jemanden mit *vos* anspricht, setzt sich der Kritik aus, wenn sich der Gesprächspartner subjektiv als höhergestellt betrachtet. Als relativ komplex stellt sich die Situation in Bolivien dar, das den *voseo* neben dem Gebrauch von *tú* regional in unterschiedlichsten Varianten kennt.

In Kolumbien tritt *vos* außerhalb des karibischen Küstenbereichs, der *tú* verwendet, in der vertrauten Anrede in Konkurrenz zu *usted*. Diesen besonderen Gebrauch von *usted* bezeichnet man als *ustedeo*. Im kolumbianischen und im venezolanischen Hochland wird *usted* zwischen Eltern und Kindern, nahen Angehörigen und Freunden verwendet, wobei jeweils regional wie soziolinguistisch weiter zu differenzieren ist. Dieser Gebrauch von *usted* ist zum Teil auch in Panama und Costa Rica verbreitet.

Daneben hat sich im östlichen Andengebiet Kolumbiens (Bocayá) mit *sumercé* (< *su merced*) eine Form der Anrede parallel zu *usted* erhalten, die einen größeren Grad der Nähe und Vertrautheit herstellt als *usted* und nur im Singular auftritt (cf. Ruiz Morales 1987, 769).

2.2.2 Weitere morphosyntaktische Besonderheiten

Im Folgenden werden einige weitere Charakteristika des amerikanischen Spanisch skizziert. Interferenzen, die in Zusammenhang mit der Zweisprachigkeit der indigenen Bevölkerung stehen, werden dabei zurückgestellt (cf. Kap. 7.3.1). Die regionale Variation im Sprachgebrauch lässt sich ausführlich bei Kany (1994) verfolgen, der auch viele Beispiele anführt. Auch die beiden ersten Bände der umfangreichen *Nueva gramática de la lengua española* (NGLE) zur Morphologie und zur Syntax gehen auf die Variation im amerikanischen Spanisch ein.

Bei den Substantiven treten im amerikanischen Spanisch regional gelegentlich Abweichungen im Genus auf (*la azúcar, la calor, la mar, la puente, el radio*). In diesem Zusammenhang beobachtet man auch die Übertragung des Maskulinums auf Substantive mit betontem Anlaut auf *a-* (*el arma → el mismo arma*). Die formale Bildung des Femininums zeigt sich im Vergleich zum Kastilischen gerade bei Berufsbezeichnungen (volkssprachlich) erweitert (*la jefa, la jueza, la médica, la presidenta*). Für die Pluralbildung wird vor allem im karibischen Raum und bei betontem Endvokal das Allomorph *-se(s)* verwendet (*dos *cafese* vs. *dos cafés*). Im Gebrauch des Artikels fällt auf, dass sich Vornamen eher als in Spanien mit dem bestimmten Artikel (*la María*) verbinden. Auch sagt man z. B. *voy a la casa* (statt *a casa*).

In der Diminutivbildung ziehen Kuba, Costa Rica und Kolumbien das Suffix *-ico* gegenüber *-ito* vor (*un momentico*). Im Vergleich zum Kastilischen ist eine allgemeine Ausweitung der Diminutivbildung festzustellen, die sich nicht auf Substantive beschränkt (*ahorita, corriendito, detrasito, dositos hijos, todito*; cf. Vaquero 1996, II, 26). In Mexiko findet man sogar *ahoritita* (< *ahorita* < *ahora*).

Im Pronominalbereich stellt man bei den Subjektpronomen im karibischen Raum eine im Vergleich zum Kastilischen höhere Frequenz fest, die sich dabei nicht mit einer Emphase verbindet (cf. Morales 1999). Von der obligatorischen Setzung des Subjektpronomens wie im Französischen ist man allerdings noch weit entfernt.

Für den pronominalen Akkusativ werden im amerikanischen Spanisch bei Personen im Maskulinum überwiegend die Formen *lo/los* gebraucht (*loísmo*: *lo encontré ayer* vs. *le encontré*), während der kastilische Standard, der in diesen Fällen ursprünglich *le/les* vorsah (*leísmo*), beide Varianten akzeptiert. Dabei entsprechen *lo/los* dem etymologischen Gebrauch. In Paraguay, im Nordosten Argentiniens und im Hochland von Ecuador werden im Akkusativ wiederum *le/les* verwendet. Dies betrifft regional auch den Gebrauch in der gewählten Schriftsprache (*le saludo*). Allerdings kann sich die Verwendung in den genannten Gebieten in der Volkssprache auch auf das Femininum erstrecken, was nach der Norm fehlerhaft wäre. Insofern beinhaltet die Bezeichnung *leísmo* sowohl den Bezug auf die akzeptierten Formen im Maskulinum als auch die nicht regelkonforme Verwendung. Davon abgesehen treten bei der Verwendung der Objektpronomen volkssprachlich weitere Normenverstöße auf wie z.B. der *laísmo* (*la* für den Dativ des Femininums; auch in Spanien bekannt) oder in zweisprachigen Gebieten *lo* in unveränderlicher Form. Was die Pronominalstellung betrifft, zieht das amerikanische Spanisch bei Infinitiven in der gesprochenen Sprache die Linksversetzung deutlich vor (*te la voy a dar* vs. *voy a dártela*).

Das Possessivum der 1. Pers. Pl. wird im amerikanischen Spanisch – möglicherweise gestützt durch das Fehlen von *vuestro, vosotros* (→ *de ustedes*) – oft periphrastisch mit *de nosotros* realisiert.

In der Verbalmorphologie fällt neben dem großen Komplex des *voseo* (cf. 2.2.1) das Personalsuffix *-nos* auf, das zum Teil im karibischen Raum (z.B. Venezuela) und im Spanischen der USA für die 1. Pers. Pl. eintreten kann (*teníanos* vs. *teníamos*). Ferner werden einige Verben im amerikanischen Spanisch üblicherweise pronominal gebildet (*enfermarse, regresarse, tardarse*).

In der Syntax neigt das amerikanische Spanisch bei der Futurbildung zur Ausweitung der Periphrase (*lo voy a encontrar la semana que viene* vs. *le encontraré*).

Im Gebrauch der Vergangenheitstempora ergeben sich zwei regionale Zonen. Für das zusammengesetzte Perfekt (*pretérito compuesto*), das im kastilischen Standard u.a. den Bezug zur näheren Vergangenheit herstellt, wird im überwiegenden Teil des amerikanischen Sprachgebiets in dieser Funktion das einfache Perfekt (*indefinido*) gesetzt (*Mario todavía no llegó* vs. *Mario todavía no ha llegado*). Im Andenraum (Peru, Bolivien) hingegen übernimmt das zusammengesetzte Perfekt z.T. die Funktion des Indefinido (*lo he encontrado ayer*). Ebenfalls im Andenbereich (Peru, Ecuador) stellt man in der Zeitenfolge konjunktivischer Nebensätze eine Präferenz für die Präsensform fest (*quería que lo hagamos* vs. *que lo hiciéramos*). Im Konjunktiv Imperfekt haben sich im amerikanischen Spanisch die Formen auf -*ra* gegenüber denen mit -*se* fast generalisiert.

Auf den Antillen, in Panama, Kolumbien und Venezuela treten Infinitivkonstruktionen auf, die in Haupt- und Nebensatz unterschiedliche Subjekte zulassen (*antes de yo llegar habían hecho las maletas* vs. *antes de que yo llegara, habían hecho las maletas*). Dies betrifft gleichermaßen den substantivierten Infinitiv (*al yo venir*), der in dieser Form auch im ländlichen Argentinien gebildet wird (cf. Lipski 1991, 1994). In der Satzstellung fällt im karibischen Raum die nicht invertierte pronominale Frageform auf (*¿qué tú quieres?*, *¿cómo tú está(s)?*; cf. Núñez Cedeño 1983).

Die Verben *haber* und *hacer* passen sich im amerikanischen Spanisch bei unpersönlicher Verwendung zum Teil dem Numerus des verbundenen Akkusativs an (*habían dos mil personas*; *hacen diez años* vs. *hace*). Demgegenüber tritt bei der Passivumschreibung mit *se* bei pluralischem Bezug auch die singularische Verbform auf (*se vende libros* vs. *se venden libros*). In Ecuador, Kolumbien, Panama und Venezuela übernimmt *ser* eine emphatische, die Satzaussage unterstützenden Funktion (*lo hice fue en el verano*; cf. Lipski 1994, 215).

Im Gebrauch der Präpositionen ergeben sich Unterschiede, die nicht immer lexikalisch gebunden sind. So besteht die Tendenz, expletives *de* in von Substantiven oder Adjektiven abhängigen Nebensätzen entgegen dem kastilischen Gebrauch zu unterdrücken (*nos damos cuenta que*, *el hecho que* vs. *de que*). Man spricht in diesem Zusammenhang von *queísmo* (vs. *dequeísmo*). Davon sind in der Folge auch verbale Rektionen betroffen (→ *enterarse que* vs. *de que*). Die Präposition *hasta* hat in Hispanoamerika meist auch die Bedeutung 'erst' (*llega hasta las nueve*). Bei den Zeitangaben kann es heißen: *son diez para las cinco* (statt *las cinco menos diez*). Bei den Ortsadverbien bevorzugt man *acá* und *allá* gegenüber den Formen *aquí* und *allí*.

2.3   Lexik

Der Wortschatz des amerikanischen Spanisch zeichnet sich vor allem durch seine regionale Variation aus. Während es im Englischen oder Portugiesischen leichtfällt, europäische und amerikanische Varianten jeweils in einer Wortliste gegenüberzustellen, besteht diese Möglichkeit für Hispanoamerika im Hinblick auf eine panamerikanische Geltung nur eingeschränkt. Selbst die vermeintlich klare Unterscheidung der Bezeichnung 'Auto' in sp. *coche* und am. *carro* trifft nur bedingt zu, denn in Kuba z.B. sind beide Wörter gebräuchlich, während man in Peru oder im Cono Sur (cf. 1.1) *auto* vorzieht. Die 'Brille' (sp. *gafas*) wird in Hispanoamerika zwar mehrheitlich *lentes* genannt, in Kuba heißt sie jedoch *espejuelos*, während *gafas* dort allgemein 'Sonnenbrille' bedeutet. In Argentinien wird vornehmlich *anteojos* verwendet und in Kolumbien schließlich auch *gafas* wie in Spanien.

Einerseits bestehen regionale Großräume wie die Karibik, Mexiko, Mittelamerika, das Andengebiet, der La Plata-Raum und Chile, in denen lexikalische Gemeinsamkeiten mit den jeweilig verbreiteten Indianersprachen, der Besiedlungsgeschichte und gebietsinternen Verbindungen in Zusammenhang gebracht werden können. Andererseits bestehen Abweichungen und gebietsferne Parallelen, die sich nicht immer mit den genannten Faktoren begründen lassen.

Der 'Bürgersteig', den man in Spanien *acera* nennt, heißt auch in Kuba und Puerto Rico *acera*, in Mexiko *banqueta*, in Mittelamerika häufig *andén* und im Cono Sur *vereda*. Ein Problem der Erfassung und Beschreibung des Wortschatzes in Hispanoamerika liegt darin, dass es meist nicht um einen ausschließlichen Gebrauch, sondern vielmehr um die regional mehrheitliche Verwendung einzelner Bezeichnungen geht, ohne dass andere notwendigerweise ausgeschlossen oder gänzlich unbekannt wären.

Ein regionaler Großraum mit zum Teil eigener Lexik ist das La Plata-Gebiet. Dort sind z.B. gebräuchlich: *playa* 'Parkplatz, -haus' (eigentlich 'offener Raum'), *manteca* 'Butter' (cf. pg. *manteiga*), *mucama*, eine afrikanische Entlehnung aus dem benachbarten brasilianischen Portugiesisch für 'Dienst-, Zimmermädchen'. Aber auch auf kleinerem Raum bestehen im Wortschatz durchaus regionale Gegensätze. In Kuba beispielsweise fällt der Osten der Insel (Oriente de Cuba) durch seine Intonation und sein spezifisches Vokabular auf. Dort sagt man z.B. *guineo* oder *fongo* 'Banane', *papaya*, *cutara* 'Sandale' und *balance* 'Schaukelstuhl', während es in Kuba ansonsten *plátano*, *fruta bomba*, *chancleta* und *sillón* (sp. *mecedora*) heißt.

Wer für den hispanoamerikanischen Raum eine onomasiologische Zusammenstellung der Bezeichnungen für z.B. *acera* vornehmen wollte ("wie heißt … in … ?"), kann hierfür auf kein spezifisches Wörterbuch zurückgreifen. Man ist auch heute auf die sukzessive Konsultation der sehr unterschiedlichen regionalen Wörterbücher angewiesen (cf. Haensch/Omeñaca 2004, 301–327), die kaum an einem Ort für alle Länder zur Verfügung stehen.

Eine gewisse Hilfe bei der Suche nach hispanoamerikanischen Entsprechungen für Bezeichnungen des peninsularen Spanisch bietet der jeweils kurze Index im Anhang der

Bände des *Nuevo diccionario de americanismos / Diccionarios contrastivos del español de América*. Im Zuge dieses Projektes, das an der Universität Augsburg initiiert wurde, sind Wörterbücher zu Kolumbien, Argentinien, Uruguay und Kuba erschienen (cf. 1.4, Wörterbücher zum amerikanischen Spanisch). Ihre Konzeption beruht auf der Erfassung der landesspezifischen lexikalischen Besonderheiten. Einem anderen Ansatz folgt der *Diccionario del español usual en México* (Lara 1996), der den gesamten in Mexiko geläufigen Wortschatz ohne das einschränkende Kriterium der Kontrastivität zusammenstellt.

Unter den allgemeinsprachlichen Wörterbüchern weist die 22. Auflage des *Diccionario del español* der Real Academia eine grundlegende Überarbeitung der Amerikanismen auf (DRAE [22]2001). 12.171 Lemmata mit insgesamt 28.337 Bedeutungen sind Hispanoamerika zugeordnet. Da das Wörterbuch überdies auf CD-ROM vorliegt (DRAE 2003), stellt es auch unter dem technischen Aspekt ein sehr hilfreiches Arbeitsinstrument dar. Trotzdem sind Einschränkungen zu verzeichnen. So werden die regionalen Zuordnungen in Hispanoamerika nur summarisch angegeben. Das geläufige *boleto* 'Fahrkarte' wird nicht als Amerikanismus gekennzeichnet, und es fehlt die amerikanische Bedeutung 'Eintrittskarte'. Auch *fósforo* wird nur als Phosphor, nicht aber als am. 'Streichholz' definiert. Die 23. Auflage des DRAE ist für Ende 2014 geplant. Ein bereits veröffentlichtes Projekt ist der *Diccionario de americanismos* (AALE 2010) mit über 70.000 Einträgen, der 2010 erschienen ist. Leider liegt er nicht auf CD-ROM vor, was die Auswertungsmöglichkeiten doch erheblich einschränkt.

An der Universität Tokio leitet Hiroto Ueda seit den neunziger Jahren des 20. Jhs. ein Projekt mit dem Namen *Varilex* (*variación léxica urbana en el mundo hispánico*), das die Variation im Lexikon der spanischsprachigen Welt in einer Datenbank erfasst. Grundlage ist der moderne urbane Sprachgebrauch, der in 17 Städten Spaniens sowie 42 Städten Hispanoamerikas (einschließlich USA) erhoben wird (*http://lecture.ecc.u-tokyo.ac.jp/~cueda/varilex/*). Ziel ist die Erstellung des *Atlas lingüístico de la lengua española*. In der Vergangenheit waren lexikalische Abfragen über das Internet möglich und wurden im Ergebnis zur größeren Anschaulichkeit wortbezogen auch auf Sprachkarten ausgegeben. Der Konzeption nach handelt es sich bei *Varilex* zwar nicht um eine absolut repräsentative, aber durchaus informative Quelle.

Für die Konstitution der hispanoamerikanischen Lexik ist einerseits der spanische Erbwortschatz relevant, der mit den Kolonisten nach Amerika kam, sich dort bewahrte und zum Teil weiterentwickelte. Andererseits nahm das amerikanische Spanisch in der Kolonialzeit Entlehnungen auf, die sowohl aus den Indianersprachen als auch aus dem Afrikanischen stammen und solche, die neuere fremdsprachliche Einflüsse darstellen. Einen allgemeinen Überblick bieten Buesa Oliver/Enguita Utrilla (1992) und Moreno de Alba (1992).

Die Entlehnungen aus den Indianersprachen (*indigenismos, indoamericanismos*), die die koloniale Expansion begleiteten, werden in diesem Buch im Abschnitt zur Verbreitung indianischer Völker und Sprachen zusammen mit Hinweisen auf erste Entlehnungen und ihre lexikographische Aufnahme behandelt (cf. 5.3). Hinsichtlich der regionalen Verbreitung des indianischen Lehnguts ist eine Übereinstimmung mit den großen indigenen Substratzonen zu erkennen, die in Bezug auf Einflüsse in Phonetik und Morphosyntax oder die allgemeine diatopische Gliederung des amerikanischen Spanisch jedoch keine weitere Bedeutung haben (cf. Kap. 4).

Die Bedeutung des indigenen Wortschatzes im heutigen Sprachgebrauch Hispanoamerikas wird im Allgemeinen überschätzt. So hat z.B. die Angabe, 20% der 30.500 Einträge des *Diccionario de mejicanismos* (Santamaría 1978) stammten aus dem Nahuatl (Cotton/Sharp 1988, 104), nur geringe Aussagekraft. Wörterbücher, die nach ganz unterschiedlichen Kriterien konzipiert werden, stellen gerade im Hinblick auf Indigenismen Sammlungen dar, die nichts über die Frequenz des Materials aussagen und dem aktuellen Sprachgebrauch zum Teil sogar widersprechen (cf. Moreno de Alba 1992, 68ss.). Lope Blanch hat die Vitalität der Indigenismen in Mexiko untersucht. Aus einem Textkorpus von 4,6 Mio Einheiten filterte er unter Zählung mehrfachen Auftretens 3.384 indianische Lehnwörter (sog. *tokens*), die 312 Lexemen (sog. *types*) zugeordnet werden. 217 der Entlehnungen gehören der Schriftsprache an, aber nur 95 Wörter konnten als allgemein bekannt und geläufig gewertet werden (1979, 34). Das Bild eines relativ starken sprachlichen indianischen Einflusses in Mexiko wird vor allem durch die vom Nahuatl geprägte Toponymie vermittelt, die selbst in der neueren Namengebung noch von Bedeutung ist.

Die Entlehnungen aus dem Afrikanischen (*afronegrismos*), die auf die Sprachen der nach Amerika verbrachten Sklaven zurückgehen (cf. 5.1, 5.2), konzentrieren sich vor allem auf den karibischen Raum. Sie umfassen Wörter aus dem ursprünglichen Umfeld der Sklaverei wie *quilombo* 'Hütte' (Venez., Arg.: 'prostíbulo; confusión') oder *mucama* 'Hausangestellte' (Arg.), Musik und Tanz (*batuque* 'Trommeln, Lärm', *bongó* 'Bongotrommel', *candombe* 'Candombetanz', *milonga* 'Volkstanz, Fest'), Nahrung (*fufú* 'Gericht aus Jamswurzel (*ñame*) mit Bananen oder Kürbis', *malanga* 'essbare Knollen, Aronstabgewächs') und religiöse Kulte (*mandinga* 'Teufel'). Diese Kulte werden vor allem in den kubanischen *santerías* noch gepflegt. Eine eingehende Studie zu den afrikanischen Einflüssen in Puerto Rico stammt von Álvarez Nazario (1974). Auch bei den Afrikanismen besteht eine große Diskrepanz zwischen Wortsammlungen wie dem *Glosario de afronegrismos* (Ortiz 1991), lokalem Gebrauch und allgemeiner Verbreitung (cf. López Morales 1998, 100–103).

Sprachgeschichtliche Abhängigkeiten spiegeln sich auch im spanischen Erbwortschatz. Manche Wörter haben in Hispanoamerika ihre ursprüngliche Bedeutung oder ältere semantische Inhalte bewahrt, die sie heute charakterisieren. Man bezeichnet sie als Archaismen, wobei dieses Konzept eine Frage des Standortes oder Bezugspunktes, nicht aber der inhaltlichen Wertung ist. Der etablierte Bezug geht vom kastilischen Standard aus, so dass sich Archaismen auch in den Dialekten der Iberischen Halbinsel ermitteln lassen. Wo das Kastilische ältere Formen oder Bedeutungen belegt, spricht man im amerikanischen Spanisch von Neologismen.

Mit Lerner (1974) liegt eine ältere Arbeit zu über 500 lexikalischen Archaismen in Hispanoamerika vor. Das allgemein am häufigsten zitierte Beispiel ist am. *lindo*, das im

Sinne von 'bonito, precioso' verwendet wird. *Guapo* 'enojado; valiente' ist im amerikanischen Spanisch ein Archaismus, der mit der älteren Bedeutung 'Raufbold' zusammenhängt, während das Wort in Spanien vor allem ein Attribut des gutaussehenden Mannes ist. *Camarera* (< *cámara*) bedeutet in Hispanoamerika 'Zimmermädchen', denn für die Bedienung im Restaurant steht *mesera* (sp. *camarera*) zur Verfügung. Weitere Archaismen sind z.B. *alistarse* 'prepararse para hacer algo' (cf. *listo*) und *recordarse* 'despertarse', das auch im Nordwesten Spaniens gebräuchlich ist (cf. pg. *acordar*).

Auch peninsulare Regionalismen lassen sich im amerikanischen Spanisch identifizieren, wobei die Zuordnung im Westen Spaniens zwischen Andalusien, der Extremadura, León und Galicien nicht immer eindeutig ist. Solche Elemente werden deshalb oft als *occidentalismos* klassifiziert. Mit dem Problem des *occidentalismo* sieht man sich auch bei Untersuchungen zum Wortschatz der Kanaren konfrontiert. Die folgenden Beispiele für peninsulare Regionalismen stammen von Buesa Oliver/Enguita Utrilla (1992, 191–207): auf Andalusien wird *alambique* 'fábrica de aguardiente' zurückgeführt, auf die Kanaren verweist *ensopar* 'mojar, dejar hecho una sopa' und als *occidentalismos* gelten *botar* 'tirar, lanzar' und *casal* 'pareja de macho y hembra', welche wie *ensopar* auch im Portugiesischen vorliegen.

Unter Neologismen des amerikanischen Spanisch versteht man im Vergleich mit dem Kastilischen Wörter und Wendungen, die semantische Verschiebungen aufweisen, neue Bedeutungen entwickeln bzw. Konzepte mit neuen Inhalten belegen oder sie auf neues Vokabular übertragen. So wird *pararse* 'stehenbleiben' im amerikanischen Spanisch auch im Sinne von 'aufstehen' gebraucht, *fregar* 'spülen' bedeutet 'auf die Nerven gehen'. Bedeutungsveränderungen sind manchmal auch mit der Aufgabe einer ursprünglichen Spezialisierung verbunden wie bei folgenden Bezeichnungen aus der Seefahrt, die im amerikanischen Spanisch den Fachsprachenbezug verloren haben. *Amarrarse* (*amarrar* 'atar') bedeutet in regionaler Überschneidung 'casarse' und 'embriagarse'. *Boliche* 'jábega ['Netz'] pequeña; pescado menudo que se saca con ella' (cf. DRAE 2003) bezeichnet einen Ausschank, einen kleinen Laden oder eine Diskothek (Arg.). *Halar* 'tirar de un cabo' bedeutet allgemein 'ziehen' und ist z.B. in Kuba oder Kolumbien häufig als Hinweis auf Türen (*Hale*) angebracht. In Mexiko lautet die Form *jalar*. *Aguaitar* 'belauern, ausspähen' führte in Kuba zu der hybriden Bezeichnung *aguaitacaimán* für einen landestypischen Reiher. In Kolumbien bedeutet *aguaitar* 'warten'.

Neue Inhalte hat *bocadillo* ausgebildet. Es handelt sich in regionaler Variation um eine Süßigkeit, die in Mexiko mit Kokos, in Kuba auf der Basis von Süßkartoffeln und in Kolumbien sowie Venezuela meist mit Guajave zubereitet wird. Das Wort *guayaba* wiederum, das eine Entlehnung aus dem Arawak darstellt (cf. 5.3.1), hat im amerikanischen Spanisch mit 'mentira' regional eine neue Bedeutung entwickelt.

Ein gern zitiertes Beispiel, das mit dem amerikanischen Neologismus gewissermaßen eine technische Neuerung verbindet, ist *fósforo*. Zwar bezeichnet auch das in Spanien gebräuchliche *cerilla* ein Zündholz mit Schwefelkopf (ehemals Phosphor), konzeptuell bezieht es sich aber noch auf eine schmale Wachskerze oder ein Wachsstäbchen. In Mexiko ist *cerillo* geläufig, während *cerilla* 'Ohrenschmalz' bedeutet. Auch die Bezeichnungen für das Feuerzeug weisen die Dualität alt/neu auf. Während man in Spanien üblicherweise *mechero* (< *mecha* 'Docht') verwendet, verbindet man in Hispanoamerika damit eher einen Bunsenbrenner und benutzt allgemein ein neutrales *encendedor*. In Kuba heißt das Feuerzeug allerdings *fosforera*, das in Spanien neben *caja de cerillas* wiederum 'Streichholzschachtel' bedeutet.

Bei neueren fremdsprachlichen Entlehnungen sind im amerikanischen Spanisch abgesehen von verbreiteten Internationalismen allgemeine Übernahmen aus dem Englischen sowie regionale Einflüsse des Englischen und Italienischen zu verzeichnen. Die Italianismen stehen maßgeblich mit der italienischen Immigration in Argentinien und Uruguay zwischen 1870 und 1930 in Zusammenhang (cf. Meo Zilio/Rossi 1965). Als Beispiele können *batifondo* 'Lärm, Durcheinander, ¡guarda!* 'pass auf!' und *salame* 'Salami; Dummkopf' dienen.

In den Anglizismen wird mitunter die kontinentale Zugehörigkeit erkennbar, denn zum Teil stehen in Hispanoamerika Entlehnungen aus dem amerikanischen Englisch britischem oder französischem Lehngut in Spanien gegenüber wie am. *celular* 'Handy' für sp. *móvil* (am. engl. *cellular phone* vs. engl. *mobile telephone*), am. *computadora* für sp. *ordenador* (fr. *ordinateur*), am. *convertible* 'Cabriolet' für sp. *descapotable* (fr. *décapotable*), am. *tique, tíquet, tiquete* (Puerto Rico; ansonsten am. *boleto*) für sp. *billete* (fr. *billet*).

Verstärkte regionale angloamerikanische Einflüsse aus den USA betreffen Mexiko (*chequear* 'prüfen', *lonchería* 'Schnellimbiss', *rentar* 'mieten') und vor allem Puerto Rico (cf. Álvarez Nazario 1991, 605–636; López Morales 1999). Für die Dominikanische Republik und Kuba, das nach 1898 bis zur Machtergreifung Castros 1959 politisch und wirtschaftlich stark von den Vereinigten Staaten abhängig war, trifft dies hingegen nicht zu. Unter einem besonderen lexikalischen und zum Teil auch strukturellen Einfluss des Englischen steht schließlich das Spanische in den USA, mit dem sich das nächste Kapitel befasst.

Aufgaben

1. Vergleichen Sie die regionale Verbreitung von Charakteristika des amerikanischen Spanisch auf den allgemeinen Übersichtskarten von Canfield (1962) mit den Länderkarten (Canfield 1981) und den Angaben bei Lipski (1994).
2. Erstellen Sie mit Hilfe der in 1.4 (Länder- und regional orientierte Darstellungen) genannten Sammelbände eine Übersicht, die die regionale Verbreitung des *voseo* einschließlich des Typs und der Interferenz mit *tú* und *usted* berücksichtigt.
3. Welche Merkmale widersprechen in ihrer Verbreitung der prinzipiellen Unterscheidung in *tierras altas* und *tierras bajas*?
4. Greifen Sie über das Internet auf Zeitungen aus Hispanoamerika zu und untersuchen Sie Artikel verschiedener Sparten auf Charakteristika des amerikanischen Spanisch. Beachten Sie dabei auch die Verwendung von *vos*. Welcher Gebrauch der Verbformen auf *-ra* lässt sich feststellen (*www.onlinenewspapers.com*)?

3 Das Spanische in den USA

Die spanische Expansion auf dem amerikanischen Kontinent umfasste ursprünglich weite Gebiete, die heute zu den Vereinigten Staaten gehören. In Überblicksdarstellungen zum amerikanischen Spanisch werden die Sprachgebiete in den USA oft nicht miteinbezogen, jedoch fungiert das Spanische dort als Kommunikationsmittel einer zahlenmäßig bedeutenden Minderheit, die nachfolgend geschichtlich und in ihren sprachlichen Besonderheiten vorgestellt wird. Da das Spanische in den USA im Gegensatz zu den übrigen hispanophonen Ländern nicht die offizielle Landessprache ist, sondern regional als der kleinere Partner in einer Situation der Diglossie auftritt, bietet sich die Behandlung in einem eigenen Kapitel an.

1513 entdeckte Ponce de León Florida. Nach mehreren vergeblichen Versuchen der Kolonisierung ließen sich 1565 Franziskanermönche in San Augustín an der Ostküste nieder. Nach Norden erstreckte sich der spanische Einfluss über Georgia bis in die Küstengebiete Virginias. Francisco Vázquez de Coronado drang 1540 vom Nordwesten Mexikos über Arizona und Colorado bis nach Kansas vor, während Hernando de Soto 1541 über Florida den Mississippi erreichte. 1598 gründeten die Spanier in New Mexico San Gabriel (Chamita) und 1609 die Stadt Santa Fe. Kalifornien wurde im 18. Jh. von Franziskanern missioniert. Westlich des Mississippi erweiterte Spanien seine Gebiete durch den Kauf Französisch-Louisianas (1763), wo sich eine kleine Siedlergruppe von den Kanarischen Inseln niederließ. Diese so genannten *isleños* konzentrierten sich vor allem in St. Bernard Parish und wurden erst 2005 durch die Auswirkungen des Hurrikans Katrina zum Teil zersiedt.

Im 19. Jh. vergrößerte sich das Territorium der USA erheblich. 1803 kauften die Vereinigten Staaten Louisiana (und weite Gebiete des Mittleren Westens) von Frankreich. Florida, das 1763 vorübergehend an England abgetreten worden war, wurde 1819 integriert. Nachdem die USA das seit 1836 von Mexiko unabhängige Texas 1845 annektiert hatten, bestimmte der Ausgang des Mexikanisch-Amerikanischen Krieges (1846–1848) im Frieden von Guadalupe Hidalgo die weitere Gebietsaufteilung. So verlor Mexiko nördlich des Río Grande (mex. Río Bravo) mit Kalifornien, Arizona, Neu-Mexiko, Nevada, Utah, Colorado sowie Teilen von Wyoming und Kansas über die Hälfte seines ursprünglichen Territoriums. 1898 fielen nach dem Spanisch-Amerikanischen Krieg vorübergehend auch Kuba und die Philippinen sowie bis in die Gegenwart Puerto Rico unter die Kontrolle der USA.

Die Präsenz des Spanischen auf dem Gebiet der USA weist eine Kontinuität auf, die sich punktuell bis ins 16. Jh. zurückverfolgen lässt. Zahlreiche Ortsnamen legen davon Zeugnis ab. Die sprachinternen Entwicklungen und die Einflüsse von Seiten des Englischen erweisen sich als vielschichtig. Sie umfassen das koloniale wie das kontemporäre mexikanische Spanisch, das Spanische der Karibik und im Übrigen auch die Sprache sephardischer Juden in New York. Die große Gemeinschaft hispanophoner Sprecher, die heute in den Vereinigten Staaten lebt, gründet sich jedoch überwiegend auf eine massive Immigration aus Mexiko, Kuba und Puerto Rico, die in Abstufungen ab 1920 zu verzeichnen ist. Neben politischen Motiven gaben gerade in den letzten Jahrzehnten wirtschaftliche Perspektiven dazu den entscheidenden Anstoß.

Nach der durch das U.S. Census Bureau im Jahr 2000 vorgenommenen Volkszählung konstituierte die als Hispanics bezeichnete Gruppe (sp. *hispanos*; im Engl. heute weniger *Latinos* genannt) 12,5% der Bevölkerung (35,3 Mio) und bildeten bereits vor den Schwarzen (34,6 Mio) die größte Minderheit in den USA. Nicht zu dieser Gruppe zählen übrigens die 3,7 Mio (2013) Einwohner Puerto Ricos, das seit 1952 US-Commonwealth Territorium ist. Allerdings befinden sich auch ca. 3,7 Mio puerto-ricanische Emigranten in den USA.

Nach den für 2012 errechneten Zahlen (*www.census.gov/population/hispanic/*) stieg der Anteil der Hispanics auf 16,9% (Schwarze 13,1%). Damit gab es 2012 in den USA bei einer Bevölkerung von knapp 314 Mio über 53 Mio Hispanics, die rein numerisch gesehen nach Mexiko die zweitgrößte hispanophone Gemeinschaft der Welt repräsentieren könnten. Jedoch gilt zu berücksichtigen, dass nicht alle Hispanics zuhause vorzugsweise spanisch sprechen und Sprecher – sofern es der statistische Ansatz gestattet – erst ab dem Alter von fünf Jahren zählen. Dazu liegen entsprechende Zahlen für 2011 vor, die in den USA 37,5 Mio Hispanophone (von 291,5 Mio Bürgern) ausweisen. Von ihnen sprechen nach eigenen Angaben 58% gutes Englisch, 9% haben keine englischen Sprachkenntnisse.

Man muss weiterhin beachten, dass viele Hispanics das Spanische ab der dritten Generation das aufgeben, woraus sich eine Diskrepanz zwischen den spanischsprachigen Hispanics einerseits und der ständig anwachsenden Gruppe von Menschen mit hispanoamerikanischen Wurzeln andererseits ergibt. Unter den hispanophonen Ländern steht Mexiko weit an der Spitze, aber die USA rangieren heute nicht weit hinter Spanien und Kolumbien zusammen mit Argentinien immerhin auf dem vierten Platz.

Die wirkliche Zahl der Hispanics in den USA ist aufgrund illegaler Einwanderung nicht genau zu ermitteln, die Mehrzahl der heutigen Sprecher wurde jedoch in den USA geboren. Aufgrund der hohen Geburtenrate und des anhaltenden Zustroms aus Mexiko ist mit einem weiteren prozentualen Anstieg an der Gesamtbevölkerung zu rechnen, der nach heutigen Schätzungen im Jahr 2050 mit über 132 Mio Personen bei 30% läge. Die regionale Verteilung der Hispanics in den USA konzentriert sich vorwiegend auf drei Zonen:

(1) den Südwesten (Kalifornien, Arizona, Texas, New Mexico und Colorado), wo die meisten der aus Mexiko stammenden Sprecher (*chicanos*) leben,
(2) Florida, das mit seinem Zentrum Miami viele Kubaner und Exilanten aus lateinamerikanischen Konfliktgebieten (El Salvador, Nicaragua, Kolumbien) beheimatet,
(3) New York, wo vor allem Puerto-Ricaner und Kubaner ansässig sind.

Dabei ist die Kontinuität der Ansässigkeit der Hispanophonen in den USA für jedes Gebiet gesondert zu betrachten. In New Mexico lässt sich das Spanische bis ins 16. Jh. zurückverfolgen. Bereits Ende des 19. Jhs. zog die florierende Tabakindustrie in Tampa viele Kubaner und Spanier nach Florida, während Miami den Zustrom von Hispanics hingegen erst als Folge der Kubanischen Revolution (1959) verzeichnete. Neben der Verteilung auf die genannten Gebiete leben auch in Industriezentren wie Chicago und Detroit größere Gruppen von Hispanics. Die meisten Hispanics beheimaten die Bundesstaaten Kalifornien, Texas und Florida. Über 60% aller in den USA ansässigen Hispanics stammen aus Mexiko.

Das Spanische der Hispanics hat sich in einer klassischen Diglossie-Situation entwickelt, die ursprünglich dem häuslichen Umfeld vorwiegend das Spanische und dem beruflichen das Englische zuordnete. Heutzutage wird diese Dichotomie jedoch häufig durchbrochen, was an den Medien und wirtschaftlichen Erwägungen liegt, Hispanics als besondere Zielgruppe der Werbung anzusprechen. Seit 1800 besteht in den USA eine spanischsprachige Presse, die über 350 Periodika zählt (Quilis 1992, 91–92). Dazu kommen über 100 Fernsehsender und 850 Radiostationen (Cotton/Sharp 1988, 306).

Die Variation im Spanischen der USA basiert auf diversen Faktoren, von denen die Herkunft der Sprecher, ihre Aufenthaltsdauer in den USA (Immigranten der 1. oder 2. Generation) und die Kontinuität des Spanischen innerhalb eines Gebietes im Vordergrund stehen. Hinzu kommen Kontakte unter den verschiedenen Gruppen, Schulbildung und soziale Stellung der einzelnen Sprecher.

Das Spanische der Hispanics reflektiert zunächst spezifische Merkmale, die mit dem jeweiligen externen Herkunftsgebiet der Personen in Verbindung stehen. Dies bedeutet für Sprecher, die ursprünglich aus Kuba stammen, die Aspiration des implosiven /s/ und eine Tendenz zur Neutralisierung von /r/, /l/ in dieser Stellung, während /s/ bei den aus Mexiko stammenden Chicanos realisiert wird. Dazu kommen entsprechende herkunftsbedingte Unterschiede in der Lexik. Ferner ist im Spanischen der USA eine diachron gestaffelte territoriale und gruppenspezifische Variation zu beachten. So unterscheidet man im Südwesten z.B. mehrere mexikanische Kontaktvarietäten:

(1) Northern New Mexico-Colorado Spanish, das auf das koloniale Spanisch des 16. und 17. Jhs. zurückgeht.
(2) General Southwestern Spanish aus dem 18. und 19. Jh.
(3) Border/Chicano Caló (punktuell auch "Tex-Mex"), das im Grenzbereich zu Mexiko gesprochen wird und starken englischen Einfluss aufweist.
(4) Nordmexikanisches Spanisch neuerlich eingewanderter Tagelöhner (*braceros*, engl. *wetbacks*).
(5) Sonderformen wie das *pachuco*, das sich aus der mexikanischen Gaunersprache in der Grenzstadt El Paso (Texas) entwickelte (cf. Lara 1992), oder das Spanische von Teenagern mit spezifischen englischen Einflüssen (cf. Beardsley 1982).

Schließlich unterliegen diese Sprachformen zum Teil auch einem nivellierenden Einfluss, der sich im anhaltenden Kontakt unterschiedlicher Varietäten allgemein einstellt. Dies ist z.B. der Fall, wenn Sprecher aus verschiedenen Regionen Mexikos in den USA in Nachbarschaft zueinander leben oder Kubaner und Puerto-Ricaner in New York alltäglich zusammentreffen. So beobachtet man im Spanischen des mexikanisch beeinflussten Südwestens der USA im Vergleich zu Mexiko eine Abnahme in der Verwendung von Entlehnungen aus dem Nahuatl.

Die Merkmale, die das Spanische in den USA im Allgemeinen charakterisieren und z.B. von südamerikanischen Varietäten abheben, ergeben sich, abgesehen von einigen lokalen lexikalischen Archaismen, vorwiegend aus der speziellen Beeinflussung durch das Englische. Dieser variable Einfluss zeigt sich in erster Linie im Wortschatz, er betrifft aber auch die Phraseologie und wirkt sich auf grammatische Strukturen aus. Unter diesem Aspekt entwickelt sich im Rahmen der Zweisprachigkeit eine hybride Sprachform, die über den üblichen Sprachkontakt hinausgeht und in den USA auch als *Spanglish* (*espanglish*) bezeichnet wird (cf. Stavans 2008). Dabei ist zu berücksichtigen, dass *Spanglish* dem Phänomen der Interferenz von Sprachen zuzurechnen ist, im Ergebnis jedoch nicht weiterführend mit einer Form der Kreolisierung in Verbindung gebracht werden kann. Im Folgenden sollen einige Beispiele für Charakteristika des Spanischen in den USA gegeben werden.

Lexikalische Entlehnungen sind die unmittelbarste Konsequenz aus Sprachkontakten, so auch im Spanischen der USA. Bereits 1935 nahm der damalige mexikanische Botschafter in Washington, Francisco Castillo Nájera, auf Anglizismen Bezug und kommentierte sie – auch mit Blick auf den Norden Mexikos – kritisch. Genannt wurden z.B. *troca* (*truck*) 'camión', *boila* (*boiler*) 'caldera', *traque* (*track*) 'vía férrea', *dipo* (*depot*) 'estación de ferrocarril', *lonchar* (*to have lunch*) 'almozar' (Herrero Mayor 1944, 145–147). Die Aufnahme der Anglizismen erklärt sich unter anderem durch das Prestige des Englischen als sprachlicher Repräsentant einer technisch fortschrittlicher eingestuften Gesellschaft (*truck* vs. *camión*), der ursprünglichen Unvertrautheit mit bestimmten technischen Neuerungen (*boiler*), kulturspezifisch unterschiedlichen Inhalten (*to have a quick lunch* vs. *almozar*) oder auch der Frequenz eines Wortes in der Ausgangssprache (engl. *to watch* > *wachar*).

Neben lexikalischen Entlehnungen, die dem äußeren Lehngut zugerechnet werden, treten Lehnprägungen auf (inneres Lehngut), die Übernahmen im semantischen Bereich darstellen. Hier finden sich zunächst Lehnbedeutungen, bei denen bestehende spanische Signifikanten herangezogen und inhaltlich um einen komplementären Bedeutungsinhalt aus dem Englischen erweitert werden. Grundlage dafür ist eine lautlich-etymologische Überschneidung der Signifikanten in beiden Sprachen: *aplicación* (< engl. *application* 'candidatura'; *aplicar por un trabajo* < engl. *to apply for a job* 'solicitar un trabajo'), *carpeta* (< engl. *carpet* 'alfombra'), *factoría* (< engl. *factory* 'fábrica'), *moverse* (< engl. *to move* 'mudarse'), *realizar* < engl. *realize* 'darse cuenta'). Durch Interferenz mit dem Englischen treten auch Wortverwendungen auf, die man in anderen Varietäten des Spanischen kontextuell grundsätzlich als missverständlich deuten würde. Dazu gehören z.B. *letra* (< engl. *letter*) für 'Brief', *equilibrio* (< engl. *balance*) für 'Saldo' und *librería* (< engl. *library*) für 'Bibliothek' (cf. Ardila 2005, 73).

Ferner kommt es zur inhaltlichen Nachbildung englischer Strukturen aus spanischem Wortmaterial (Lehnbildungen). Die direkteste Form ist dabei die der Lehnübersetzung: *viaje redondo* (< engl. *round trip* 'ida y vuelta'), *cambiar de mente* (< engl. *to change one's mind* 'cambiar de opinión'), *llamar para atrás* (< engl. *to call back* 'devolver la llamada'. Gelegentlich kann es zu konvergenten Entwicklungen kommen. So ließe sich *manejador* (< engl. *manager*), der in Mexiko auch als Manager im Boxsport bekannt ist, als Lehnbedeutung (cf. mex. *manejador* < *manejar* 'conducir') oder Lehnübertragung einordnen.

Wenn auch das Englische in einigen Fällen die vielleicht griffigere Formulierung als Vorlage liefert (*I'll call you back*), liegt der Grund für die Akzeptanz der Lehnprägungen im Spanischen der USA doch letztlich in der Präsenz und der Frequenz des Auftretens der englischen Strukturen im alltäglichen Leben. Diese werden zum Teil aus Gründen des sprachlichen Prestiges des größeren Partners in der Diglossie, zum Teil auch intuitiv auf das Spanische übertragen und überlagern dabei die spanische Idiomatik.

Bei der phonetischen Adaptation von Anglizismen ist eine gewisse Variabilität zu beobachten. So erscheint z.B. *wachar* (< eng. *to watch*) auch als *guachar*, das sich in Erweiterung des anlautenden Nexus *wa-* (bilabiales [w] + [a]) dem spanischen Lautsystem angepasst hat. Eine solche Anpassung kann wiederum auch morphologische Auswirkungen haben. So wird der im Spanischen gebräuchliche Anglizismus *suéter* im Spanischen der USA durch die Aussprache des amerikanischen Englisch (*sweater* [swedɹ]) zu *sueda*, wechselt also durch die Substitution [-ɹ > -a]) das Genus.

Eine Besonderheit in der Phonetik des Spanischen in den USA ist die Existenz des labiodentalen Allophons [v] für /b/ (*vivir*) in der Lautkette, dem ein gewisses Prestige zukommt und das sich offensichtlich zum Teil auch an der Graphie orientiert. Darüber hinaus tritt retroflexes /r/ auf (*cuarto* [ɹ]), und man beobachtet die Sonorisierung von intervokalischem /s/ (*mesa* [z]). Die drei Phänomene gehen mit der Phonetik des Englischen konform.

In der Verbalmorphologie fällt im Spanischen der USA das (vom Englischen natürlich unabhängige) Suffix der 1. Pers. Pl. *-nos* auf (*teníanos* vs. *teníamos*), das auch im karibischen Raum (Venezuela) belegt ist. Bei der Integration englischen Lehnguts kommt es morphologisch bedingt zu hybriden Bildungen wie *baquiar* (*to back up* 'zurückstoßen'), die dem äußeren Lehngut zuzurechnen sind.

Auch im syntaktischen Bereich sind offenkundige Einflüsse des Englischen zu verzeichnen. So wird der präpositionale Akkusativ im Spanischen der USA nicht konsequent realisiert (*voy a ver mis padres* vs. voy *a ver a mis padres*). Englische Partizipialkonstruktionen, die im Spanischen relativisch umgesetzt werden, folgen zum Teil dem englischen Vorbild (*la muchacha cantando es mi prima* vs. *la muchacha que está cantando es mi prima*). Ferner treten für das Spanische eigentlich unidiomatische Passivbildungen (*fue visto por todos* vs. *todos lo vieron*) und aspektbedingte Interferenzen auf (*estoy bailando en la fiesta* (Fut.) < engl. *I'll be dancing at the party*). Das gewöhnlich unpersönlich konstruierte Verb *gustar* orientiert sich zum Teil an engl. *to like* (*Carlos gusta el café* vs. *a Carlos le gusta el café*). Ein lexikalisch-syntaktisches Phänomen ist die Ausweitung des Bereichs von *estar* gegenüber *ser*.

Der Grad der Interferenz gestaltet sich je nach Umfeld und Kompetenz der Sprecher variabel. Dabei kann es auch zu stärkeren Umstrukturierungen im Spanischen kommen. So wirkt das englische Tempussystem, in dem das Präteritum als Vergangenheitstempus deutlich überwiegt, auf die aspektuell gesteuerte Distribution von Imperfecto und Indefinido ein. In Relativ- und Objektsätzen kann im Englischen *that* entfallen, wenn es für einen Akkusativ steht. Ein entsprechender Ausfall von *que* lässt sich auch im Spanischen der USA beobachten.

Auch Rektionen werden unter dem Einfluss des Englischen modifiziert: *responsable por* (*responsible for* 'responsable de'). Dies setzt sich in Kollokationen und der Phraseologie fort: *tuvimos un buen tiempo* (*we had a good time* 'lo pasamos bien'), *cinco años pasados* (*five years ago* 'hace cinco años'), *paré de trabajar* (*I stopped working* 'dejé de trabajar'), *¿cómo te gusta?* (*how do you like it?* '¿qué te parece?'). Zum englischen Lehngut im Spanischen der USA steht die Monographie von Mendieta (1999) zur Verfügung.

Ein generelles Phänomen in der Sprache der Hispanics ist der Sprachwechsel, das so genannte *code-switching* (*alternancia de códigos*), bei dem Sprecher, die sich durch ihr Umfeld in permanenter Diglossie mit dem Englischen befinden, im Dialog zwischen Spanisch und Englisch wechseln. Dafür wird auch der Terminus *code-mixing* verwendet, der sich in manchen Arbeiten spezieller auf einen Sprachwechsel innerhalb des Satzes bezieht. Sprachwechsel setzt Kommunikationspartner mit vergleichbarer sprachlicher Disposition voraus und vollzieht sich spontan, entweder innerhalb des Satzgefüges (*alternancia intra-oracional*) oder satzkonsekutiv (*alternancia inter-oracional*). "Sometimes I'll start in Spanish Y TERMINO EN ESPAÑOL" ist der bezeichnende Titel eines Beitrags zu dieser Problematik (Poplack 1980). Vollzieht sich der Sprachwechsel an Diskursmarkern (z.B. engl. *you know*, [...]), die im Redefluss letztlich eine kurze Pause repräsentieren, spricht man von *tag-switching* (*alternancia de frases discursivas*). Der Sprachwechsel unterliegt auch gewissen Restriktionen. So erfolgt er in der Regel nicht an gebundenen Morphemen (z.B. Flexionsendungen), sondern bevorzugt Schnittstellen, die sich an Teilsätzen orientieren, was für den Eintritt idealerweise eine gewisse Parallelität der Satzstruktur in beiden Sprachen voraussetzt.

Das *code-switching* fördert die Aufnahme und Integration von Anglizismen in das Spanische. Dabei ist zu beachten, dass das Spanische in den USA durch den mündlichen Sprachgebrauch geprägt ist, der sich in vielen Bereichen des alltäglichen Lebens terminologisch – sei es technisch oder allein durch die Vertrautheit des Ausdrucks – am Englischen orientiert. Auch der Aufbau des Unterrichtswesens sieht nach der Einschulung eine schrittweise angelegte Verschiebung zum Englischen vor. Daneben ist Spanisch in den USA die am häufigsten gelehrte Fremdsprache.

Das Spanische in den USA stellt ein sehr interessantes Feld für die Sprachkontaktforschung dar, das sich aufgrund multipler Faktoren sprachhistorischer, regionaler, migratorischer und soziologischer Natur in seiner Heterogenität aber auch als äußerst komplex erweist. Eine umfangreiche Publikation neueren Datums mit über 80 Fachartikeln ist die *Enciclopedia del español en los Estados Unidos* (López Morales 2008).

Aufgaben

1. Vergleichen Sie Voraussetzungen und Inhalte in Bezug auf *Spanglish* und *franglais*.
2. Suchen Sie im Internet nach *Cyberspanglish*.
3. Finden Sie Beispiele, die die bei der Entwicklung von *to watch* > *guachar* erfolgte lautliche Substitution von [w-] im Spanischen ebenfalls aufweisen. Welche Gebersprachen lassen sich feststellen?

4   Die diatopische Gliederung des amerikanischen Spanisch

Diatopische Gliederungen hängen wie typologische Klassifikationen von den eingebrachten Kriterien ab und führen folglich zu unterschiedlichen Ergebnissen. Eine Einteilung kann auf wenigen Charakteristika basieren oder aber aus einem umfänglichen Katalog von Faktoren aus den Bereichen Phonetik, Morphosyntax und Lexik bestehen. Entscheidend sind die für den Vergleich als charakteristisch eingestuften sprachlichen Merkmale, für deren Auswahl und Gewichtung es jedoch keine allgemein verbindlichen Kriterien gibt. Eine diesbezügliche Festlegung würde idealerweise auch voraussetzen, dass man für das amerikanische Spanisch eine detaillierte Übersicht über die regionale Variation aller Sprachgebiete hätte, was beim heutigen Stand der Forschung noch nicht der Fall ist.

    Ausgehend von den Merkmalen werden die Spielarten dieser Merkmale erfasst, die man als Varianten bezeichnet. Dabei stützt man sich traditionell bevorzugt auf die Phonetik, da sie die sprachliche Variation am unmittelbarsten überträgt und sich über längere Zeiträume als stabil erweist. Die Lexik hingegen eignet sich aufgrund ihrer Variabilität und ihres Umfangs nur eingeschränkt für diese Untersuchungen. Wenn Varianten verschiedener Merkmale in ihrer Verbreitung eine weitgehende Parallelität aufweisen, ist dies ein Anhaltspunkt für die Existenz einer Varietät, die sich aus diatopischer Sicht als Dialekt darstellen kann. Die Abgrenzung dieser Varietäten erfolgt nach den Varianten, die man als Isoglossen auf Sprachkarten überträgt und die im Falle paralleler Verbreitung Isoglossenbündel bilden. Diese Isoglossenbündel übernehmen die Funktion von Grenzlinien, wobei es strikte Dialektgrenzen gemäß dem sprachlichen Kontinuum nicht gibt.

    In Bezug auf die Variation im amerikanischen Spanisch wird vermieden, von einzelnen Dialekten zu sprechen. Dies liegt daran, dass man den Dialekt als syntopische Varietät mit einem enger umrissenen Gebiet in Verbindung bringt, das sich vorzugsweise auch historisch definieren lässt und alle sprachlichen Kategorien umfasst. Aufgrund der Weitläufigkeit der Gebiete und der dispersen Distribution mancher Varianten zieht man im amerikanischen Spanisch die Einteilung in Zonen vor. Eine diatopische Großgliederung, die sich aus der phonetischen Beschreibung unmittelbar ergibt, ist die Unterscheidung in *tierras altas* (Hochlandgebiete) und *tierras bajas* (Tiefland- bzw. Küstengebiete) (cf. 2.1, 4.2, 7.2).

    Die Ermittlung von Kriterien für eine regionale Gliederung des amerikanischen Spanisch war Gegenstand verschiedener wissenschaftlicher Ansätze, die zum Teil bei Moreno Fernández (1993) mit Texten und einem Kommentar im Überblick dargestellt werden. Da weder Anzahl, Auswahl noch Gewichtung der Kriterien verbindlichen Maßstäben unterliegen, besteht bei dem Entwurf einer zonalen Einteilung sowohl die Schwierigkeit, eine repräsentative Lösung zu finden, als auch die Gefahr, sich durch angestrebte Komplexität im Detail zu verlieren.

4.1 Armas y Céspedes (1882)

Die erste Skizzierung einer diatopischen Gliederung des amerikanischen Spanisch stammt von dem Kubaner Juan Ignacio de Armas y Céspedes und ist in seinem Werk *Oríjenes* [sic] *del lenguaje criollo* (1882) enthalten. Dieses Buch befasst sich nicht etwa mit dem Kreolischen, sondern mit der Sprache der Bevölkerung Kubas und des karibischen Raumes, auf die sich die Bezeichnung *criollo* hier bezieht (cf. 5.4).

Die Gliederung von Armas y Céspedes, die in erster Linie wissenschaftsgeschichtliche Bedeutung hat, unterscheidet undifferenziert vier bis fünf Zonen: (1) die Karibik mit den Antillen, Kolumbien, Venezuela und Teilen Mittelamerikas, (2) Mexiko und Mittelamerika, (3) den pazifischen Raum mit einer eventuellen Aufteilung in ein oder zwei Zonen und (4) Buenos Aires, womit der La Plata-Raum gemeint ist. Mögliche Auswirkungen dieser Einteilung auf die Gliederung von Henríquez Ureña behandelt Geckeler (1994a).

4.2 Henríquez Ureña (1921)

Die erste systematisierte diatopische Gliederung des amerikanischen Spanisch nahm Pedro Henríquez Ureña (1921, 360) vor, der eine Einteilung in fünf Zonen vorschlug. Er stützte sich dabei auf die historischen und kulturellen Bindungen innerhalb jeder Zone unter Verweis auf den Kontakt mit den indianischen Substratsprachen (cf. 7.3.1). Zonen bilden nach Henríquez Ureña

(1) der Süden und Südwesten der USA, Mexiko, Mittelamerika (→ Nahuatl),
(2) die Antillen, die Küsten- und Tieflandgebiete Venezuelas; eventuell der Norden Kolumbiens (→ Lucayo, d.h. Arawak),
(3) das Andengebiet und das Binnenland Venezuelas, die Westküste Kolumbiens, Ecuador, Peru, der größte Teil Boliviens; eventuell der Norden Chiles (→ Quechua),
(4) der größte Teil Chiles (→ Araukanisch, d.h. Mapuche),
(5) Argentinien, Uruguay, Paraguay und ein Teil des bolivianischen Südostens (→ Guaraní).

In jeder Zone ist eine weitere Untergliederung vorgesehen, die Henríquez Ureña jedoch nur in Bezug auf die mexikanische (1) andeutet. Hier unterscheidet er das Gebiet der USA, den Norden Mexikos, das zentrale Hochland (→ Nahuatl), die Ostküste, die Halbinsel Yucatán (→ Maya) und Mittelamerika, das sich nach seiner Darstellung möglicherweise weiter unterteilen lässt und das mexikanische Chiapas einschließt. Eine Ergänzung dieser Untergliederung nahm Henríquez Ureña in *El español en Santo Domingo* (1940) vor. Die Schwächen seiner kurz gefassten Klassifikation liegen im fehlenden Bezug zu konkreten sprachlichen Merkmalen, die sich als Ergebnis der implizierten sprachlichen Faktoren darstellen müssten. Es ergibt sich ein Bezug zu den Substratsprachen, deren Anzahl und Verbreitung allerdings nur ungefähr mit den skizzierten Räumen übereinstimmt. Die Form der Einflussnahme wäre weiter auszuführen. Im Prinzip kann sie nur lexikalisch basiert sein (cf. 7.3.1).

Im gleichen Artikel führte Henríquez Ureña (1921, 358, n. 1) die diatopisch wesentlich grundsätzliche Unterscheidung in Hoch- und Tieflandgebiete ein (*tierras altas*, *tierras bajas*) (cf. 2.1, 7.2), wobei er den Tieflandgebieten im Speziellen den Verlust des implosiven /s/ sowie des intervokalischen /d/ zuschreibt, während die Hochlandgebiete die Konsonanten tendenziell erhalten. Ausgangspunkt für diesen topographischen Gegensatz ist die klimatische Unterscheidung in *tierra fría* und *tierra caliente*, die Henríquez Ureña anhand von Mexico-Stadt und dem am Golf gelegenen Veracruz veranschaulicht. In der Hauptstadt werden die Konsonanten klar artikuliert, unbetonte Vokale jedoch tendieren zum Ausfall. In Veracruz hingegen zeigt sich der Vokalismus unauffällig, während sich Konsonanten unter anderem in Silbenendstellung abschwächen.

Henríquez Ureñas Einteilung in die Großräume der *tierras altas* und *tierras bajas* fanden bei Max Leopold Wagner (1920, 300) zeitgleich mit etwas veränderter Ausrichtung ein Pendant in der Unterscheidung zwischen "Inseln und Küstengegenden" gegenüber "binnenländischen Gegenden" (cf. 7.2). In spanischer Terminologie entspricht dies *tierras marítimas* und *tierras interiores* (Menéndez Pidal 1962: 142).

4.3 Canfield (1962)

Einen wichtigen Beitrag zur Kenntnis der regionalen Verbreitung der hispanoamerikanischen Charakteristika leistete Lincoln Canfield mit seinen Arbeiten *La pronunciación del español en América* (1962) und *Spanish Pronunciation in the Americas* (1981), in denen er verschiedene Merkmale auf Karten übertrug. Die erste Arbeit ist historisch konzipiert und beinhaltet Karten zur Realisierung von /b d g/, /s/, /x/, zu Aspiration und Ausfall des implosiven /s/, zur Realisierung von /ʎ – j/, /r – l/, zur Assibilierung (/r̄/ > [ʒ]; [tr] > [tʃ]) und zu einigen lokal begrenzten Phänomenen. Die zweite Arbeit bietet eine nach Ländern geordnete Präsentation, die die phonetischen Varianten kartographisch innerhalb der Landesgrenzen darstellt.

Eine eigene diatopische Gliederung des amerikanischen Spanisch schlägt Canfield nicht vor. Es weist darauf hin, dass das Auftreten der Merkmale weder mit den politischen Grenzen in Hispanoamerika, noch mit der Verbreitung der Indianersprachen übereinstimmt (1962, 96). Daneben unterstreicht er die kartographisch klar erkennbare Unterteilung in Hochlandgebiete und Tiefländer, die nach seiner Überzeugung unterschiedliche Entwicklungsstände des *andalucismo* repräsentieren (cf. 7.2, 7.4).

4.4 Rona (1964)

Die diatopische Gliederung José Pedro Ronas (1964) basiert als erste auf Merkmalen aus verschiedenen sprachlichen Kategorien. Rona bezieht vier nach seiner Ansicht grundlegende Kriterien ein, deren Auswahl er mit dem Hinweis rechtfertigte, nur diese Isoglossen seien für den Zweck hinreichend bekannt. Es handelt sich um (1) den *yeísmo* (phonologisch), (2) den *žeísmo* (phonetisch-phonologisch), (3) den *voseo* (syntaktisch) und (4) die jeweils zugehörigen Verbformen (morphologisch). Diese liegen in vier Typen vor: Typ A: *-áis, -éis, -ís*; Typ B: *-áis, -ís, -ís*; Typ C: *-ás, -és, -ís* und Typ D: *-as, -es, -es*.

Die Unterscheidung von Präsenz [+] und Absenz [−] der Merkmale (1) bis (3) und des *voseo*-Typs ergaben sechzehn Zonen. Diese ergänzte Rona um weitere sieben (Z17–Z23), die seiner Meinung nach einen starken Einfluss des Englischen, Portugiesischen oder des Quechua (Z23) aufweisen. So entspricht z.B. die Kennzeichnung [+ − + C] *yeísmo*, kein *žeísmo*, *voseo*, Typ C.

(1) Mexiko (ohne Chiapas, Tabasco, Yucatán und Quintana Roo), die Antillen, die Atlantikküste Venezuelas und Kolumbiens sowie der Osten Panamas [+ − − −]
(2) die mexikanischen Bundesstaaten Chiapas, Tabasco, Yucatán und Quintana Roo sowie Mittelamerika und der Westen Panamas [+ + + C]
(3) die Pazifikküste Kolumbiens und das venezolanische Binnenland [+ − + C]
(4) die Andenzone Kolumbiens [− − + C]
(5) die Küste Ecuadors [+ + + C]
(6) das Hochland von Ecuador [− + + B]
(7) die Küste Perus (ohne den Süden) [+ − − −]
(8) die Andenzone Perus [− − − −]
(9) der Süden Perus [+ − + B]
(10) der Norden Chiles und der Nordwesten Argentiniens mit dem bolivianischen Südwesten (Oruro und Potosí) [− − + B]
(11) das restliche Bolivien [− − + C]
(12) Paraguay (ohne das Gebiet um Concepción) sowie die angrenzenden argentinischen Provinzen Misiones, Corrientes und Formosa [− + + C]
(13) Zentralchile [+ − + B]
(14) der Süden Chiles und ein Teil des argentinischen Patagoniens [− − + B]
(15) der Osten Argentiniens (*zona litoral-pampeana*) und Uruguay (außer der Ostküste und dem Grenzbereich zu Brasilien) [+ + + C]
(16) die Ostküste Uruguays (*zona ultraserrana*) [+ + − −]

-----

(17)	Neu-Mexiko und weitere Gebiete der USA	[+ – – –]
(18)	Kuba und Puerto Rico (Ausnahmen in Ostkuba)	[+ – – –]
(19)	Uruguay im Grenzgebiet zu Brasilien (*zona fronteriza*) ohne das *tacuaremboense*	[+ + + C]
(20)	Uruguay im Grenzgebiet zu Brasilien (*zona fronteriza*) → das *tacuaremboense*	[+ + – –]
(21)	das Gebiet von Concepción (Paraguay)	[– + – –]
(22)	Misiones (Argentinien) → das *caingusino*	[– + + C]
(23)	das Gebiet von Santiago del Estero (Argentinien)	[– – + D]

Ronas Gliederung bedeutet eine klassifikatorische Herausforderung, vermittelt durch die Eigenwilligkeit der Auswahl jedoch interessante Anhaltspunkte zur weiteren Reflexion. Ein wesentlicher Kritikpunkt ist die der sprachlichen Realität letztlich widersprechende gemeinsame Gruppierung von Mexiko und der Karibik (Z1). Weiterhin fällt die fehlende Verbindung zwischen Gebieten innerhalb einzelner Zonen auf (z.B. Z2: Pazifikküste Kolumbiens und venezolanisches Binnenland), während Zonen mit gleichen Merkmalen wiederum getrennt erscheinen (Z1: Mexiko; Z8 die Küste Perus), selbst wenn sie wie Mexiko (Z1) und Neu-Mexiko (Z17) benachbart sind. Der Einfluss der Adstrate in den sieben Zusatzzonen wird im Falle des Englischen, zumal für Kuba, gewiss überzeichnet (cf. Kap. 3) und rechtfertigt deshalb auch nicht die zonale Trennung von Mexiko und Neu-Mexiko. Schließlich fällt auf, dass der *voseo*-Typ A in der Einteilung Ronas keine Berücksichtigung findet. Insofern ist der Westen Panamas (2), der ihn de facto aufweist, falsch zugeordnet (cf. 2.2.1).

Die fehlende Einbeziehung des schwachen Konsonantismus mit der Aspiration des implosiven /s/ oder der Neutralisierung von /r/, /l/ führt bei Rona zum Zusammenfall von Gebieten, die gemeinhin als antagonistisch bekannt sind. Demnach wird der Unterschied zwischen dem Hochland von Mexiko und den karibischen Gebieten einschließlich der Antillen ausgeblendet (Z1). Dies widerspricht der sprachlichen Realität und dem Empfinden der Sprecher.

Auch in diachronischer Hinsicht bestehen Gegensätze. Während sich der *voseo* ins 16. Jh. zurückverfolgen lässt (cf. 6.2.1), stellt der *žeísmo* eine neuere Entwicklung dar, die in Argentinien z.B. im 18. Jh. einsetzte (cf. 6.1.2.4) und somit ein viel späteres Kriterium der Differenzierung einbringt. Es stellt sich die Frage, ob die Verbindung verschiedener Zeitstufen dem Verständnis der Vorgänge immer dienlich sein kann. Darüber hinaus liegt der *žeísmo* in unterschiedlicher Form und Genese vor, so dass er im Hinblick auf eine Klassifizierung nicht ohne weiteres unter einem Punkt subsumiert werden kann. Der vielfältigen Probleme ist sich Rona ohne Zweifel bewusst, denn er bezeichnet seine Aufstellung als "clasificación tentativa" (1964, 222).[1]

---

[1] Die Reproduktion der Einteilung Ronas bei Moreno Fernández (1993) ist in Bezug auf Typ D sowie Zone 5 fehlerhaft. In Mexiko (Zone 2) ist der *voseo* nur für Chiapas typisch.

4.5 Resnick (1975)

Eine umfangreiche diatopische Erhebung zum amerikanischen Spanisch, die sich ausschließlich auf die Phonetik stützt und den Beginn der Datenverarbeitung reflektiert, unternahm 1975 Melvyn Resnick. Sein Bestreben lag nicht in der Erstellung einer zonalen Gliederung, sondern in der Ermittlung kleinster diatopischer Einheiten. Auf der Basis meist indirekt erhobener dialektologischer Daten ermittelte Resnick anhand von acht Charakteristika durch konsequente binäre Unterscheidung in positiv [+] vs. negativ [−] im Ergebnis $2^8 = 256$ Areale. Resnick wählte die unterschiedliche Realisierung folgender Charakteristika: (1) implosives /s/ [s] vs. [^{h} −], (2) /r̄/ [r̄] vs. [ř ʀ], (3) /x/ [h] vs. [x], (4) /ʎ/ vs. /j/, (5) /lb/ [lƀ] vs. [lb], (6) finales /n/ [n] vs. [-ŋ], (7) implosives /l/ vs. /r/ und (8) Erhalt aller Vokale vs. Vokalreduktion.

Aus Gründen einer vereinfachten Darstellung und der Abstufung teilte Resnick die acht Merkmale in zwei Tabellen (A, B) mit jeweils vier Merkmalen und 16 diatopischen Indices (2 x 4 x 16 x 2 [+ −] = 256). Die regionale Auflösung dieser Indices stellt den umfangreichsten Teil des Buches dar. Der nach Konsultation der ersten Tabelle mögliche Rückgriff auf die zweite Merkmalreihe erlaubt eine abgestufte Suche mit erhöhter Präzision. Ferner stehen 12 zusätzliche Tabellen (C bis N) mit weiteren Charakteristika zur Verfügung.

Das Problem der Handhabung dieses Systems liegt in der Auswahl einer sinnvollen Kombination von Merkmalen für die Suche. Grundsätzlich bietet die Arbeit Resnicks eine detaillierte Übersicht über die phonetische Variation im amerikanischen Spanisch, die aufgrund des damaligen Stands der Datenerhebung und einem zeitlichen Abstand von mittlerweile 40 Jahren allerdings relativiert werden muss.

4.6 Zamora Munné (1979–80)

Mit einer Modifikation des Ansatzes von Rona (cf. 4.4) entwarf Juan Clemente Zamora Munné (1979–80) eine Gliederung, die wiederum auf drei Merkmalen verschiedener sprachlicher Kategorien basiert. Zamora Munné hatte Rona wegen der Berücksichtigung des *yeísmo* kritisiert, da sich dieser angesichts seiner weiten Verbreitung in Hispanoamerika (und Spanien) als Kriterium nicht eigne. Die Einbeziehung des *žeísmo* und der *voseo*-Verbformen führen nach Ansicht Zamora Munnés zudem zu einem übermäßig lokal geprägten Ergebnis.

Zamora Munnés Kriterien sind (1) die Realisierung von finalem /s/ [-s] vs. [-^{h} −], (2) die Realisierung von /x/ [x] vs. [h] und (3) der *voseo*. Unterschieden werden Präsenz [+], Absenz [−] und Parallelität [±] der Merkmale. Demnach ist z.B. die Kennzeichnung [− − ±] mit Aspiration (Ausfall) von /-s/, Realisierung von [h], *voseo* und *tuteo* aufzulösen. Es ergeben sich neun Zonen:

(1)	die Antillen, die Ostküste Mexikos, der Osten Panamas, die Nordküste Kolumbiens, Venezuela (ohne Anden)	[- - -]
(2)	Mexiko (ohne Ostküste und das Grenzgebiet zu Guatemala)	[+ + -]
(3)	Mittelamerika, das Grenzgebiet zu Mexiko, der Westen Panamas	[- - +]
(4)	Kolumbien (ohne Küste), die Andenausläufer in Venezuela	[+ - ±]
(5)	die Pazifikküste Kolumbiens und Ecuadors	[- - ±]
(6)	die Küste Perus (ohne den Süden)	[- - -]
(7)	Ecuador und Peru (ohne vorgenannte Gebiete), der Westen und das Zentrum Boliviens, der Nordwesten Argentiniens	[+ + ±]
(8)	Chile	[- + ±]
(9)	der Osten Boliviens, Paraguay, Uruguay, Argentinien (ohne den Nordwesten)	[- + +]

Mit der Einbeziehung des finalen /s/ beinhaltet die Gliederung Zamora Munnés im Prinzip den gleichen Widerspruch der Weitläufigkeit wie der von ihm kritisierte Ansatz Ronas. Allerdings liegen im Gegensatz zu Ronas Kriterien die Merkmale (2) und (3) sprachhistorisch im 16. Jh. auf einer zeitlichen Ebene (cf. Kap. 7.4). Im Hinblick auf die allgemeine Verbreitung der Charakteristika des amerikanischen Spanisch bietet Zamora Munné die bis heute vielleicht überzeugendste Gliederung der Sprachgebiete.

4.7 Cahuzac (1980)

Eine unkonventionelle Form der diatopischen Gliederung, die allein auf lexikalischer Basis beruht und im Ergebnis eine gewisse Nähe zu Henríquez Ureñas Klassifikation aufweist, stammt von Philippe Cahuzac (1980). Seine Einteilung legt in ethnolinguistischer Ausrichtung den Schwerpunkt auf die Semantik der verschiedenen Bezeichnungen für *campesino*. Durch die Auswertung von Wörterbüchern und Glossaren erstellte Cahuzac eine Liste mit 184 Basiseinträgen, die er in Bezug auf allgemeine und spezielle Bezeichnungen für *campesino*, pejorative Inhalte sowie das allgemein verbreitete, regionale oder landesspezifische Auftreten der Bezeichnungen onomasiologisch auswertete. Die vier von Cahuzac ermittelten Zonen sind

(1) der Süden der USA, Mexiko, die Antillen, Mittelamerika, Venezuela, Kolumbien (ohne Andengebiete) und die Küste Ecuadors mit den vorwiegenden Bezeichnungen *charro* (Norden), *llanero* (Südamerika) sowie *guajiro*, *jíbaro* und *cimarronero*.

(2) die Andengebiete Venezuelas, Kolumbiens, Ecuadors, Perus, Boliviens, im Norden Chiles und im Nordwesten Argentiniens mit den vorwiegenden Bezeichnungen *chacarero* und *paisano*.

(3) Chile (ohne den Norden) mit den vorwiegenden Bezeichnungen *huaso* und *campañista*.
(4) der La Plata-Raum (Argentinien, Uruguay, Paraguay) und der Osten Boliviens mit der vorwiegenden Bezeichnung *gaucho*.

Darüber hinaus weist Cahuzac auf Subzonen hin, in denen weitere Bezeichnungen auftreten. Streng genommen handelt es sich bei dieser Einteilung nicht um eine allgemein verwertbare diatopisch-dialektale Gliederung, da sie mit dem Wortfeld *campesino* auf nur einem Kriterium beliebiger Wahl basiert. Bei der Untersuchung anderer Wortfelder ergeben sich auch innerhalb des von Cahuzac erstellten Korpus abweichende Ergebnisse. Zudem ist zu berücksichtigen, dass die als Basis der Erhebung gewählten Wörterbücher zum amerikanischen Spanisch hinsichtlich der Aufnahme von Einträgen und Angaben zu deren Verbreitung nicht immer verlässlich sind.

4.8 Montes Giraldo (1982)

Montes Giraldo (1982, 1995–96) geht von der Prämisse der Einheit des Spanischen aus und strebt deshalb eine Klassifikation an, die nicht nur auf Hispanoamerika, sondern auf das Spanische im Allgemeinen anwendbar sein soll. Das einzige Merkmal, das sich in Flächendeckung hierfür eignet, ist die variable Realisierung des implosiven /s/. Dies führte Montes Giraldo zu einer dualen Unterscheidung zwischen den Arealen, die den Sibilanten erhalten und denen, die die Aspiration oder einen Ausfall verzeichnen.

Im Ergebnis stellt er eine sprachliche Verbindung zwischen dem peninsularen *español centro-septentrional* und den amerikanischen Hochlandgebieten her, die als *superdialecto A* bezeichnet wird. Das *español meridional* sowie die Insel- und Küstengebieten Hispanoamerikas nennt Montes Giraldo *superdialecto B*. Diese Einteilung läuft für Hispanoamerika letztlich auf die klassische Unterscheidung in Hoch- und Tiefländer hinaus. Was den *superdialecto B* betrifft, so entspricht er nach den Gebietsverbindungen Diego Cataláns Konzept des *español atlántico* (cf. 1.3). Um seine Klassifikation für Hispanoamerika zu spezifizieren, zieht Montes Giraldo als weiteres Merkmal den *voseo-tuteo* heran, wodurch er in zwei von drei Merkmalen mit Zamora Munné (1979–80) übereinstimmt. Somit ermittelt Montes Giraldo (1995–96, 328) im Ergebnis neun Zonen, die letztlich mit denen Zamora Munnés identisch sind.

Montes Giraldo bringt außer der Terminologie seiner Großzoneneinteilung letztlich keine neuen Gesichtspunkte in die Diskussion ein. Seine im Ansatz panhispanische Ausrichtung mit dem implosiven /s/ weist zudem Inkonsequenzen auf. Das primäre Kriterium der Aspiration ist für Spanien nicht unproblematisch, da sich das Phänomen über das *español meridional* hinaus bis ins südliche León und nach Neukastilien erstreckt (cf. 6.1.2.3). Diachron ergeben sich in den weitläufigen Arealen Hispanoamerikas hinsichtlich der Aspiration inkongruente Zeiträume früherer oder späterer Verbreitung dieses

Wandels. Schließlich treten auch diatopische Ungenauigkeiten auf, die bei nur zwei berücksichtigten Merkmalen eher ins Gewicht fallen als bei drei. So kann man Mittelamerika (Zone 3) nicht grundsätzlich unter der Aspiration subsumieren (Guatemala, Costa Rica). Auch an der Küste Perus (Zone 6) ist implosives /s/ z.B. in Trujillo nördlich von Lima weitgehend erhalten. Durch die Einbeziehung des *voseo* löste Montes Giraldo die in seiner Klassifikation zunächst angestrebte Verbindung mit Spanien schließlich wieder auf.

4.9 Ausblick

Die vorgestellten Ansätze zu einer diatopischen Gliederung des amerikanischen Spanisch sollten als Beispiele dienen und die Entwicklung sowie die grundlegenden Überlegungen zu dieser Thematik erwähnen. Natürlich geht die Fachdiskussion mit neuen Vorschlägen weiter. Ueda (1995, 64) unterscheidet im Rahmen seines Projektes Varilex (cf. 2.3) auf der Basis des Wortschatzes in großen Städten der hispanophonen Welt für Hispanoamerika folgende Zonen:

ZONA-B: CARIBE: La Habana, Santiago de Cuba, Santiago de los Caballeros, Santo Domingo, San Pedro de Macorís, San Juan, Dorado, Mayagüez.
ZONA-C: MÉXICO: Monterrey, Aguas Calientes y Ciudad de México.
ZONA-D: CENTROAMÉRICA, COLOMBIA Y VENEZUELA: Ciudad de Guatemala, San Salvador, Puerto Limón, Panamá, Santafé de Bogotá, Mérida y Caracas.
ZONA-E: ANDES: Quito, Lima, Arequipa, La Paz.
ZONA-F: CONO SUR: Arica, Santiago de Chile, Concepción, Temuco, Asunción, Montevideo, Salta, Tucumán, Buenos Aires.

Die begrenzte Aussagekraft dieses Ansatzes mag man daran ablesen, dass ganz Spanien unter die ZONA-A fällt. Man muss allerdings berücksichtigen, dass es hier um eine Einordnung nach dem Gebrauchswortschatz geht.

Wie bereits Canfield (1962, 96) feststellte, haben die Landesgrenzen für die diatopische Verbreitung von Varianten des amerikanischen Spanisch keine Bedeutung. Obwohl sich eine länderorientierte Einteilung für die varietätenlinguistische Beschreibung somit nicht eignet, wird sie in Überblicksdarstellungen aus praktischen Gründen oft vorgenommen (cf. Lipski 1994). In der Lexikographie folgt man mit der Erstellung landesspezifischer Wörterbücher aufgrund der größeren Regionalisierung im Wortschatz ebenfalls diesem Prinzip (cf. 1.4, Wörterbücher zum amerikanischen Spanisch). Das Vorgehen erfährt zudem eine gewisse Berechtigung durch die Tatsache, dass sich in Hispanoamerika landesspezifische Charakteristika in Verbindung mit Maßnahmen entwickeln, die vom politischen und gesellschaftlichen Handeln des Staates abhängen. Darunter fällt im Rahmen der Sprachpolitik die Normierung von Terminologien in Wirtschaft und Verwaltung, aber auch die Ausstrahlung, die vom Prestige einer Hauptstadt ausgeht. Hier zeigen sich zudem Einflüsse, die über den Wortschatz hinausgehen.

Dies wird z.B. in Mexiko sichtbar, wo sich die Tendenz zur Aspiration des implosiven /s/ in den Küstengebieten unter dem Einfluss der Hauptstadt reduziert. In Kolumbien gilt dies vergleichsweise für das Verhältnis zwischen den verhalten aspirierenden Küstenregionen und dem Prestige von Bogotá. In Venezuela hingegen scheint das sprachliche Vorbild der Metropole Caracas die Aspiration von /s/ in den Andengebieten zu fördern. Dies spiegelt in der Tat landesspezifische Entwicklungen, die mit den länderübergreifenden Zonen interferieren.

Das Ergebnis einer zonalen Darstellung Hispanoamerikas vergleicht Canfield mit einem Leopardenfell (1981, 1). Dies liegt nach seiner Ansicht an der Besiedlung des Kontinents, die von Südspanien ausgehend unter vergleichbaren Voraussetzungen an zum Teil weit voneinander entfernten Punkten ansetzte. Daraus entwickelte Canfield eine diachronische Klassifizierung (cf. 7.4).

Eine diatopische Gliederung des amerikanischen Spanisch mit definitiver Klassifikation erweist sich als geradezu unmöglich. Der Versuch einer Gliederung kann somit nur dem Zweck dienen, die sprachlichen Zusammenhänge varietätenbezogen, historisch oder entwicklungsgeschichtlich weiter aufzuklären. Jede synchronische Einteilung führt zur Frage nach den Gründen für die Entstehung der ermittelten Konstellation. Insofern ergänzen sich synchronische und diachronische Gesichtspunkte bei der Lösung vieler Einzelfragen. Dieser komplementäre Aspekt soll in Kapitel 6 und 7 bei der Behandlung der Herausbildung des amerikanischen Spanisch aufgenommen werden. Ausgangspunkt der Entwicklungen ist die koloniale Expansion im folgenden Kapitel.

Aufgaben

1. Lesen Sie den Artikel Geckelers zur "Erforschung der regionalen Differenzierung des Spanischen in Amerika" (1994).
2. Vergleichen Sie die Einteilung nach *tierras altas* und *tierras bajas* mit der Unterscheidung in *tierras marítimas* und *tierras interiores*.
3. Untersuchen Sie die These Ronas (1964) einer englisch beeinflussten Zone in Kuba und Puerto Rico. Nehmen Sie als Ausgangspunkt die in 1.4 (Länder- und regional orientierte Darstellungen) angegebene Literatur, berücksichtigen Sie Heft 3 der *Cuadernos bibliográficos* zu den Antillen (López Morales 1994ss.) und bibliographieren Sie weitere Titel in der *Romanischen Bibliographie* (cf. 1.4, Bibliographische Hilfsmittel).
4. Wie könnte man die bedingte Parallelität im Ergebnis der Einteilungen Henríquez Ureñas (1921) und Cahuzacs (1980) erklären?

5 Die koloniale Expansion

5.1 Allgemeine Voraussetzungen

Das Jahr 1492 verbindet sich in der Kulturgeschichte Spaniens mit einer Reihe von zentralen Ereignissen. Am Beginn stand der Sieg über die Mauren, deren über sieben Jahrhunderte währende Herrschaft (ab 711) mit dem Fall Granadas am 2. Januar jenes Jahres definitiv zu Ende ging. Eine unmittelbare Konsequenz aus dieser Niederlage war die Vertreibung der im Lande ansässigen Juden. Ihr Leben in der Diaspora bedingte sprachlich die Eigenentwicklung des Judenspanischen. Der Abschluss der Reconquista machte Spanien, das sich 1469 durch die Heirat von Isabella von Kastilien und Ferdinand von Aragonien als Nation konstituiert hatte, zu einem Land, dessen Interessen sich fortan nach außen richteten. Antonio de Nebrija legte 1492 mit seiner *Gramática castellana* die erste systematische Grammatik einer romanischen Volkssprache vor und unterstrich damit die schon im 13. Jh. unbestrittene Stellung des Kastilischen unter den spanischen Dialekten. Die in der Grammatik formulierte Maxime "siempre la lengua fue compañera del imperio" gewann noch im gleichen Jahr eine neue Dimension.

Mit der Entdeckung Amerikas verbreitete sich das Spanische in der Neuen Welt. Die sprachliche Tragweite dieses Prozesses ist mit der Bedeutung der antiken Romanisierung des westlichen Mittelmeerraumes durchaus vergleichbar. Zur Herausbildung der *Romania Nova* leistete in Südamerika auch das Portugiesische ab dem 16. Jh. durch seine Verbreitung in Brasilien einen maßgeblichen Beitrag (cf. Noll 2008).

In Zusammenhang mit den kolonialen Unternehmungen stellen sich zwei grundsätzliche Fragen: Welche Überlegungen standen am Anfang der Expansion der iberischen Mächte, und wie kam es zwischen Spanien und Portugal zur Aufteilung der entdeckten Gebiete?

Bereits im 9. Jh. trieben die Araber Handel mit Ostasien. In Europa begehrte Gewürze und Färbestoffe wurden über die arabische Halbinsel nach Syrien und Ägypten transportiert und in der Folge vor allem durch die italienischen Seerepubliken Genua und Venedig weiterverbreitet. Durch den Fortschritt in den geographischen und nautischen Kenntnissen rückte im 15. Jh. für Europa die Möglichkeit näher, die bestehenden Handelsrouten durch eine maritime Direktverbindung mit Asien zu verkürzen. Der neue Weg führte entweder nach Süden um den afrikanischen Kontinent oder, wie Kolumbus meinte, nach Westen. Voraussetzungen für die Verwirklichung eines solchen Plans waren die Kenntnis der atlantischen Windverhältnisse und Strömungen, die Verwendung von Kompass und Astrolab sowie ein geeigneter Schiffstyp, über den die Portugiesen mit der neuen Karavelle um 1440 bereits verfügten.

Der Beginn der afrikanischen Unternehmungen lag in der Eroberung der auf der Südseite der Straße von Gibraltar gelegenen strategisch bedeutsamen Stadt Ceuta durch die Portugiesen im Jahre 1415. 1434 umschifften die Kapitäne Heinrichs des Seefahrers

(1394–1460) im tiefen Süden Marokkos das berüchtigte und lange als unüberwindlich geltende Kap Bojador. Die Kanarischen Inseln, deren Wiederentdeckung man dem Genuesen Lancellotto Malocello 1312 zuschreibt, wurden 1402 von dem Normannen Jean de Béthencourt für Kastilien zum Teil erobert (cf. 7.4). Durch die Anerkennung der spanischen Ansprüche auf den Archipel sicherte sich Portugal im Gegenzug die alleinige Kontrolle über die südlicher gelegenen Küsten Afrikas. Diese Abmachung findet in der päpstlichen Bulle *Romanus Pontifex* (1455) Ausdruck und wurde im Vertrag von Alcáçovas-Trujillo (1479) festgeschrieben. Die päpstliche Ägide in der Vermittlung zwischen Spanien und Portugal unterstreicht das christliche Sendungsbewusstsein und die Verpflichtung zur Missionierung der neu entdeckten Länder.

Mit dem Vorstoß nach Westafrika begann 1441 der portugiesische Sklavenhandel mit Río de Oro und Gebieten im Senegal. Die Gefangenen waren zunächst für Europa (Portugal, Spanien, Italien) bestimmt, wie dies bereits im 13. Jh. der Fall war, als der Sklavenhandel mit Südosteuropa und Kleinasien einen Aufschwung erlebte. Das neue von Portugal kontrollierte Geschäft mit Schwarzafrika wurde im 16. Jh. zur Grundlage für den Aufbau der Zuckerwirtschaft in der Neuen Welt. Zuckerrohr hatte man im 15. Jh. bereits auf Madeira und den Kanarischen Inseln angebaut. Wie viele Sklaven nach Hispanoamerika verbracht wurden, lässt sich nicht einmal annähernd ermitteln. Curtin (1970) spricht von über 1,5 Mio Menschen. Die Sklaventransporte aus den portugiesisch kontrollierten Gebieten Westafrikas führten sowohl nach Brasilien als auch in die Karibik, wo sie im 16. Jh. vor allem Hispaniola, Jamaika und Cartagena (Kolumbien) bedienten. Mit besonderen Lizenzen (*asientos*) konnten auch spanische Schiffe den Transport in Westafrika übernehmen. Um 1475 erschloss sich für die Portugiesen an der so genannten Goldküste (Ghana) im Golf von Guinea ein direkter Zugang zu den begehrten Goldreserven Afrikas, der zuvor nur mittelbar über Karawanenwege durch die Sahara bestanden hatte. Das Streben nach Gold wurde auch für Spanien zu einem zentralen Motiv seiner Ambitionen in Übersee. Auf der Suche nach dem Seeweg nach Indien hatten die Portugiesen zum Zeitpunkt der Entdeckung Amerikas das Kap der Guten Hoffnung umrundet (Bartolomeu Dias, 1487/1488).

Neben dem Vertrag von Alcáçovas trafen Spanien und Portugal auch eine Vereinbarung bezüglich der Ost-West-Ausdehnung ihrer Einflusssphären. Im Vertrag von Tordesillas (1494) wurde festgelegt, dass sich das von Portugal zu beanspruchende Gebiet 370 *leguas*[1] westlich der Kapverdischen Inseln erstreckte. Dies bedeutete den Einschluss Brasiliens, das sechs Jahre später offiziell entdeckt wurde (1500). Die Ausdehnung des brasilianischen Territoriums umfasste im Gegensatz zu heute zunächst nur den Bereich, der von einer Senkrechten östlich der Amazonasmündung begrenzt wurde. Alle anderen Gebiete Mittel- und Südamerikas sollten nach Vermittlung des aus Spanien stammenden Papstes Alexander VI. Spanien zufallen.

---

[1] Sp. *legua* (pg. *légua*): historisch variables Längenmaß, das in der Nautik in der Regel drei Seemeilen (5,5 km) entspricht.

5.2 Die Eroberung Mittel- und Südamerikas

Die spanische Landnahme in Mittel- und Südamerika vollzog sich in drei Etappen. Am Anfang stand die Erkundung der karibischen Inselwelt und der umliegenden Küsten im Vordergrund. Erste Niederlassungen wurden gegründet. Die Eroberung Mexikos (1519–1521) und seiner Hochkulturen (Azteken und Maya) leitete die zweite Phase ein. Der dritte Abschnitt begann mit der Eroberung der Andenhochländer (1531), in deren Zentrum das Inkareich lag.

Der offizielle Entdecker Amerikas, der Genuese Christoph Kolumbus, unternahm vier Reisen in die Neue Welt, die im Bordbuch (*diario de a bordo*) seiner ersten Fahrt und weiteren Berichten (*relaciones*) zum Teil dokumentiert sind (Colón 1992). Am 12. Oktober 1492 landete er im Bahama-Archipel auf der Insel Guanahaní (Watling Island), die er San Salvador nannte. Nachfolgend gelangte er nach Kuba und Haiti (Hispaniola, *La Española*). Die zweite Reise (1493–1496), auf der Puerto Rico und Jamaika entdeckt wurden, brachte bereits über 1.000 Siedler nach Hispaniola, das Sitz der ersten Kolonialverwaltung wurde (Santo Domingo, 1496). Auf der dritten Reise (1498–1500) berührte Kolumbus im Mündungsbereich des Orinoco die venezolanische Küste (Golf von Paria, Trinidad). Die vierte Reise (1502–1504) führte Kolumbus an die Küste Mittelamerikas, der er von Honduras bis Panama folgte.

Auch andere Seefahrer unternahmen zu jener Zeit Entdeckungsreisen für Spanien. Darunter befand sich Alonso de Ojeda, der mit Amerigo Vespucci die Nordküste Südamerikas von Guayana bis Kolumbien erkundete, die zunächst *Tierra Firme* genannt wurde. Am Golf von Darién (Panama) entstand die erste spanische Kolonie auf dem Festland, die später Ausgangspunkt für die Eroberung Südamerikas wurde. Vasco Núñez de Balboa überquerte 1513 die Landenge von Panama und entdeckte den Pazifik. Im gleichen Jahr landete Ponce de León in Florida. 1516 erreichte Juan Díaz de Solís auf dem Seeweg den Río de la Plata. Bereits im ersten Viertel des 16. Jhs. war die kartographische Aufnahme der atlantischen Küstengebiete abgeschlossen. 1520 fand der Portugiese Fernão de Magalhães (sp. Magallanes) auf einer im Auftrag Karls V. unternommenen Fahrt die nach ihm benannte Wasserstraße bei Kap Horn und umschiffte auf seiner Weltumsegelung damit den amerikanischen Kontinent.

Die Eroberung des Aztekenreiches (1519–1521) nahm der aus der Extremadura stammende Hernán Cortés von Kuba aus mit nur 500 Mann, wenigen Pferden und Geschützen in Angriff. Vorausgegangen waren in den Jahren 1517–1518 ein erster Kontakt mit den Maya auf der Halbinsel Yucatán sowie die Erkundung der Südostküste Mexikos. Dort gründete Cortés 1519 Veracruz und zog mit lokal ansässigen Indianerstämmen (Tlaxcalteken, Totonaken), die sich mit ihm verbündeten, nach Tenochtitlán, der Hauptstadt des Aztekenreiches. In den nachfolgenden Wirren kam der Herrscher Moctezuma II. ums Leben, und Tenochtitlán wurde völlig zerstört. Auf seinen Ruinen entstand die Stadt Mexiko. Über die Ereignisse bei der Eroberung des Landes berichtet Bernal Díaz del Castillo in der *Historia verdadera de la conquista de la Nueva España* (1568).[2] Die erste Gesamtdarstellung der Entdeckungen und Eroberungen bis in jene Zeit verfasste der Mailänder Petrus Martyr de Anglería (Anghiera) mit *De Orbe Novo* ('Über die Neue Welt', 1516/1526).

1535 wurde Mexiko zum Vizekönigreich Neu-Spanien erhoben. Von großer wirtschaftlicher Bedeutung waren die 1546 in Zacatecas und Ende des 16. Jhs. in San Luis Potosí entdeckten Silbervorkommen, die die Erschließung des mexikanischen Nordens beschleunigten.

Nach den Azteken fielen die Maya, deren Gebiete sich vom Süden Mexikos bis nach Honduras erstreckten, unter spanische Herrschaft. Das 1523–1524 von Pedro de Alvarado eroberte Guatemala wurde zunächst Teil des Vizekönigreichs Neu-Spanien. Die Eroberung der Maya-Gebiete ging nur langsam vonstatten, da es sich im Gegensatz zu den zentralen Strukturen im Reich der Azteken (und der Inka) um politisch zersplitterte Stadtstaaten handelte. Während man die Halbinsel Yucatán bereits 1542 beherrschte, konnte Chiapas erst Ende des 16. Jhs. unterworfen werden. Die Stadt Tayasal (Flores, Guatemala) hielt sich sogar bis 1697.

Das Vorgehen der spanischen Eroberer stützte sich aus Gründen der formalen Legitimation in der Regel auf ein offizielles Friedensangebot (*requerimiento*) an die Indianer, das deren Unterwerfung und Bekehrung zum Christentum forderte. Oft wurde es den Betroffenen nicht übersetzt und hatte bei Ablehnung die Kriegserklärung zur Folge. Durch Verträge mit der Krone (*capitulaciones*) sicherten sich die Konquistadoren Titel über die neuen Länder. Dafür verpflichteten sie sich, einen Teil ihrer Gewinne abzuführen und für die Missionierung der Indianer zu sorgen.

Der Ansporn zu weiteren Expeditionen nach Süden lag in erster Linie in dem Verlangen nach Gold. Die Suche danach wurde vom Mythos des sagenhaften Goldlandes El Dorado gestützt, dessen Existenz mit dem in Kolumbien ansässigen Chibcha-Volk der Muisca in Verbindung steht. Der Überlieferung nach wurde der Herrscher von Guatavita (nördlich von Bogotá gelegen) bei der Häuptlingsweihe im Rahmen einer Opferzeremonie mit Harz bestrichen und Goldstaub gepudert ('der Vergoldete'). Das Gold wurde beim Eintauchen in die heilige Lagune anschließend abgewaschen.

Die Eroberung des Inka-Großreiches, das von seinen Bewohnern das "Reich der vier Weltgegenden" (Tahuantinsuyo) genannt wurde, begann 1531 unter dem Kommando des in Trujillo (Extremadura) gebürtigen Francisco Pizarro. Von seinem Stützpunkt in Panama segelte Pizarro mit Diego de Almagro nach Peru und wagte von Tumbes mit knapp 170 Mann den Aufstieg in die Anden. Dort brachten die Spanier den Herrscher Atahualpa in ihre Gewalt, ermordeten ihn und nahmen 1533 die Hauptstadt Cuzco ein. Bolivien, das zu Peru gehörte (Alto Perú), wurde 1538 erobert. Reiche Silberfunde in

---

[2] Von Cortés liegen die Briefberichte an Karl V. vor (*Cartas de relación*). Daneben ist die *Historia general de las Indias* (1552) von Francisco López de Gómara von Bedeutung, die inhaltlich allerdings nicht an Díaz del Castillos *Historia verdadera* heranreicht.

Potosí (1545), die die Lagerstätten im Norden Mexikos übertrafen, führten zu einer beachtlichen Zuwanderung und machten das Gebiet für Spanien bis ins 17. Jh. zu einem bedeutenden Wirtschaftsfaktor.

Venezuela wurde 1527 dauerhaft in Besitz genommen. Von 1528 bis 1546 war das Land an das Augsburger Handelshaus der Welser verpfändet, die es zusammen mit spanischen Truppen erschlossen. Das Chibcha-Reich in Kolumbien eroberte Gonzalo Jiménez de Quesada in den Jahren 1536–1538. 1540 begann Pedro de Valdivia die Unterwerfung Chiles, die sich aufgrund des erbitterten Widerstandes der araukanischen Indianer südlich des Río Biobío letztlich bis zum Ende des 19. Jhs. hinzog. Am Río de la Plata konnte sich die erste Gründung von Buenos Aires durch Pedro de Mendoza (1536) nicht halten. Die Spanier waren gezwungen, sich nach Paraguay zurückzuziehen, wo sie ein Jahr später Asunción gründeten. Die Erschließung und die Wirtschaft Argentiniens basierten auf den Verbindungen mit Peru, Bolivien (Alto Perú) und Chile, da sich der Seeverkehr mit Spanien bis zur Mitte des 18. Jhs. auf zwei Schiffe im Jahr beschränkte. Mit der zweiten Gründung von Buenos Aires gelang 1580 die definitive Besetzung des Gebietes. Damit war die spanische Eroberung Amerikas weitgehend abgeschlossen. Gebiete, die Spanien vor den Unabhängigkeitsbewegungen an England und Frankreich verlor, sind Jamaika (1655) und Haiti (1697). 1898 fielen Kuba, Puerto Rico und die Philippinen unter die Kontrolle der USA (cf. Kap. 3).

Die koloniale Verwaltung organisierte Spanien in Vizekönigreichen (*virreinatos*), Generalkapitanaten (*capitanías generales*) und Appellationstribunalen, die *audiencias* genannt wurden. Die oberste Behörde in Spanien bildete der Indienrat (*Consejo Real y Supremo de Indias*), den Karl V. 1524 einsetzte. Den Vizekönigreichen, die die größten kolonialen Verwaltungseinheiten darstellten, waren weitgehend autonome Generalkapitanate angeschlossen.[3] Die Audiencias, die von drei bis fünf Richtern (*oidores*) geführt wurden, fungierten als koloniale Justiz- und Verwaltungsbehörden. Zur wechselseitigen Kontrolle der Instanzen stand ihnen je nach Sitz offiziell ein Vizekönig, ein Generalkapitän oder ein Gouverneur vor.

Die Vizekönige, Gouverneure und Mitglieder der Audiencias stammten fast immer aus Spanien und kehrten nach Ende ihrer Amtszeit dorthin zurück. Von Bedeutung ist, dass die gesamte Macht im politischen und wirtschaftlichen Bereich in den Händen einer weißen, jeweils aus Spanien nachrückenden Oberschicht lag. Dies gereichte den in den Kolonien geborenen Spaniern (Kreolen) zum Nachteil (cf. 5.4), so dass sie im 19. Jh. schließlich den Prozess der Unabhängigkeit vorantrieben. Adel, Abstammung und das Prinzip der *limpieza de sangre* steuerten die kolonialen Machtstrukturen. Durch finanzielle Zuwendungen konnte man sich allerdings in den niederen Adelsstand (*hidalguía*) einkaufen und damit beispielsweise auch den Status des Mestizentums abstreifen (cf. Haring 1975, Kap. XI).

---

[3] Generalkapitanate: Guatemala (1542), Kuba (1764), Venezuela (1777), Chile (1778).

Sitz der ersten Audiencia wurde 1511 Santo Domingo. Nach der Einrichtung einer Audiencia in Mexiko-Stadt (1528) wurde das Vizekönigreich Neu-Spanien geschaffen (1535). In Mittelamerika entstanden das Generalkapitanat Guatemala (1542) und die Audiencia de los Confines (1544), deren Sitz zunächst in Gracias (Honduras) lag. Mit dem Wechsel nach Antigua entstand 1548 die Audiencia de Guatemala, die sich vom mexikanischen Chiapas bis nach Costa Rica erstreckte. Tabasco und Yucatán fielen 1560 an das Vizekönigreich Neu-Spanien, während Panama 1567 definitiv dem südamerikanischen Raum zugeordnet wurde und dementsprechend den Vizekönigreichen Peru und Neu-Granada (Kolumbien) unterstellt war.[4]

In der regionalen Zuordnung Panamas deutet sich die schon in präkolumbischer Zeit sprachlich und kulturell bedeutsame Südgrenze Mesoamerikas an. Der nach Paul Kirchhoff definierte mesoamerikanische Raum beginnt am nördlichen Wendekreis, wodurch er das Zentrum und den Süden Mexikos einschließt. Im Südwesten reicht er bis zu einer Linie, die vom karibischen Trujillo an der Nordküste von Honduras senkrecht über Nicaragua zum Golf von Nicoya an der Pazifikküste Costa Ricas verläuft und die drei Länder teilt. Das Gebiet östlich dieser Linie, das unter anderem das Valle Central Costa Ricas sowie Panama einbezieht, liegt außerhalb des mesoamerikanischen Raumes.

Die Verwaltung Südamerikas fasste im Vizekönigreich Peru (1542) zunächst alle spanischen Territorien außer Venezuela zusammen, das von Santo Domingo abhing. Die bolivianischen Gebiete (Alto Perú) mit ihren bedeutenden Silbervorkommen formierten sich 1559 zur Audiencia de Charcas (Sucre). Im 18. Jh. erfolgte eine weitere Dezentralisierung. Es entstand das Vizekönigreich Neu-Granada (Nueva Granada, 1717/1739), das Kolumbien, Panama, Ecuador und Venezuela zusammenschloss. 1742 wurde Venezuela ein eigenständiges Generalkapitanat. Der La Plata-Raum wurde 1776 administrativ von Peru getrennt und bildete mit Argentinien, Uruguay, Paraguay und Bolivien das Vizekönigreich Río de la Plata.

Den Personen- und Frachtverkehr mit der Neuen Welt (*Carrera de Indias*) kontrollierte ab 1503 die *Casa de la Contratación* in Sevilla. Expeditionen liefen meist von den südspanischen Häfen Sanlúcar de Barrameda, Cádiz und Sevilla aus. Sevilla war bis zum 18. Jh. über den Guadalquivir erreichbar und bildete einen Sammelpunkt für Neuweltsiedler. Eine Zwischenstation auf dem Weg nach Amerika bildeten die Kanarischen Inseln. Der Warenverkehr zwischen Spanien und Peru erfolgte über das mexikanische Veracruz. Von dort wurden die Güter nach Panama verschifft und von Nombre de Dios (Ende des 16. Jhs. Portobelo) über die kontinentale Landenge zur weiteren Verladung nach Panama-Stadt an die Pazifikküste verbracht. Dieser als *camino real* bekannte Landweg war 250 Jahre lang die wichtigste Verbindung zwischen Spanien und Südamerika. Er diente auch dem Transport der Goldlieferungen aus Peru, die im Hafen von Callao verfrachtet wurden. Mexikanisches Gold und Silber wurden in Veracruz eingeschifft.

---

[4] Die Philippinen wurden 1583 dem Vizekönigreich Neu-Spanien unterstellt. Der Schiffsverkehr lief über Acapulco.

Der Hafen Kolumbiens war Cartagena, das wegen der großen Goldvorkommen im Westen des Landes (vor allem Antioquia) Bedeutung erlangte und eine Drehscheibe des Sklavenhandels darstellte. Nach Santo Domingo wurde Havanna 1561 der zentrale Warenumschlagplatz auf dem Weg nach Spanien und Sammelpunkt für große Flottenverbände, die die wertvolle Fracht über den Atlantik brachten. Das Handelsmonopol für die Neue Welt hatten im 16. und 17. Jh. Sevilla und Cádiz. Spanien betrieb gezielt die wirtschaftliche Abschottung seiner Kolonien, deren Häfen im Rahmen einer Liberalisierung des Handels erst im 18. Jh. für ausländische Schiffe geöffnet wurden. Dies beendete vor allem auch die transatlantische Isolation von Buenos Aires.

Für die Zuckerwirtschaft und den Bergbau in den Kolonialgebieten wurden Arbeitskräfte benötigt. Deshalb richtete man bereits auf Hispaniola ein Zwangssystem ein, das sich auf die Zuweisung (*repartimiento*) von Land und indianischen Arbeitskräften an verdiente Soldaten und Beamte zu deren absoluter Verfügung gründete. Es wurde *encomienda* genannt, da die Indianer den Spaniern überantwortet waren und dafür im Glauben unterwiesen werden sollten. In Peru führte man die *encomienda* unter dem Namen des bereits unter den Inka bestehenden gemeinschaftlichen Arbeitsdienstes *mita* ein.

Beständige Übergriffe und Exzesse im Umgang mit der indianischen Bevölkerung, die der Dominikaner Bartolomé de Las Casas in seiner *Brevísima relación de la destrucción de las Indias* (1542/1552) eindrücklich schildert, bewogen Karl V. zum Erlass der *Leyes Nuevas*. Bereits zuvor hatte sich die Krone wiederholt gegen die Versklavung der Indianer ausgesprochen (Gesetze von Burgos 1512). In den *Leyes Nuevas* (1542) wurden Knechtschaft und die Neuvergabe von *encomiendas* offiziell untersagt. Die Bestimmungen setzten sich jedoch nur langsam durch. An ihre Stelle trat ein auf Tributeinkünfte gestütztes Rentensystem ohne Leistung von Zwangsarbeit, das von Provinzgouverneuren (*corregidores*) beaufsichtigt wurde. Die zum Schutze der Indianer erlassenen *Leyes Nuevas* beförderten den Aufschwung des transatlantischen Sklavenhandels. Einige schwarze Sklaven (auch *piezas* genannt) waren bereits nach Erteilung der offiziellen Erlaubnis (1501) nach Hispaniola verbracht worden.

In den ersten Jahrzehnten nach der spanischen Eroberung kam es auf den Großen Antillen zu einer dramatischen Dezimierung der indianischen Urbevölkerung, deren Ursachen in verübten Grausamkeiten und der Verbreitung von Krankheiten lagen. In den Hochkulturen des Festlandes trat diese Entwicklung zunächst nicht ein, da Spanien auf lokaler Ebene eine Politik der indirekten Herrschaft verfolgte. In der zweiten Hälfte des 16. Jhs. setzte jedoch auch auf dem Festland ein indianisches Massensterben ein, das ebenfalls auf Unterdrückung, Zwangsarbeit, die Verbreitung eingeschleppter Krankheiten (Pocken) sowie den geduldeten Verfall der landwirtschaftlichen Infrastruktur zurückzuführen ist. Von geschätzten 12–25 Mio Indianern Zentralmexikos im Jahre 1519 soll sich die Bevölkerung im Laufe eines Jahrhunderts auf etwa eine Million Menschen reduziert haben. Das 17. Jh. verzeichnete einen Verfall der indianischen Kulturen (Katz 1993), während sich die demographische Entwicklung stabilisierte.

5.3 Die Verbreitung indianischer Völker und Sprachen

Die indianischen Völker unterschieden sich im 16. Jh. nach dem Stand ihrer Entwicklung in Hochkulturen (Azteken, Maya, Inka), Bauernkulturen (Taíno der Antillen) und Völker, die auf der Stufe von Jägern und Sammlern standen (Amazonasbereich). Im Zuge der Eroberung traten die Spanier mit diesen Kulturen und ihren Sprachen in Kontakt. Charakteristisch für die amerikanischen Gebiete ist die Vielfalt an Indianersprachen, die zu Beginn des 21. Jhs. in Mittelamerika noch ungefähr 300 (Nordamerika 230) und in Südamerika mehr als 400 Idiome umfasste (cf. Grinevald 2006, 176). Die genannten Zahlen sind relativ, denn die Trennung in Sprache und Dialekt sowie die jeweilige klassifikatorische Zuordnung erweisen sich oft als problematisch. Dies liegt sowohl an den zum Teil geringen Kenntnissen über die Sprachen selbst, als auch an deren weitgehender Schriftlosigkeit und der somit fehlenden historischen Perspektive bei der Beurteilung von Entwicklungen. Viele Idiome, z.B. im Amazonasbereich, werden heute nur noch von wenigen Dutzend bis einigen Hundert Menschen gesprochen. Eine große Zahl an Indianersprachen wird das 21. Jh. nicht überdauern, maximale Schätzungen gehen von einem Verlust von bis zu 90% der Idiome aus. Zur Zeit der Eroberung existierten in Mexiko ungefähr 120 Indianersprachen (in Kolumbien 300), heute werden offiziell noch 56 (in Kolumbien 67), nach Einschätzung von Linguisten 77 Sprachen gezählt (Zimmermann 2004, 421; 1997, 394).

Vor dem Hintergrund der Sprachenvielfalt maß man in der Kolonialzeit vor allem den Indianersprachen Bedeutung zu, die überregional verbreitet waren und deshalb *lenguas generales* genannt wurden. Dies betrifft in erster Linie das Nahuatl der Azteken und das Quechua in Südamerika. Daneben fungierten Chibcha (Kolumbien), Guaraní (Paraguay) und Mapuche (Chile) als *lenguas generales*.[5] Da diese Idiome die Verständigung in den sprachlich sehr heterogenen Gebieten erleichterten, förderten die Eroberer ihren Gebrauch und setzten sie in der Mission ein. So erreichten Nahuatl und Quechua unter Verdrängung lokaler Sprachen erst in spanischer Zeit ihre größte Verbreitung. Der Status dieser *lenguas generales* verband sich mit einem gewissen Prestige und förderte Entlehnungen. Der sprachliche Austausch wurde durch das System der *encomienda*, die Missionierung und die Mestizisierung der Bevölkerung intensiviert.

Das erste Wort aus einer Indianersprache verzeichnete Kolumbus im Bordbuch der Entdeckungsfahrt am 26. Oktober 1492 mit *canoa*, das aus dem karibischen Taíno stammt. Wenige Tage danach notierte er *hamaca* 'Hängematte'.

---

[5] Im Gegensatz zu den Verhältnissen im spanischen Herrschaftsbereich versteht man in Brasilien unter *língua geral* eine im Zuge der Mestizisierung der Bevölkerung modifizierte, vereinfachte indigene Sprachform. Sie basierte auf den Varietäten des ehemals vor allem in den brasilianischen Küstenregionen verbreiteten Tupi.

"Vinieron en aquel día muchas almadías o canoas a los navíos a resgatar cosas de algodón filado y redes en que dormían, que son hamacas" (Diario 1492–93, 3 de noviembre).[6]

Canoa wurde in der Folge als erste indianische Entlehnung in Nebrijas spanisch-lateinisches Wörterbuch (um 1495) aufgenommen. In *De Orbe Novo* stellte Petrus Martyr de Anglería 1516 eine Liste von *vocabula barbara* mit Eigennamen und einigen Bezeichnungen aus dem indianischen Umfeld zusammen. Die Mitte des 16. Jhs. abgeschlossene *Historia general y natural de las Indias* von Gonzalo Fernández de Oviedo y Valdés verzeichnete bereits ungefähr 500 Indigenismen. Aus der Entfernung reflektierte die erste Auflage des spanischen Akademiewörterbuches (*Diccionario de Autoridades*, 1726–1739) die sprachlichen Einflüsse der Neuen Welt mit 168 Wörtern, von denen annähernd 100 indianischer Herkunft sind. Auch in der spanischen Literatur des 16. und 17. Jhs. spiegelt sich der Kontakt mit Amerika. Dabei zeichnet sich vor allem das Theater Lope de Vegas (1562–1632) durch das Auftreten von Entlehnungen aus den Indianersprachen aus (Morínigo 1964).

Das Vokabular indigenen Ursprungs lässt sich in Bezug auf seine Entwicklung und Verbreitung in verschiedene Kategorien einteilen. Neben Exotismen, die keine oder nur punktuelle Aufnahme ins Spanische fanden (z.B. *noçay* 'Gold', Diario 1492–93, 13 de enero) gibt es (1) Wörter, die im Spanischen allgemein bekannt sind (*cacique* 'Häuptling'), (2) amerikanische Regionalismen in unterschiedlicher Verbreitung wie *bohío* 'Rohr-, Schilfhütte' (Antillen) oder *camote* 'Süßkartoffel' (Mexiko, Mittelamerika, südl. Anden, Argentinien) und (3) Wörter, die nach individueller Vertrautheit mit lokalen Verhältnissen Abstufungen im Bekanntheitsgrad verzeichnen wie *guacamole* 'Avocadodip' als Beispiel für die Verbreitung der mexikanischen Küche. Im Allgemeinen sind auch diachronische Verschiebungen zu berücksichtigen.

Inhaltlich bezieht sich der indianische Lehnwortschatz überwiegend auf den natürlichen Lebensraum der Eingeborenen wie Flora (*guayaba* 'Guave', *yuca* 'Maniok'), Fauna (*ocelote* 'Ozelot'), Kleidung (*poncho*), Gebrauchsgegenstände (*jícara* 'kleine Tasse'), Landschaftsformen (*cayo* 'flache, sandige Insel', *pampa*) sowie Toponyme (*Oaxaca*, *Tehuantepec*) und Hydronyme (*Orinoco*). Mejías (1980, 19) weist in Texten des 17 Jhs. 29,2% der Entlehnungen der Flora, 14% dem sozialen Leben und 12,5% der Fauna zu.

Die Aufnahme dieser Wörter ins Spanische entsprach in der Regel dem Bestreben, die fremde Welt sprachlich möglichst präzise zu erfassen. Dabei griff man gelegentlich auch auf den heimischen Wortschatz zurück, indem man Bekanntes aus der Alten Welt auf das Unbekannte der neuen Umgebung übertrug. Sprachlich bedeutet dies den Rückgriff auf bestehende Signifikanten unter semantischer Erweiterung der damit verbundenen Signifikate. So wurden der Jaguar auch *tigre* und der Puma *león* ('Berglöwe')

---

[6] Da das Original des Bordbuchs verloren ging, ist man heute auf eine spätere Teilabschrift von Bartolomé de Las Casas angewiesen.

genannt. Die Ananas heißt im La Plata-Raum *ananás*. Andernorts führte die Ähnlichkeit ihrer äußeren Struktur mit Kiefernzapfen zu der Bezeichnung *piña*. Ebenso behauptete sich *pimienta* 'Pfeffer' in Spanien gegenüber den amerindischen Entlehnungen *ají* (Antillen, Südamerika) und *chile* (Mexiko, Mittelamerika).

Die im Spanischen zunächst durch Entlehnungen aus dem Taíno belegten Stellen im Wortschatz wurden in späterer Zeit zum Teil regional durch Vokabular anderer Indianersprachen ersetzt. Das bereits im Bordbuch des Kolumbus belegte *ají* (15.1.1493), das von den Antillen stammt und auch in Südamerika gebräuchlich ist, wurde in Mexiko und Mittelamerika von *chile*, das aus dem Nahuatl kommt, verdrängt. Ende des 16. Jhs. zählt José de Acosta in der *Historia natural y moral de las Indias* die unterschiedlichen Bezeichnungen auf:

> "[...] en Castilla llaman pimienta de las Indias, y en Indias por vocablo general tomado de la primera tierra de Islas que conquistaron, nombran ají, y en la lengua del Cuzco se dice uchu, y en la de Méjico chili (Friederici 1960, s.v. *chile*).

Bei Torquemada heißt es 1609: "Axi ó *Chile*, que llaman los Españoles Pimientos de las Indias" (Friederici 1960, s.v. *chile*).

Für das antillanische *sabana* verwendet man auf dem amerikanischen Festland sp. *llano* und im La Plata-Raum *pampa* aus dem Quechua. *Maní* wurde in Mexiko von dem Nahuatl-Wort *cacahuate* verdrängt und gelangte in der Variante *cacahuete* nach Spanien. Im restlichen Hispanoamerika ist *maní* jedoch fast überall gebräuchlich. Die Avocado, *aguacate*, stammt aus dem Nahuatl und wurde auf die Antillen, nach Mittel- und in das nördliche Südamerika verbreitet. Von Ecuador nach Süden hat sich allerdings *palta* aus dem Quechua durchgesetzt. Dieses Beispiel verdeutlicht die Einflusssphären zwischen Nahuatl und dem in Südamerika ausstrahlenden Quechua. Regional treten Entlehnungen aus dem Nahuatl und dem Quechua in höherer Frequenz als Elemente aus dem Taíno auf. Diese wiederum erfuhren allgemein meist eine weitere Verbreitung.

Nachfolgend werden die wichtigsten Indianersprachen Hispanoamerikas, die in unterschiedlichem Maße Einfluss auf das Spanische ausgeübt haben, vorgestellt. Ein illustratives Kartenwerk hierzu ist der *Atlas of Languages of Intercultural Communication in the Pacific, Asia and the Americas* (Wurm/Mühlhäusler/Tryon 1996).

5.3.1 Arawak (Taíno) und Caribe

Auf den Großen Antillen und den Bahamas lebten im 15. Jh. Taíno-Indianer (*taínos*), die sprachlich zur großen südamerikanischen Familie des Arawak (*arahuaco*) gehören. Sie waren die ersten amerindischen Eingeborenen, die mit den Spaniern in Kontakt traten. Die Taíno-Indianer hatten die ursprünglich auf den Antillen beheimateten Sibonéis zu Beginn der spanischen Eroberung in die westlichen Gebiete Hispaniolas und Kubas zurückgedrängt. Beide Volksgruppen wurden auf den Großen Antillen durch Krankheit und Gewalteinwirkung innerhalb weniger Jahrzehnte völlig dezimiert. In der Karibik leben Arawak heute nur noch im Grenzbereich zwischen Kolumbien und Venezuela. An der Küste zwischen Belize, Guatemala und Honduras entstand aus der Verbindung von Indianern und afrikanischen Sklaven eine Ethnie, die man als schwarze Kariben kennt und die eine arawakische Sprache (Garífuna) spricht.[7]

Die Kleinen Antillen wurden von kriegerischen Kariben bevölkert, die im 13. Jh. vom guayanischen Festland eingewandert waren und sich zum Teil noch bis Mitte des 18. Jhs. gegen die Europäer behaupten konnten. Sie standen auf einer weniger entwickelten Kulturstufe als die Taínos und waren als Kannibalen gefürchtet. Die Bezeichnungen "Kariben" und "Kannibalen" gehen auf Varianten eines Wortes zurück, wie bereits Kolumbus in seinem Bordbuch feststellte ("en algunas le llamavan Caniba, pero en la Española Carib"; Diario 1492–93, 13 de enero).

Die karibischen Sprachen (*caribe*) bilden in Südamerika eine große Familie, die im Küstenbereich des zirkumkaribischen Festlandes (Honduras, Kolumbien, Venezuela) verbreitet war und sich über die Guayanas bis zur Mündung des Amazonas fortsetzte. Heute leben Nachfahren der Kariben nur noch im Osten Venezuelas am karibischen Meer.[8]

Die Entlehnungen aus der Karibik stammen überwiegend aus dem Taíno, können jedoch nicht immer eindeutig zugeordnet werden, da es auf den Inseln "unter dem Winde" Überschneidungen in der Besiedlung gab und die Kariben auf ihren Raubzügen Arawak-Frauen entführten, die das Taíno beibehielten. Entlehnungen aus dem Taíno (und dem Caribe) sind *ají* 'Pfeffer', *areito* 'indianischer Tanz; Fest', *arepa* (car.) 'Maisfladen', *barbacoa* 'Bratrost', *batata* 'Süßkartoffel', *bejuco* 'Liane', *bohío* 'fensterlose Rohrhütte', *boniato* (car.) 'Süßkartoffel', *butaca* (car.) 'Lehnstuhl', *carey* 'Karettschildkröte, Schildpatt', *cacique* 'Häuptling', *caimán*, *caoba* 'Mahagoni', *cayo* 'flache, sandige Insel', *cazabe* 'Maniokfladen', *colibrí* (car.), *enaguas* 'Unterrock', *guayaba* 'Guave', *hamaca* 'Hängematte', *huracán* 'Orkan', *iguana* 'Leguan', *jaiba* 'Krebs', *loro* (car.) 'Papagei', *macana* 'Keule', *maíz*, *manatí* 'Seekuh', *maní* 'Erdnuss', *mangle* 'Mangrove', *mico* (car.) 'Affe', *miraguano* 'Kapokpalme', *nigua* 'Sandfloh', *papaya*, *piragua* (car.) 'Einbaum', *sabana* 'Grassteppe', *tiburón* 'Hai', *yuca* 'Maniokknolle'. Das spanische Akademiewörterbuch verzeichnet 39 Entlehnungen aus dem Taíno gegenüber 56 Wörtern aus dem Caribe (DRAE 2003).

Im Vergleich der Indianersprachen hat das Taíno dem Spanischen die meisten überregional bekannten Entlehnungen vermittelt. Dies ist darauf zurückzuführen, dass im Gegensatz zur linguistischen Zersplitterung der amerikanischen Festlandgebiete auf den Großen Antillen nur eine Sprache allgemein verbreitet war. So entdeckten die Eroberer

---

[7] Sprecher des Arawak leben außerdem in den Guayanas und weit verstreut im Einzugsbereich Amazoniens (bis nach Bolivien).
[8] Ferner haben Kariben in den Guayanas und Brasilien überlebt. Dort trifft man auch südlich des Amazonas (Rio Xingu) auf Gruppen dieser Familie.

das Fremde der Neuen Welt in den ersten 25 Jahren wohl ausschließlich über die Taíno-Indianer und übernahmen deren Bezeichnungen. Die Entlehnungen aus der Karibik verbreiteten sich später zum Teil unter lokalen semantischen Verschiebungen auf dem amerikanischen Festland (cf. *canoa* 'Schüssel', Kolumbien). Einige gelangten als Wanderwörter auch ins Portugiesische (→ pg. *cacique*, *tubarão*).

Da die Missionierung der Eingeborenen Hispaniolas auf Spanisch betrieben wurde, stehen Grammatiken und Wörterbücher, die für die Sprachen des Festlandes in großer Zahl erstellt wurden, für das Taíno aus der Kolonialzeit nicht zur Verfügung. Wertvolle Angaben zur Sprache der Taíno enthalten die *Historia general y natural de la Indias* (1535/1557) von Gonzalo Fernández de Oviedo y Valdés und die *Historia general de las Indias* (1552/1559) von Bartolomé de Las Casas.

5.3.2 Nahuatl

Nahuatl ist die Sprache der ursprünglich in Zentralmexiko ansässigen Tolteken sowie der Azteken, die im 13. Jh. von Norden in das Hochland von Mexiko einwanderten. Bis zum 16. Jh. schufen die Azteken ein Imperium, das sich mit tributpflichtigen Stämmen bis nach Guatemala erstreckte. Ihr Ursprungsland nannten sie *Aztlán* (nah. *aztatl* 'weißer Reiher'), von dem sich das Ethnonym *aztecatl*, pl. *azteca* ableitet.

Nahuatl (*nahua*, *náhuatl*) gehört zur Familie des Uto-Aztekischen, das sich entsprechend der Herkunft der Stämme bis in den Südwesten der USA erstreckt. Als Handels- und Verwaltungssprache war Nahuatl schon vor der Ankunft der Spanier weiter nach Mittelamerika vorgedrungen. Angesichts der Vielfalt an indigenen Idiomen wurde die in der Kolonialzeit *lengua mexicana* genannte Sprache deshalb auch als *lengua general* in der Mission eingesetzt und bis zum Ende des 16. Jhs. bis nach Nicaragua weiterverbreitet. Davon zeugen unter anderem über das genuine Nahuatl-Gebiet hinaus belegte Toponyme (*Tegucigalpa*, Nicaragua). In den Maya-Gebieten (Guatemala, Yucatán) konnte sich das Nahuatl jedoch nicht als *lengua general* etablieren.

Die Azteken verfügten über eine rudimentäre Hieroglyphenschrift, die sich ohne etabliertes Zeicheninventar auf die Angabe von Namen, Kalenderdaten, Waren und Mengen beschränkte. In spanischer Zeit wurde das Nahuatl in Lateinschrift notiert, wodurch die klassische Sprachform gut belegt ist (cf. Arellano Hoffmann/Schmidt 1999).

Die erste gedruckte Grammatik stammt von Andrés de Olmos (*Arte para aprender la lengua mexicana*, 1547), das erste Wörterbuch verfasste Alonso de Molina (*Vocabulario en lengua castellana y mexicana*, 1555/1571). Von besonderer Bedeutung für die Kenntnis der aztekischen Kultur ist die *Historia general de las cosas de Nueva España*, die der Franziskaner Bernardino de Sahagún in jahrzehntelanger Arbeit zusammentrug. Er verfasste sie lateinschriftlich in Nahuatl und fertigte danach eine zweisprachige Version an (1569/1579).

Nahuatl ist wie viele Indianersprachen eine agglutinierende (mit Affixen operierende) sowie inkorporierende Sprache. Am Beispiel des Nahuatl führte Wilhelm von Humboldt 1836 die vierte der typologischen Klassen (einverleibend, inkorporierend) in seinem Werk *Über die Verschiedenheit des menschlichen Sprachbaues* ein. Beschrieben waren bis dato der in heutiger Terminologie bezeichnete isolierende, der agglutinierende und der flektierende Typ. Inkorporierende Sprachen sind morphologisch sehr komplex, da sie Subjekt- und Objektbezüge in das Verb integrieren, das sich dann als Satzwort generiert. Zudem können in diesem Prozess phonetische Anpassungen auftreten, die die Segmentierung der Einzelkomponenten verschleiern.

Das klassische Nahuatl verfügt über acht Vokalphoneme mit einer grundsätzlichen Unterscheidung von Kürze und Länge. Kurzes und langes [u] sind Allophone von /o/, /o:/, wodurch auch in manchen der heutigen Varietäten eine Alternanz von [o]/[u] besteht. Die Betonung liegt meist auf der Paenultima (z.B. *tepetl* 'Berg', cf. Lanczkowski 1970, 3). In der Notation sind folgende genuine Lautentsprechungen zu beachten: <x> [ʃ], <z, c^{e,i}, ç> [s], <ch> [tʃ], <tz> [ts], <ll> [l] (also nicht wie sp. [ʎ]). Das Substantiv weist in seiner Grundform, dem so genannten Absolutiv, meist die charakteristischen Suffixe -*tl* und -*tli* auf (*cacahuatl* 'Kakaobohne'). Bei den Toponymen fallen die Bildungen mit den Lokativsuffixen -*tlán* 'bei' (*Tenochtitlán*) und -*co* 'auf, in' (*Xochimilco*) auf.

Nahuatl wird heute von ca. 1,5 Mio Menschen vor allem in Zentralmexiko und in El Salvador (Pipil) gesprochen. In Mexiko leben die meisten Sprecher in den Bundesstaaten Puebla, Veracruz und Hidalgo. Entlehnungen aus dem Nahuatl sind *aguacate* 'Avocado', *cacahuete* 'Erdnuss' (mex. *cacahuate*), *cacao*, *camote* 'Süßkartoffel', *chicle* 'Kaugummi', *chile* 'Chilipfeffer', *chocolate* (< nah. *xocoatl*), *coyote* 'Kojote', *hule* 'Kautschuk', *jicara* 'kleine Tasse' (< Kürbisschälchen), *mezcal* 'Meskalagave, Meskalschnaps', *ocelote* 'Ozelot', *petaca* 'Zigarettenetui', *petate* 'Palmenmatte', *tiza* 'Kreide', *tomate*. Das spanische Akademiewörterbuch verzeichnet 473 Entlehnungen aus dem Nahuatl (DRAE 2003). In der Wortbildung fällt das deonomastische Suffix -*eco* auf (< -*écatl*), das auf den Einfluss des Nahuatl zurückgeht (*guatemalteco*, *yucateco*), heute jedoch nicht mehr produktiv ist.

5.3.3 Maya

Der Kulturraum der Maya umfasst zum einen das Hochland von Chiapas, Guatemala und Honduras, zum anderen erstreckt er sich über das Tiefland von Tabasco, El Petén (Guatemala) und Yucatán. Sprachlich gliedert sich das Maya in eine westliche Gruppe (z.B. Tzeltal, Chiapas), eine östliche Gruppe (z.B. Quiché, Hochland von Guatemala), Yukatekisch (östliche Tieflandgebiete) und Huastekisch (östliches Zentralmexiko) mit insgesamt 30 Sprachen. Die ehemalige territoriale Zersplitterung in Stadtstaaten spiegelt sich heute in der Existenz zahlreicher Varietäten (Prem/Dyckerhoff 1986, 374). Die Blütezeit der Maya-Kultur begann um 250 n. Chr. und ging gegen 900 n. Chr. zu Ende (cf. Coe 2000).

 Die Maya rechneten mit einem vigesimalen Zahlensystem, das die Null beinhaltete, und erstellten mit Hilfe ihrer außergewöhnlichen astronomischen Kenntnisse einen präzisen Kalender. Als einziges Volk Altamerikas verfügten sie über eine vollständig entwickelte Schrift,[9] die aus über 700 logographisch und silbisch basierten Hieroglyphen bestand, von denen 200 bis 300 in Gebrauch waren. Die Kombination von Logogrammen und Silbenzeichen folgte angesichts der Beschriftung von Stelen und Monumenten ästhetischen Gesichtspunkten, die einen großen Variationsreichtum hervorbrachten. Die Maya-Schrift ist nicht nur in epigraphischen Zeugnissen erhalten, sondern es existierten auch zahlreiche Codices, die jedoch bis auf vier (Dresden, Madrid, Paris, Mexico-Stadt) im religiösen Eifer der Eroberer dem Feuer zum Opfer fielen (cf. Arellano Hoffmann/Schmidt 1999). Der Franziskaner Diego de Landa erwies sich dabei als besonders fanatischer Inquisitor. Als Bischof von Yucatán verfasste er indes selbst eine Abhandlung über die Maya (*Relación de las cosas de Yucatán*, 1566), deren Ausführungen zum Alphabet im 20. Jh. einige Anhaltspunkte für die Entzifferung der Maya-Schrift lieferten.

 In spanischer Zeit zeichneten die Maya bedeutende Werke ihrer Kultur in Lateinschrift auf, wodurch sie vor der Vernichtung bewahrt blieben. Darunter befinden sich die Geschichtschroniken *Chilam Balam* ('Jaguarpriester') und das heilige Buch *Popol Vuh* ('Buch des Rates'), das Religion, Mythologie und Geschichte der Maya behandelt. Das erste Wörterbuch entstand durch die Arbeit von Luis de Villalpando (*Diccionario de la lengua maya*, 1571), dessen Grammatik jedoch verschollen bleibt. Grammatiken einzelner Maya-Sprachen des Hochlandes entstanden ab 1550.

 Heute leben in Chiapas, Tabasco, Yucatán, Guatemala und Belize über 6 Mio Maya-Sprecher. Die einzige Maya-Entlehnung von Verbreitung ist möglicherweise *cigarro* > *cigarrillo* 'Zigarette'. Ob *huracán*, das auch dem Taíno zugeschrieben wird, letztlich auf das Maya zurückgeht, ist nicht geklärt. Das spanische Akademiewörterbuch verzeichnet in regionaler Zuordnung 25 Entlehnungen aus dem Maya (DRAE 2003). Dazu gehört auch *cenote*, ein kreisförmig angelegtes Wasserreservoir. Diese Formationen waren vor allem in Yucatán durch den Einbruch von Höhlen im Kalkstein entstanden und hatten aufgrund der nur wenigen Flüsse eine wichtige Stellung in der Wasserversorgung sowie im Übrigen auch kultische Bedeutung. Eine weitere regionale Entlehnung aus dem Maya in Yucatán ist *chichí* 'Großmutter' (cf. Suárez 1979). Generell bestehen im regionalen Spanisch der Maya-Gebiete vergleichsweise nur wenige lexikalische Entlehnungen. Der Kolonialliteratur entstammt *cu* 'Altar, Tempel'.

---

[9] Die hier dargestellten Emblemhieroglyphen stehen in Reihe für die Maya-Städte Tikal (Guatemala), Copán (Honduras) und Palenque (Mexiko).

5.3.4 Chibcha

Die Familie der Chibcha-Sprachen erstreckte sich ursprünglich über ein unzusammenhängendes Gebiet, das von Honduras über Kolumbien bis nach Ecuador reicht. Zur Zeit der spanischen Eroberung war das Reich der Muisca in der Ostkordillere der Anden zwischen Bogotá und Tunja (Boyacá) von zentraler Bedeutung. Es steht auch mit der Legende des *El Dorado* in Verbindung (cf. 5.2). In Kolumbien fungierte Chibcha zeitweilig als *lengua general*. Eine Grammatik verfasste Bernardo de Lugo 1619 (*Gramática en la lengua general del Nuevo Reino, llamada mosca*). Die eigentliche Hauptsprache des Chibcha, das Muisca, ist im 18. Jh. ausgestorben.

Heute sprechen zwischen Honduras und Ecuador ca. 250.000–300.000 Menschen Varietäten des Chibcha. Die mögliche Eingruppierung des Miskito (Honduras, Nicaragua) in die Chibcha-Familie ist umstritten. Eine verbreitete Entlehnung aus dem Chibcha ist wohl *chicha* 'Maisbier'. Das spanische Akademiewörterbuch verzeichnet 7 Entlehnungen aus dem Chibcha (DRAE 2003).

5.3.5 Quechua

Das Imperium der Inka (quech. *inka* 'Herr, König'), das auch *Tawantinsuyu* ('Reich der vier Weltgegenden') genannt wurde, umfasste das Andengebiet von Ecuador, Peru, Bolivien und Mittelchile unter Einschluss der vorgelagerten Küstenzonen. Wie bei den Azteken handelte es sich um ein Eroberungsreich, das seine größte Ausdehnung erst im 15. Jh. erreichte. Die Verwaltungssprache dieses Reiches, dessen Zentren zur Zeit der spanischen Eroberung in Tomebamba (Ecuador; heute Cuenca) und im Hochtal von Cuzco lagen, war Quechua (*quechua*, Ecuador: *quichua*). Quechua diente auch weitläufig als Handelssprache, denn in Gebieten wie dem Norden Perus und der Region um Trujillo waren andere autochthone Sprachen verbreitet. Das Wort *quechua* bezeichnet ursprünglich wohl die gemäßigen Klimazonen der Anden. Zur Übermittlung von Nachrichten dienten den Inka Quipu genannte Knotenschnüre (quech. *khipu* 'Knoten'), die durch verschiedenfarbige Knüpfungen Zahlen darstellten und der Buchhaltung dienten. Ob die Quipu weitere, nicht numerische Informationen enthielten, ist umstritten.

Nach der spanischen Eroberung diente Quechua als *lengua general* in der Mission, wobei es sich nach 1600 zu Lasten des Aimara und sowie anderer Sprachen im bolivianischen Hochland verbreitete und diese auch beeinflusste. Darüber hinaus drang Quechua in das Amazonasgebiet Ecuadors sowie in den Nordwesten Argentiniens vor, wo es heute nur noch in Santiago del Estero einen festeren Stand hat. Die erste Grammatik und das erste Wörterbuch des Quechua stammen von Domingo de Santo Tomás (*Gramática o arte de la lengua general de los indios de los Reinos del Perú*, 1560; *Lexicón o vocabulario de la lengua general del Perú*, 1560). Eine der interessantesten Quellen der

Inkakultur ist die *Crónica del Perú* (1553), in der Pedro Cieza de León nach eigener Beobachtung die Eroberung und nachfolgenden Machtkämpfe beschreibt.

Abb. 5: Quipu aus der *Primer nueva corónica y buen gobierno* des Guamán Poma de Ayala von 1615

Quechua ist mit 8,5–9 Mio Sprechern zahlenmäßig die bedeutendste Indianersprache. Ihr Verbreitungsgebiet erstreckt sich vorwiegend auf den Andenraum zwischen Ecuador und dem Nordwesten Argentiniens. Das Kerngebiet bildet Peru (> 4,5 Mio) (cf. Calvo Pérez 2008, 192). Diatopisch unterscheidet man eine Dialektgruppe im zentralen Hochland von Peru (Regionen Ancash, Huánuco, Pasco, Junín), das so genannte Quechua I, und die wesentlich weitläufigeren und zum Teil unzusammenhängenden Dialektgebiete des Quechua II (A, B, C) nördlich bzw. südlich der zentral gelegenen Zone. In Peru finden die zum Quechua II zählenden Varietäten des *ayacuchano* und des *cuzqueño* die größere Verbreitung. Nach der Verfassung ist Quechua in Peru seit 1975 kooffizielle Sprache (16,6% Sprecher).

Die heutigen Varietäten des Quechua zeigen sich stark dialektalisiert, was die Verständigung unter den Mitgliedern verschiedener Sprechergruppen sehr einschränken kann. Quechua ist vorwiegend auf dem Land verbreitet, durch Zuwanderung leben heute aber auch viele Sprecher in den Großstädten (z.B. Lima). Gerade im Bereich der peruanischen Zentralanden hat die Sprache im 20 Jh. stark an Boden verloren. So gab es im Bezirk Junín 1940 noch 75% Quechua-Sprecher, 1993 hingegen waren es bereits weniger als 10% (cf. Adelaar/Muysken 2004, 258).

Quechua verfügt nur über drei Vokalphoneme (/i/, /a/, /u/), in uvularer Umgebung (/q/) treten allophonisch aber auch *e* und *o* auf. Das Phoneminventar beinhaltet /ʎ/, kennt jedoch keine Lenisplosive. Entlehnungen aus dem Quechua sind *cancha* 'Sportplatz', *carpa* 'Zelt', *chacra* 'kleines Landgut, Hof', *china* 'Indianermädchen', *coca* 'Kokapflanze', *cóndor*, *guano* 'Vogeldung', *guarapo* 'Zuckerrohrsaft', *palta* 'Avocado', *pampa*, *papa* 'Kartoffel', *puma*, *soroche* 'Höhenkrankheit', *vicuña* 'Lamaart'. Bemerkenswert ist die Entlehnung von *guarapo* für den Saft aus Zuckerrohr, der eher für die Plantagenwirtschaft der Antillen typisch wäre. Das frühe Aussterben des Taíno und die ursprünglich nicht endemische Verbreitung des Zuckerrohrs in Amerika liefern jedoch Erklärungen. Das spanische Akademiewörterbuch verzeichnet 359 Entlehnungen aus dem Quechua (DRAE 2003).

5.3.6 Aimara

Die Bezeichnung Aimara (*aimara*) bezieht sich auf eine indigene Volksgruppe Südamerikas und auf deren Sprache.[10] Das Einzugsgebiet des Aimara erstreckt sich vom Süden Perus entlang des Titicaca-Sees und südlich über den bolivianischen Altiplano bis in den Nordosten Chiles. Die Aimara sprechenden Stämme etablierten ihr Machtzentrum im 13. Jh. im nördlichen Teil des Hochplateaus und wurden im 15. Jh. von den Inka beherrscht.

Ursprünglich war das Aimara bis weit in den Süden Perus verbreitet (cf. Adelaar/Muysken 2004, 260). Nach 1600 verlor die Sprache auch im Osten und Süden des bolivianischen Hochlandes Gebiete an das Quechua. Aufgrund der langen Koexistenz von Aimara und Quechua, deren Sprachgebiete sich in den Regionen westlich und nordwestlich des Titicaca-Sees überschneiden und dementsprechend bilinguale Zonen aufweisen, bestehen vielfältige Interferenzen, die die eindeutige Zuordnung von Entlehnungen oft unmöglich machen. Beide Sprachen teilen sich 20% ihres Vokabulars. Die erste Grammatik und das erste Wörterbuch des Aimaras stammen von Ludovico Bertonio (*Arte de la lengua aimara*, 1603; *Vocabulario de la lengua aimara*, 1612).

Heute leben in Bolivien, Peru, Chile und Argentinien ca. 2,2 Mio Sprecher. Kerngebiet ist der Nordwesten Boliviens. In Peru ist Aimara nach der Verfassung kooffizielle Sprache (3–5% Sprecher). Aimara ist vornehmlich agglutinierend und verfügt wie Quechua nur über drei Vokalphoneme (/i/, /a/, /u/), wobei in uvularer Umgebung (/q/) allophonisch auch *e* und *o* auftreten. Das Phoneminventar beinhaltet ebenfalls /ʎ/ und kennt keine Lenisplosive. Entlehnungen aus dem Aimara sind *alpaca* 'Kamelziege, Alpaka', *chuspa* 'Tasche', *llama* 'Lama'. *Alpaca* und *llama* werden wie viele weitere regional verbreitete Wörter auch dem Quechua zugeordnet. Das spanische Akademiewörterbuch verzeichnet 37 Entlehnungen aus dem Aimara (DRAE 2003).

---

[10] Mitunter tritt auch die endbetonte Variante *aimará* auf, die nicht genuin ist. In traditioneller Schreibung findet man *aymara*.

5.3.7 Mapuche

Im mittleren und südlichen Chile sowie auf der Insel Chiloé siedelte das Volk der Araukaner, die als Jäger und Sammler mit kleiner Landwirtschaft lebten. Der Volksname (*araucano*) ist eine aus dem Quechua adaptierte und weiterverbreitete Form (*awqa* 'wild'), die sich ursprünglich auf die Indianer im Kerngebiet zwischen dem Río Biobío und dem Río Toltén bezog. Aufgrund ihres kriegerischen Wesens blieben die Araukaner sowohl von den Inka als auch vom spanischen Kolonialreich weitgehend unabhängig. Ihren Kampf gegen die spanischen Eroberer heroisierte im 16. Jh. Alonso de Ercilla y Zúñiga in seinem Epos *La Araucana* (1569/1589). Eine Grammatik der Sprache verfasste 1606 Luis de Valdivia (*Arte y gramática general de la lengua que corre en todo el Reino de Chile*).

Unter dem Druck der hispanophonen Siedlerbevölkerung wichen die Araukaner im 18. Jh. auch auf argentinisches Gebiet aus und drangen dabei sogar bis in den Osten des Landes in ein Gebiet südwestlich von Buenos Aires vor. In Chile wurden sie südlich des Río Biobío erst Ende des 19. Jhs. endgültig unterworfen. Die heute geläufige Bezeichnung für das Volk wurde vom Namen des führenden Stammes der Mapuche, der bereits im 16. Jh. genannt wird, übernommen und bezieht sich auch auf die Sprache (*mapudungun*).

Heute sprechen ca. 600.000 Menschen Mapuche. Über 90% von ihnen leben in Chile und verteilen sich dort vornehmlich auf das Gebiet um Santiago sowie im Süden in der Region um die Stadt Temuco (*Región de la Aracaunía*). In Argentinien konzentriert sich das Mapuche auf die westliche Provinz Neuquén.

Mapuche verfügt über sechs Vokale (fünf wie im Spanischen sowie /i/) und im Konsonantismus auch über /ʎ/. Eine in Südamerika verbreitete Entlehnung aus dem Mapuche ist *malón* 'Überfall' (auch 'Überraschungsbesuch'), das sich aus den vormaligen Raubzügen der Araukaner ableitet. Wörter wie *pudú* 'Gemshirsch' und *ruca* 'Hütte' treten nur regional auf, da Charakteristika aus Flora und Fauna im Spanischen oft schon durch Bezeichnungen aus dem Taíno und dem Quechua (z.B. *pampa*, *puma*) besetzt waren. Gerade das Quechua hat das Mapuche auch lexikalisch beeinflusst. Das spanische Akademiewörterbuch verzeichnet 144 Entlehnungen aus dem Mapuche (DRAE 2003), die sich meist auf Chile und zum Teil Argentinien beschränken und aus Flora und Fauna stammen.

5.3.8 Guaraní

Guaraní (*guaraní*) bildet zusammen mit dem ehemals vor allem in den brasilianischen Küstengebieten verbreiteten Tupi (*tupí*) eine Gruppe von verwandten Dialekten, die man als Tupi-Stamm unter der Bezeichnung Tupi-Guaraní zusammenfasst. Der angestammte

Siedlungsraum der Guaraní sprechenden Indianer lag an der brasilianischen Küste südlich des heutigen Bundesstaates São Paulo und erstreckte sich im Landesinneren bis nach Paraguay unter Einschluss von Gebieten in Bolivien, Uruguay und Nordostargentinien (Misiones, Corrientes).

Von 1609 an wurden in Paraguay Jesuiten in der Mission tätig, die die Indianer in Dörfern (*reducciones*) zusammenzogen und in Guaraní unterwiesen. Dies geschah wie an anderen Orten in der Absicht, die Indianer zu isolieren, aber auch, um sie vor Schaden zu bewahren, der ihnen von den brasilianischen *bandeirantes* drohte. Diese drangen im 17. Jh. auf der Suche nach Gold und Sklaven über das Hinterland von São Paulo ein. 1767 wurden die Jesuiten entmachtet und mussten die spanischen Gebiete verlassen.

Die bedeutendste Grammatik des Guaraní der Kolonialzeit verfasste in Verbindung mit einem Wörterbuch Antonio Ruiz de Montoya (*Arte y vocabulario de la lengua guaraní*, 1639/1640). Das heutige Paraguay-Guaraní entstand unter dem Einfluss der fortschreitenden Mestizisierung der Bevölkerung und der jesuitischen Mission. Es stellt also nicht die direkte Fortführung des *guaraní tribal* oder des *guaraní jesuítico* dar. Im Vergleich mit anderen Indianersprachen hat sich Guaraní mit einer Verbreitung unter 90% der Bewohner Paraguays anteilig am erfolgreichsten behauptet.

Abb. 6: Antonio Ruiz de Montoya, *Arte y vocabulario de la lengua guaraní*

In Paraguay, dessen Bevölkerung heute zu 95% aus Mestizen besteht, ist Guaraní seit 1992 zweite Amtssprache und wird als Muttersprache von 5 Mio Menschen gesprochen. Dabei liegt die Einsprachigkeit im ländlichen Raum zum Teil über 50%. Allerdings ist in den letzten Jahren eine Tendenz zur Ausweitung der Zweisprachigkeit erkennbar. Das Guaraní Paraguays präsentiert sich mit einem starken spanischen Einschlag, eine Form der Sprachmischung, die man als *yopará* (*jopará*) bezeichnet. Da Paraguay im Tripel-Allianz-Krieg gegen Brasilien, Argentinien und Uruguay (1864–70) einen großen Teil seines Staatsgebietes verlor, erstreckt sich das Sprachgebiet des Guaraní heute auch auf Nordostargentinien und Teile Brasiliens (Mato Grosso do Sul, Paraná), darüber hinaus auf Bolivien (*guaraní boliviano* bzw. *chiriguano*). Entlehnungen aus dem Guaraní sind *ananá(s)* (im La Plata-Raum anstatt *piña*), *ara* 'Papagei', *jaguar*, *mandioca* 'Maniok', *maraca* 'Kürbisrassel', *ñandú* 'Nandu'. Das spanische Akademiewörterbuch (DRAE 2003) verzeichnet 115 Entlehnungen aus dem Guaraní.

5.3.9 Kleine chronologische Auswahl kolonialen Schrifttums

5.3.9.1 Berichte

1492–93/1552: Cristóbal Colón, *Diario de a bordo*
1516: Petrus Martyr de Anglería, *De Orbe Novo*
1519/1526: Hernán Cortés, *Cartas de relación de la conquista de México*
1535/1557: Gonzalo Fernández de Oviedo y Valdés, *Historia general y natural de las Indias*
1542/1552: Bartolomé de Las Casas, *Brevísima relación de la destrucción de las Indias*
1552/1559: Bartolomé de Las Casas, *Historia general de las Indias*
1552: Francisco López de Gómara, *Historia general de las Indias*
1553: Pedro Cieza de León, *Crónica del Perú*
1566: Diego de Landa, *Relación de las cosas de Yucatán*
1568: Bernal Díaz del Castillo, *Historia verdadera de la conquista de la Nueva España*
1569/1579: Bernardino de Sahagún, *Historia general de las cosas de Nueva España*
1590: José de Acosta, *Historia natural y moral de las Indias*

5.3.9.2 Werke zu den indigenen Sprachen

1547: Andrés de Olmos, *Arte para aprender la lengua mexicana*
1555/1571: Alonso de Molina, *Vocabulario en lengua castellana y mexicana*
1560: Domingo de Santo Tomás, *Gramática o arte de la lengua general de los indios de los Reinos del Perú*
1560: Domingo de Santo Tomás, *Lexicón o vocabulario de la lengua general del Perú*
1571: Luis de Villalpando, *Diccionario de la lengua maya*
1603: Ludovico Bertonio, *Arte de la lengua aimara*
1606: Ludovico Bertonio, *Vocabulario de la lengua aimara*
1606: Luis de Valdivia, *Arte y gramática general de la lengua que corre en todo el Reino de Chile*
1607: Diego González Holguín, *Gramática y arte nueva de la lengua general de todo el Perú, llamada lengua qquichua, o lengua del Inca*

1608: Diego González Holguín, *Vocabulario de la lengua general de todo el Perú llamada lengua qquichua, o del Inca*

1619: Bernardo de Lugo, *Gramática en la lengua general del Nuevo Reino, llamada mosca*

1639–40: Antonio Ruiz de Montoya, *Arte y vocabulario de la lengua guaraní*

5.4 Die Hispanisierung Amerikas

Die Hispanisierung Amerikas begann 1493 mit der Besiedlung Hispaniolas und ist gebietsweise bis heute nicht abgeschlossen. Als Kolumbus und seine Gefolgsleute auf die Indianer trafen, mussten sie sich durch Zeichen und Gesten verständigen. Später konnte man sich der Vermittlung von Dolmetschern (*lenguas*) bedienen, bei denen es sich oft um Indianer handelte, die man zuvor für einige Zeit nach Spanien gebracht hatte. Bei ihren Vorstößen an der westafrikanischen Küste waren die Portugiesen im 15. Jh. sprachlich gleichermaßen verfahren. Für die Erkundung der amerikanischen Küstengebiete hingegen erwies sich diese Methode aufgrund der bestehenden Sprachenvielfalt für die Spanier jedoch als wenig geeignet.

Der in der Geschichte Hispanoamerikas spektakulärste Fall einer Verdolmetschung trug sich bei der Eroberung Mexikos zu. An der Südküste war Cortés auf den Schiffbrüchigen Jerónimo de Aguilar getroffen, der viele Jahre unter den Maya gelebt und ihre Sprache erlernt hatte. Bevor Cortés zu seinem Eroberungszug nach Tenochtitlán aufbrach, erhielt er von seinen indianischen Verbündeten an der Küste eine Sklavin namens Malinche, die aztekischer Herkunft war und sowohl Nahuatl als auch Maya beherrschte. Die Möglichkeit, über zwei Dolmetscher mit den Azteken verhandeln zu können, war ein entscheidendes Kriterium für das Gelingen seines Unternehmens.

Während man auf den Antillen zunächst mit geringem Erfolg versucht hatte, den mit der Eroberung verbundenen Auftrag zur Missionierung auf Spanisch durchzuführen, erfolgte die Unterrichtung der Eingeborenen auf dem Festland nach einer Zeit der Verdolmetschung auch in den lokalen Sprachen. Dazu wurden Katechismen verfasst. In der Zeit zwischen 1524 und 1574 sind aus Neu-Spanien über 100 Werke bekannt, die als Hilfsmittel für die Beschäftigung mit den Indianersprachen dienten (Ricard 1986, 122). Die meisten betreffen das Nahuatl, daneben liegen Werke für Taraskisch, Huastekisch, Otomí, Mixtekisch, Zapotekisch, Totonakisch und Zoque vor. Durch die Verwendung der Lateinschrift für die Aufzeichnung der bis auf das Maya agraphischen Indianersprachen konnte einerseits der damalige Sprachstand einheimischer Idiome übermittelt werden. Andererseits wurden wichtige Zeugnisse des bis dahin überwiegend oralen indigenen Kulturguts in Schriftform überführt und somit bewahrt (cf. 4.3).

Um die Unterweisung der Indianer im Glauben zu befördern, bediente man sich in Anlehnung an einheimische Gebräuche bei Festivitäten auch der Musik sowie einfacher

Theateraufführungen. Der Schulunterricht, in den ebenso indianische Kinder, vorzugsweise die Nachkommen der Häuptlinge, einbezogen waren, erfolgte auf Spanisch, Latein (Gebete) und in einheimischen Sprachen.

Der Buchdruck wurde um 1530 in Mexiko eingeführt. Das erste bekannte Werk erschien 1539 unter dem Titel *Breve y más compendiosa doctrina cristiana en lengua mexicana y castellana*. Spanien richtete in der Neuen Welt auch Universitäten ein, deren Zahl in der Kolonialzeit auf ungefähr 30 Anstalten anstieg. Die ersten Gründungen waren Santo Domingo (1538), Mexiko (1551) und Lima (1551). Im südlichen Südamerika blieb Córdoba (1613, Argentinien) lange Zeit die einzige höhere Anstalt. Mit den Hochschulen und dem Buchdruck verfügten die spanischen Kolonien bereits im 16. Jh. über Bildungseinrichtungen, die in Brasilien vergleichsweise erst ab dem 19. Jh. aufgebaut werden konnten.

In der Sprachenfrage verfolgte die spanische Krone keine konsequente Politik. Sie befürwortete sowohl die Unterrichtung der Indianer in den autochthonen Sprachen als auch die Katechese auf Spanisch. Für die Unterweisung im Spanischen, die Karl V. 1550 anordnete, wurden Tausende von Fibeln (*cartillas*) bereitgestellt. 1580 bestimmte Philipp II., dass Priester die in ihrem Wirkungsbereich vorherrschende Indianersprache erlernen sollten, so dass sie in ihr die Predigt halten konnten. In Gebieten mit großer Sprachenvielfalt wie z.B. Nueva Galicia (Jalisco, Zacatecas, Sinaloa; Mexiko) erfolgte die Mission in der jeweiligen *lengua general* (hier: Nahuatl). 1580 wurden in Mexiko und Lima Lehrstühle für Nahuatl und Quechua eingerichtet. Bogotá erhielt 1582 einen Lehrstuhl für Chibcha. 1619 wurde verfügt, dass Priester ohne taugliche Sprachkenntnisse von ihrer Stellung abzuberufen seien. Dessen ungeachtet ergingen weiterhin Erlasse (*cédulas*), die regelmäßig auf die Notwendigkeit hinwiesen, die Indianer in Schulen auch im Spanischen zu unterrichten.

Die 1580 verfügte Missionierung in den Indianersprachen bedeutete im kirchlichen Leben Amerikas eine Trennung der Volksgruppen (Konetzke 1964, 82). Dass Mitglieder der Indiobevölkerung zunächst keine Priesterweihe empfangen durften, wirkte sich zudem erschwerend aus. Die vollzogene Trennung bestand zum Teil auch im alltäglichen Leben. So waren die Indianer schon auf Hispaniola oft umgesiedelt und in Dörfern zusammengezogen worden. Zu diesen *reducciones* hatten nur Geistliche Zutritt.

Gegen die Katechese in den Indianersprachen regte sich außerhalb der Missionsorden bereits im 16. Jh. Widerstand. Es wurde vorgebracht, es gebe nicht genug geeignete Priester, die Sprachenvielfalt in einigen Provinzen sei zu groß und die Indianersprachen prinzipiell nicht vollkommen genug, um die christlichen Glaubensinhalte adäquat wiederzugeben. Dazu komme die Abhängigkeit von schlechten Übersetzern. Dies waren gewichtige Argumente, die Verbreitung des Spanischen voranzutreiben. Um in der indianischen Bevölkerung den politischen Anreiz zu setzen, sich um das Spanische zu bemühen, erging 1690 eine Verfügung an den Vizekönig von Neu-Spanien, öffentliche Ämter wie in Gemeinderäten (*cabildos*) nur an Vertreter zu vergeben, die das Spanische beherrschten. Im 18. Jh. setzte sich auf Betreiben der Geistlichkeit die Erkenntnis durch, dass die Vielfalt an indianischen Sprachen und Gebräuchen in der Bevölkerung der spanischen Herrschaft abträglich sei. So wandte sich 1769 der Erzbischof von Mexiko, Antonio de Lorenzana, in einem Brief wie folgt an den König von Spanien:

"El mantener el idioma de los indios [...] es mantener en el pecho una ascua de fuego, un fomento de discordia y una piedra de escándalo, para que se miren con aversión entre sí los vasallos de un soberano" (zit. nach Ricard 1960, 289).

Im erklärten Bestreben, die Indianersprachen auszulöschen, bestimmte Karl III. daraufhin das Spanische in der *Cédula de Aranjuez* 1770 zur alleinigen Sprache.

"[...] para que de una vez se llegue a conseguir el que se extingan los diferentes idiomas de que se usa en los mismos dominios, y sólo se hable el castellano" (zit. nach Solano 1991, 261).

Eine entsprechende Einsprachenregelung hatten die Portugiesen bereits 1757 für Brasilien getroffen. Im Zuge politischer Entwicklungen und der Säkularisierung des Unterrichtswesens wurden die Jesuiten, die sich in besonderem Maße um die Indianersprachen bemühten, 1767 aus Hispanoamerika verbannt. Davon waren vor allem die *reducciones* in Paraguay und im Nordosten Argentiniens betroffen. Unter dem Eindruck des von Peru ausgehenden Túpac Amaru Aufstandes gegen die koloniale Unterdrückung (1780–1781) wollte man den Gebrauch des Quechua verbieten. In der Praxis fanden die Bestimmungen zum Verbot der Indianersprachen jedoch keine Umsetzung.

In Zusammenhang mit den Maßnahmen zur Durchsetzung des Spanischen ist zu berücksichtigen, dass es auch zu Beginn der nationalen Unabhängigkeitsbewegungen (um 1810) immer noch deutlich weniger Sprecher des Spanischen gab als Sprecher von Indianersprachen, nämlich schätzungsweise nur 35% der Bevölkerung bei nur 0,5% Alphabetisierung (Hidalgo 2001, 59). Dies änderte sich erst im darauf folgenden Jahrhundert. Dabei trug die demographische Entwicklung zugunsten der Weißen und Mestizen im Übrigen entscheidender zur Hispanisierung bei als das Unterrichtswesen. 1864 waren noch 89% der Bevölkerung Costa Ricas Analphabeten (Quesada Pacheco 1990, 21), heute sind es knapp 5%. Eine vergleichsweise noch hohe Zahl an Analphabeten (> 10%), vor allem bei Frauen, haben heute Bolivien (Frauen 13,2%, 2009, EBO) und die mittelamerikanischen Staaten El Salvador, Honduras und Nicaragua, besonders aber Guatemala (Männer, 19,5%; Frauen, 29,7%, 2010, EBO).

Ein zentraler Faktor der Hispanisierung Amerikas lag in der Mestizisierung (*mestizaje*) der Bevölkerung. Die Heirat von Spaniern und Indianerinnen wurde aufgrund der vergleichsweise geringen Einwanderung spanischer Frauen schon früh befürwortet und 1514 offiziell autorisiert. Die Mestizen (*mestizos*) waren zunächst zweisprachig und beherrschten in späterer Zeit meist nur noch Spanisch. Die Rolle des Mestizentums kommt unter anderem in der präzisen Terminologie für die Nachkommenschaft unterschiedlicher Bevölkerungsverbindungen zum Ausdruck. Abkömmlinge aus der Verbindung von Mestizen und Spaniern bezeichnete man z.B. als *castizos* (cf. Alvar 1987, *s.v.*). Die Bedeutung des Mestizentums spiegelt sich auch in der heutigen Bevölkerungszusammensetzung. Abgesehen von den Großen Antillen, Costa Rica, Peru, Bolivien, Argentinien und Uruguay bilden Mestizen überall die Mehrheit. In den Andengebieten werden sie unter anderem *cholos* genannt, in Mittelamerika heißen sie *ladinos*.

Das Wort *ladino* bezog sich in der Kolonialzeit auf die Fähigkeit in der Regel afrikanischer Sklaven, Spanisch (oder Portugiesisch) zu sprechen und wurde adjektivisch verwendet. Anfänglich wurden die Afrikaner über Spanien und Portugal in die Neue Welt verbracht, so dass eine gewisse Gelegenheit zur sprachlichen Anpassung bestand. Bereits ab 1518 wurden jedoch Lizenzen (*asientos*) erteilt, die den Amerikahandel direkt von der westafrikanischen Küste aus ermöglichten, wo ein portugiesisches Pidgin als Mittel der Verständigung verbreitet war. Neuankömmlinge, die des Spanischen noch nicht mächtig waren, nannte man in Hispanoamerika (*negros*) *bozales*. Als wissenschaftlicher Terminus bezieht sich *habla bozal* auf die Sprachform der jeweils ersten Generation von Schwarzen in den Kolonialgebieten.

Eine gesonderte Bezeichnung bestand auch für diejenigen, die in den Kolonialgebieten geboren waren. Im Unterschied zu den aus Spanien eintreffenden Beamten und Siedlern (*chapetones*) wurden sie *criollos* (Kreolen) genannt. Diese von *criar* 'aufziehen' abgeleitete und sehr wahrscheinlich aus dem Portugiesischen entlehnte Bezeichnung beinhaltet im Spanischen die Bedeutung 'de la tierra'. Sie bezog sich ursprünglich ohne Unterschied auf Schwarze, Weiße und die aus der Verbindung beider Gruppen nachgeborenen Mulatten. Nur die indianische Bevölkerung war hiervon ausgenommen. In Kontexten, die das europäische Erbe gegenüber dem indianischen hervorheben, bezieht sich *criollo* vorwiegend auf die in den Kolonien geborenen Weißen.

Zur Sprachbeherrschung der in Amerika geborenen *negros criollos* liegen nur wenige metasprachliche Aussagen vor. So heißt es 1607 in einem Dokument aus Panama: "[…] los españoles hablan la lengua castellana; los negros entre sí, los de cada tierra la suya; también hablan castellano, pero muy mal, si no son los que dellos son criollos" (*Descripción de Panamá* 1607, 162). Dies ist ein klarer Hinweis auf die Unterscheidung zwischen mangelnder Sprachkompetenz der *negros bozales* einerseits und der offensichtlich guten Beherrschung des Spanischen unter den *criollos* andererseits. Mitte des 18. Jhs. charakterisiert Nicolás Joseph de Ribera in der *Descripción de la Isla de Cuba* die Sprachkompetenz der *negros criollos* noch deutlicher:

> "Criollos son los que nacen en la Ysla, y bozales los que vinieron ya nacidos. Aquellos hablan como españoles el castellano q^e es el unico idioma de toda la Ysla" (Ribera 1756, 141–142).

Im gleichen Sinne kommentiert Esteban Pichardo 1849 im Vorwort seines kubanischen *Diccionario provincial*, denn er stellt keine sprachlichen Unterschiede zwischen den im Lande geborenen Schwarzen und Weißen fest: "Los Negros Criollos hablan como los blancos del pais de su nacimiento o vecinidad" (1953, LIV). Dieser Umstand könnte auch erklären, warum die zahlreichen königlichen Verfügungen zur Sprachpolitik in den Kolonien nur Bezug auf die Indianer nehmen, die Schwarzen im Allgemeinen jedoch nicht erwähnen. Der *Código Negro Carolino* aus Santo Domingo von 1784 thematisiert lediglich das Verbot des Gebrauchs afrikanischer Sprachen in Verbindung mit synkretistischen Riten verbot (cf. Solano 1991, LXXXIV). Ritueller afrikanischer Sprachgebrauch ist heute noch in den kubanischen *santerías* üblich.

Nach den vorhandenen Belegen ist davon auszugehen, dass sich die *negros criollos* als Nachgeborene auf natürliche Weise in das hispanophone Umfeld eingliederten. Insofern wird eine an der Hautfarbe orientierte Einteilung hinsichtlich der Sprachbeherrschung bereits in den Nachfolgegenerationen hinfällig. Damit ist auch das allgemeine Zahlenverhältnis zwischen Schwarzen und Weißen, auf das in Untersuchungen zur Kreolisierung (cf. 7.3.2) bisweilen abgehoben wird, in Hispanoamerika linguistisch nicht aussagekräftig, da es den Anteil der hispanophonen *negros criollos* nicht berücksichtigt. Die Spachenvielfalt, die sich die Kolonialherren durch Zusammenführung von Menschen regional unterschiedlicher Herkunft zunutze machten, verhinderte in Hispanoamerika die Kontinuität afrikanischer Sprachen außerhalb ritueller Praktiken.

Sprachliche Auffälligkeiten sind von den *negros bozales* bekannt, die z.B. in großer Zahl in Cartagena (Kolumbien) eintrafen und insbesondere durch den Aufschwung der Zuckerwirtschaft im 19. Jh. in massiven Sklavenimporten nach Kuba kamen. Eine gruppenspezifische Sprachform, die dem "Black English" vergleichbar wäre, ist dem Spanischen und dem Portugiesischen in Amerika heute fremd.

5.5   Hispanisierung heute

Während sich die Bevölkerung ehemals afrikanischer Abstammung in Hispanoamerika in der Regel sprachlich völlig assimiliert hat, besteht für die indigene Bevölkerung in der Gegenwart eine andere Situation. Bei der statistischen Erfassung der Populationen, ihrer Sprachen sowie der Zweisprachigkeit mit dem Spanischen ergeben sich diverse Probleme. Obwohl die ethnischen Übergänge fließend sind, bestehen klare soziale Abgrenzungen. Der "Indio" wurde immer schon auf die unterste Stufe der gesellschaftlichen Hierarchie verwiesen. Für die Kolonialzeit bedeutete dies eine Rangfolge, an deren Spitze die Spanier des Mutterlandes standen, die die Macht innehatten, sowie die in den Kolonialgebieten geborenen Weißen (Kreolen). Eine mittlere Stellung nahmen die Mestizen ein. Die Indios waren den aus Afrika eingeführten Sklaven, die für ihre Herren einen "Handelswert" darstellten, nachgeordnet. So ist begreiflich, dass man sich in den Ländern Hispanoamerikas auch heute, vor allem bei direkter Befragung, lieber den Mestizen zurechnet als den Indios, zumal viele Menschen indianischer Abstammung nur

Spanisch beherrschen.[11] Die Angaben zum Bevölkerungsanteil der Indianer schwanken z.B. für Guatemala auch in neueren Referenzen zwischen 40% und 60%.

Eine gesellschaftspolitisch günstigere Lage besteht zum Teil heute in Regionen, in denen die Indianer den überwiegenden Teil der Bevölkerung stellen wie in Bolivien oder im Süden Mexikos (Chiapas). Die Förderung der Urbevölkerungen und ihrer Kultur war lange kein primäres Anliegen der Regierenden in Hispanoamerika. Vor allem zur Zeit der Diktaturen, so z.B. in den 1970er Jahren in Guatemala, hatte die indianische Bevölkerung einen sehr schweren Stand. Den ersten Schritt zur Anerkennung einer plurilingualen Gesellschaft unternahm 1975 die Regierung Perus, als sie Quechua zur kooffiziellen Sprache erklärte. In diesem Zusammenhang ist auch zu berücksichtigen, dass die Anzahl der Sprecher amerindischer Sprachen im 20. Jh. im Verhältnis zu den Spanischsprachigen stark abgenommen hat, selbst wenn die Bevölkerungszahl an sich und damit auch die absolute Zahl an Sprechern amerindischer Sprachen gestiegen ist. 1940 sprach noch über die Hälfte der Bevölkerung Perus eine indigene Sprache, in der 1980er Jahren war es nur noch ein Viertel (Klee/Caravedo 2006, 94).

Erst im letzten Viertel des 20. Jhs. wurde man sich von offizieller Seite der kulturellen Bedeutung des indianischen Erbes stärker bewusst und formulierte (z.B. in den Verfassungen) die Absicht, dieses zu schützen, zu bewahren und zu fördern. 2003 stärkte Mexiko mit der "Ley general de los derechos lingüísticos de los pueblos indígenas" die Rechte der indigenen Bevölkerung. Das Gesetz bezeichnet die amerindischen Sprachen als Nationalsprachen und erklärt sie auf dem Territorium, auf dem sie gesprochen werden, als dem Spanischen ebenbürtig. 2005 nahm in Mexiko das neu gegründete *Instituto Nacional de Lenguas Indígenas* seine Arbeit auf. Bolivien erklärte in der Verfassung von 2009 insgesamt 36 Indianersprachen zu kooffiziellen Sprachen.

Der indianische Bevölkerungsanteil ist in Argentinien (0,4%), Costa Rica (1%), Kolumbien (1%), Venezuela (2%), Paraguay (2%) und Chile (4,6%) minimal. Auf den Großen Antillen und in Uruguay leben keine Indianer mehr. Über den im Verhältnis größten Anteil an indianischer Bevölkerung verfügen Bolivien (55%), Peru (45%), Guatemala (41%), Ecuador (35%) und Mexiko (14%). Nach der Bevölkerungszahl leben die meisten Indianer in Mexiko und Peru (cf. 1.2).

Der Grad der Hispanisierung variiert in Hispanoamerika auch heute noch beträchtlich, wobei natürlich auch innerhalb der Länder regionale Schwankungen auftreten. Nach den Schätzungen erreicht die Zahl der Spanischsprecher in Mexiko 98,5%. Nur Guatemala, Peru, Bolivien und Paraguay liegen in der Quote unter 90%. Auffällig sind die Schwankungen für Guatemala (65–86%), Panama (77–93%) und Paraguay (55–70%) in den Angaben bei Moreno Fernández/Otero Roth (2007; Zensus 2000–2005) und

---

[11] In Paraguay ist allerdings zu berücksichtigen, dass die Bevölkerung, die zu 95% aus Mestizen besteht, im Gegensatz zu den Verhältnissen in anderen Gebieten Hispanoamerikas überwiegend Guaraní spricht.

Otero (1999). Bei der Beurteilung der vorliegenden Zahlen wäre zu beachten, dass ein höherer Prozentsatz an Hispanisierung auch eine Frage des Prestiges sein kann.

Auch die Anzahl der als zweisprachig Einzustufenden lässt sich nicht immer leicht ermitteln. Zu präzisieren wäre, dass es eine völlig gleichgewichtete individuelle Zweisprachigkeit eigentlich nicht gibt. Man unterscheidet Bilinguale, bei denen die Sprachbeherrschung eher ausgeglichen ist (*bilingües fluidos/equilibrados*), und solche, die ihre muttersprachliche Kompetenz in einer indigenen Sprache mit mehr oder weniger entwickelten Kompetenzen im Spanischen als Lernersprache (L2) verbinden. Hier gibt es Abstufungen nach eingeschränkten oder lediglich passiven Kenntnissen im Spanischen (*semihablantes*; *cuasipasivos*). In diesem Segment sind sprachliche Interferenzen am höchsten. Natürlich gibt es auch Sprecher indigener Herkunft, deren Muttersprache das Spanische ist und die die jeweilige amerindische Sprache nur noch oberflächlich beherrschen.

Was sprachpolitische Maßnahmen betrifft, muss man beachten, dass in Gebieten wie dem Hochland von Guatemala Kinder erst mit Eintritt in die Schule Spanisch lernen, da in ihrem täglichen Umfeld Maya gesprochen wird. Eine reguläre zweisprachige Schulausbildung gibt es in Guatemala erst seit 1984, so dass bis dahin einsprachige Schüler indianischer Herkunft in ihrer Ausbildung besonders benachteiligt waren. Ein weiterer Faktor ist die zum Teil verkürzte Schulzeit, gerade im ländlichen Bereich, und der frühe Eintritt in das Erwerbsleben.

Neue Konstellationen des Sprachkontaktes und mögliche Herausforderungen für eine adaptierte Sprachpolitik entstehen im Großraum Buenos Aires, wo sich Sprecher des Guaraní und des Quechua ansiedeln, die nicht nur aus den entsprechenden Heimatregionen Argentiniens stammen, sondern zu einem guten Teil auch aus den Nachbarländern Paraguay, Bolivien und Peru einwandern. Letztlich ist jedoch davon auszugehen, dass die indigenen Sprachen aus den Metropolen Hispanoamerikas, wie z.B. auch Lima, verschwinden werden.

Aufgaben

1. Vollziehen Sie die zentralen Stationen der spanischen Sprachpolitik in Amerika anhand der bei Solano (1991) zusammengestellten Dokumente nach.
2. Verfolgen Sie die koloniale Expansion anhand des *Atlas histórico cultural de América* (Morales Padrón 1988).
3. Ergänzen Sie die Ausführungen zu den Indianersprachen durch die Lektüre des Artikels "Amerikanische Sprachen und Romanisch" (Dietrich 1998).
4. Lesen Sie den Beitrag Zimmermanns (2004) zur Sprachensituation in Mexiko.
5. Ermitteln Sie im Internet den Text der "Ley general de los derechos lingüísticos de los pueblos indígenas" in Mexiko und kommentieren Sie die Regelungen.

6 Die Ausbildung struktureller hispanoamerikanischer Merkmale

Dieses Kapitel lehnt sich im Aufbau an die in Kapitel 2 beschriebenen strukturellen Besonderheiten des amerikanischen Spanisch in Phonetik/Phonologie (2.1) sowie in der Morphosyntax (2.2) an und ergänzt sie mit Angaben zur sprachhistorischen Entwicklung. Dabei wird auch auf die Verbreitung von Charakteristika in Spanien und anderen Gebieten der Romania verwiesen.

Die allgemeinen sprachgeschichtlichen und diatopischen Verhältnisse in Spanien lassen sich anhand von Cano (2004), Lapesa (1986), Zamora Vicente (1985) und Alvar (MDH-E 1996) gut verfolgen. Speziellen Bezug auf die Varietäten Andalusiens, die gewisse Parallelen mit Merkmalen der *tierras bajas* aufweisen, nehmen die Werke von Mondéjar (*Dialectología andaluza*, 1991), Frago Gracia (*Historia de las hablas andaluzas*, 1993) und Narbona/Cano/Morillo (*El español hablado en Andalucía*, 1998). Als Einstieg eignet sich in synchronischer und diachronischer Perspektive mit Kartenmaterial *El andaluz* (Jiménez Fernández 1999). Für die Herausbildung des amerikanischen Spanisch vergleiche man die unter 1.4 ("Geschichte des amerikanischen Spanisch") angegebene Literatur.

6.1 Phonetik und Phonologie

Im Zeitalter der Entdeckungen befand sich das Spanische in einer Phase phonetisch-phonologischen Wandels, der im engeren Sinne das 16. und 17. Jh. betrifft, in seiner Anlage aber bis ins 14. Jh. zurückreicht. Bei der Lektüre spanischer Fachliteratur ist im Bereich der Sprachgeschichte zu beachten, dass zum Teil Zeichen verwendet werden, die von der IPA-Lautschrift abweichen: ŝ [ts], ẑ [dz], ŷ [dʒ], ž [ʒ]. Eine umfassende Beschreibung findet man bei Lapesa (1986, 9–12).

Bisweilen treten in den Darstellungen auch historische Graphien auf. So repräsentiert <ç> entsprechend seiner Realisierung im Altspanischen [ts], <x> steht bis zum 17. Jh. unter anderem für [ʃ] und bleibt mit dem neuen velaren Lautwert [x] in der Graphie bis zum Anfang des 19. Jhs. erhalten.

Eine Beschreibung der phonetischen Entwicklungen im amerikanischen Spanisch, die sich nach Manuskripten auf die Verhältnisse in Mexiko im 16. Jh. stützt, bietet Parodi (1995). Einen allgemeinen diachronischen Überblick gibt Fontanella de Weinberg (1992).

6.1.1 Vokalismus

Die in den Hochlandgebieten manifeste Schwächung unbetonter Vokale ist ohne spezifische Nachweise mit einem indianischen Substrat in Verbindung gebracht worden (cf. 7.3.1). Die in verschiedenen Konstellationen beobachtete Alternanz von unbetontem [e], [o] mit [i], [u] beobachtet man im Spanischen vom Mittelalter bis ins 17. Jh. z.B. als vortonige Schwankungen im Vokalismus (Lapesa 1986, § 91.2). In den stärker von der gesprochenen Sprache geprägten Kolonialgebieten hielt dieser Zustand bis ins 18. Jh. an. Aus Honduras liegen 1547 aus einem bischöflichen Brief an den König die Formen *cerimonia* (*ceremonia*) und *sirvía* (*servía*) vor. Mit *escrebí* (*escribí*) und *mesmo* (*mismo*) sind auch die entgegengesetzten Entwicklungen belegt (Nieto Segovia 1995, 16). Quesada Pacheco weist in Dokumenten aus Costa Rica zwischen dem Ende des 16. und des 18. Jhs. Alternanzen von [e > i], [i > e], [o > u], [u > o] nach (1990, 30–31). Die Hebung von /e/, /o/ im Auslaut ist auch aus dem Nordwesten der Extremadura, dem Portugiesischen ab dem 16. Jh. und dem brasilianischen Portugiesisch (<-e> [-i]) bekannt.

Der Ausfall von intervokalischem [j] (*sello* [ˈseo]) in mittelamerikanischen Gebieten und die gegenläufige Epenthese von [j] in der Sprache einfacher Leute (*sea* [ˈseja]) veranschaulichen die Parallelität antagonistischer Tendenzen in der Sprachentwicklung. Während der Ausfall eine konsequente Fortsetzung der Abschwächung [ʎ] > [j] > [–] darstellt, folgt der Einschub der allgemeinen Tendenz zur Vermeidung von Hiaten (cf. sp. *sea*, pg. *seja*). Er ist im 17. und 18. Jh. z.B. in Costa Rica belegt (Quesada Pacheco 1990, 33).

Die leichte Öffnung der Endvokale /e/ und /o/, die sich in den Tieflandgebieten in Zusammenhang mit dem Ausfall des finalen /s/ einstellen kann, tritt auch in Andalusien auf. Allerdings ist hiervon nur der Osten der Region betroffen (cf. Karte Jiménez Fernández 1999, 21), der nicht im Zentrum der amerikanischen Erstbesiedlung stand (cf. 7.2). Der Westen Andalusiens gleicht die Numerusunterscheidung bei einem Ausfall der Aspiration (cf. 6.1.2.3) vokalisch nicht aus ([-oʰ] > [-o]). Insofern könnte die Entwicklung im amerikanischen Spanisch auf ein minoritäres andalusisches Phänomen zurückgehen oder, was wahrscheinlicher ist, eine amerikanische Eigenentwicklung darstellen. Schließlich besteht theoretisch die Möglichkeit, dass die Öffnung im 16. Jh. auch im Westen Andalusiens verbreitet war und sich zurückbildete. In diesem Falle wäre die andalusische Genese wiederum etwas plausibler, es liegen dazu allerdings keine einschlägigen Belege vor.

Die Nasalierung in Verbindung mit der Velarisierung von /n/ [-ŋ] tritt in den Varietäten des Spanischen in unterschiedlicher Intensität auf. Auf den Antillen ist sie im Vergleich ausgeprägter und mit andalusischen Verhältnissen vergleichbar.

Über die Entwicklung der Prosodie und Intonation in den hispanoamerikanischen Gebieten lassen sich keine verlässlichen sprachhistorischen Aussagen machen.

6.1.2   Konsonantismus

6.1.2.1   Der *seseo*

Die Entstehung des *seseo* ergibt sich aus den sprachlichen Verhältnissen, die sich ab dem 14. Jh. auf der Iberischen Halbinsel einstellten. Das Spanische unterschied im Mittelalter im Bereich der Sibilanten vier Phoneme (zwei Affrikaten und zwei Frikative) in jeweils stimmhafter und stimmloser Ausprägung: /dz/, /ts/, /z̪/, /s̪/ (*fazer* [dz], *cielo* [ts], *casa* [z̪], *passar* [s̪]). Entscheidend für das Verständnis der sprachhistorischen Entwicklungen ist, dass das genuine spanische (kastilische) /s/ im Vergleich zum deutschen oder französischen als apikoalveolares [s̪] artikuliert wird und somit palatal in die Nähe von [ʃ] verschoben ist. Das dem deutschen klanglich verwandte /s/, das für den Süden Andalusiens und für das amerikanische Spanisch typisch ist, liegt hingegen näher am dentalen Bereich und wird als prädorsales /s̪/ bezeichnet.

Im 15. Jh. reduzierten sich im Kastilischen zunächst die beiden altspanischen dentalen Affrikaten /dz/, /ts/ zu prädorsalen Frikativen (> [z̪], [s̪]). Diese unterschieden sich phonologisch weiterhin von den beiden apikoalveolaren Frikativen (→ 4 Phoneme: /z̪/, /s̪/ vs. /z̪/, /s̪/). Als in der ersten Hälfte des 16. Jhs. die Desonorisierung voranschritt, kam es zur Dephonologisierung, so dass letztlich nur zwei Phoneme fortbestanden, nämlich das prädorsale /s̪/ (< /dz/, /ts/) und das apikoalveolare /s̪/ (</z̪/, /s̪/). Beide Entwicklungen traten zuerst im Norden Kastiliens auf und breiteten sich nach Süden aus. Juan de Córdoba kommentierte 1578: "[…] los de Castilla la vieja dizen hacer, y en Toledo hazer" (1886, 121).

14. Jh.	15. Jh.	1530	Ende 16. Jh.	
z̪	z̪	s̪		
s̪	s̪		s̪	Kastilisch
dz	> z̪	(z̪)		
ts	> s̪	s̪	> θ	
↳	> s̪, z̪	> s̪ s̪	s̪	Andalusisch

Abb. 7: *Die Entwicklung der spanischen Sibilanten (Kastilisch – Andalusisch)*

Auch das Andalusische reduzierte – bis zur ersten Hälfte des 15. Jhs. – die Affrikaten /dz/, /ts/ zu prädorsalen Frikativen (> [z̪], [s̪]). In der folgenden Stufe fielen diese mit den apikoalveolaren Frikativen (/z̪/, /s̪/) in der prädorsalen Artikulation zusammen (→ 2 Phoneme: /z̪/, /s̪/). Als sich die Desonorisierung durchsetzte, die Frago Gracia (1994, 19) zumindest in kolumbinischen Texten bis 1504 schon belegen konnte, war von den ursprünglich vier Phonemen nur noch das stimmlose prädorsale /s̪/ erhalten.

Den Verlust der Unterscheidung zwischen prädorsalem und apikoalveolarem /s/ im Andalusischen bezeichnet man als historischen *seseo*. In metasprachlichen Kommentaren der Zeit wird dieser *seseo* de facto allerdings *çeçeo* genannt, weil man die prädorsale andalusische Aussprache auf die genuinen graphischen Formen mit <ç>, <c> bezog (*cielo* [ts] > [s̪]). In Andalusien trat der *seseo* bereits zu Beginn der Eroberung Hispanoamerikas auf. Seine transatlantische Verbreitung ist das Ergebnis eines nivellierenden Prozesses gegenüber dem apikoalveolaren [s̺], das in Amerika ebenfalls verbreitet war (cf. 6.1.2.2).

Bezeichnend für den zeitlichen Ablauf der Entwicklung der Aussprache ist z.B. ein Kommentar bei Bernal Díaz del Castillo, der in seiner *Historia verdadera de la conquista de la Nueva España* (1568) einen Soldaten aus Sanlúcar sprachlich mit "*çeçeaba un poco como sebillano*" charakterisiert (Alonso 1967, II, 54). Dem entspricht auch die Aussage Juan de Córdobas 1578: "[...] a todos consta como pronuncia vn ceceoso o vn tartamudo, o vno de gruesa lengua." (1886, 121). Diese Bemerkungen belegen, dass die Verbreitung des *seseo* in Hispanoamerika Mitte des 16. Jhs. noch nicht als selbstverständlich und abgeschlossene Entwicklung betrachtet werden kann.

Im Hinblick auf die Durchsetzung des *seseo* in Hispanoamerika ist entscheidend, dass auch das Kastilische im 16. Jh. einen festen Anteil an Formen mit prädorsalem /s̪/ besaß. Betroffen waren alle Wörter, deren Lautung aus den altspanischen Affrikaten hervorgeht (*cielo* [ts > s̪], *hacer* [dz > z̪ > s̪]; im 16. Jh. also kast. *cielo* [ˈs̪ielo]). Somit entstand der amerikanische *seseo* aus einem Prozess der Konvergenz prädorsaler Artikulationen unterschiedlicher regionaler Herkunft (z.B. Kastilien, Andalusien) und gewiss nicht allein auf südspanischer Basis.

In der zweiten Hälfte des 16. Jhs. verlagerte das Kastilische das aus den Affrikaten hervorgegangene prädorsale [s̪] weiter nach vorn. So entstand der interdentale Frikativ [θ], der sich im ersten Drittel des 17. Jhs. generalisierte, die amerikanischen Gebiete jedoch nicht mehr beeinflussen konnte. Der Wandel ergibt sich aus der Nachbarschaft der Artukulationen (cf. Abb. 8, 6.1.2.2). Man kann sagen, dass sich die instabile phonologische Unterscheidung in prädorsales /s̪/ und apikoalveolares /s̺/ in Hispanoamerika auflöste, während sie sich in Kastilien auf die substantiellere Opposition von apikoalveolarem /s̺/ und interdentalem /θ/ (*casa* [s̺] : *caza* [θ]) verschob.

Das Andalusische bildete auf der Basis des prädorsalen /s/ regional bis zum 18. Jh. ein koronales [s̪] aus. Im Süden Andalusiens setzte sich die Sprachentwicklung in den Zonen des prädorsalen und des koronalen /s/ bis zum Ende des 18. Jhs. zum Teil noch fort und führte zu einem in der Regel interdentalen Frikativ [θ]. Dieser tritt im Süden Huelvas, in Cádiz, Sevilla (ohne Stadt), Málaga sowie im Süden Granadas und Almerías auf (cf. Karte Jiménez Fernández 1999, 34).

Die Aufhebung der für das Kastilische relevanten Opposition von /s/ : /θ/ zu /s/ im Andalusischen bezeichnet man in der Gegenwart als *seseo*. In den andalusischen Gebieten, in denen der Zusammenfall zu [θ] führte, spricht man von *ceceo*. Insofern ist terminologisch zwischen dem historischen *seseo* (= *çeçeo*), der die Auflösung der Opposition von prädorsalem /s̪/ und apikoalveolarem /s̺/ bedeutete, und dem heutigen *ceceo* [θeˈθeo], der sich auf den regionalen Zusammenfall in /θ/ bezieht, klar zu differenzieren.

Die gelegentliche interdentale Realisierung von /s/ in begrenzten ländlichen Gebieten Hispanoamerikas stellt mit ihrem unregelmäßigen Auftreten wohl eine Eigenentwicklung dar (cf. Caravedo 1992), die eine Parallele im andalusischen *ceceo* findet, selbst wenn in Cuzco (Peru) z.B. auch Zahlwörter wie *once* [ˈonθe] mit etymologischer Relevanz betroffen sind.

6.1.2.2 Prädorsales und apikoalveolares /s/

Die überwiegende Verbreitung des prädorsalen [s̻] im amerikanischen Spanisch findet wie der *seseo* in den sprachlichen Verhältnissen auf der Iberischen Halbinsel im 15. Jh. und 16. Jh. ihren Ursprung (cf. 6.1.2.1). Neben dem genuinen spanischen apikoalveolaren /s̺/, das in /z̺/ ein stimmhaftes Pendant besaß, entstanden durch die Deaffrizierung der altspanischen Affrikaten /dz/, /ts/ prädorsales /s̻/ und /z̻/. Mit der im 16. Jh. voranschreitenden Desonorisierung setzte sich im Kastilischen letztlich nur die Opposition zwischen den beiden stimmlosen Phonemen /s̺/ : /s̻/ fort.

Nach einer Studie von Lope Blanch (1985), der in Briefen die Sprache des aus der Provinz Zamora stammenden Konquistadors Diego de Ordaz untersuchte, war die Sonorität des prädorsalen Sibilanten /z̻/ um 1530 noch bewahrt, während sie der apikoalveolare bereits verloren hatte (/z̺/ > /s̺/). In der zweiten Hälfte des 16. Jh. verschob sich das mittlerweile ebenfalls stimmlose prädorsale /s̻/, das im Vergleich zum apikoalveolaren weiter vorn artikuliert wird, noch weiter in den Frontbereich zu einem interdentalen Frikativ (> /θ/), eine Entwicklung, die um 1630 abgeschlossen war (/s̺/ : /θ/).

(inter)dental	alveolar	präpalatal
θ ←	← s̻	s̺

Abb. 8: *Die Verschiebung des prädorsalen /s/ im Kastilischen*

Im Andalusischen trat diese Entwicklung nicht ein, sondern die apikoalveolaren und die prädorsalen Sibilanten fielen in der prädorsalen Artikulation zusammen. Nach Eintritt der Desonorisierung war von den ursprünglich vier Phonemen nur das prädorsale /s/ erhalten. In Hispanoamerika setzte sich das prädorsale [s̻], das auch für einen Teil der kastilischen Sibilanten typisch war, im Zuge einer Nivellierung gegen das apikoalveolare [s̺] durch und bedingte dadurch die Generalisierung des *seseo* (cf. 6.1.2.1).

Die Existenz des apikoalveolaren [s̺] im Varietätenspektrum Hispanoamerikas (cf. Cock Hincapié 1969) belegen unter anderem spanische Entlehnungen in Indianersprachen, die /s/ im 16. Jh. zum Teil mit [ʃ] wiedergeben (z.B. *mesa* [meʃa]). Der Grund hierfür kann nur in der Natur des apikoalveolaren (kastilischen) [s̺] liegen, das klanglich mit dem präpalatalen [ʃ] assoziiert wurde (cf. Canfield 1934, 201–202; Parodi 2001, 44). Kalifornische Indianersprachen, die erst im 18. Jh. mit dem Spanischen in Berührung kamen, nahmen diese Substitution nicht mehr vor, da das Spanische Mexikos zu jener Zeit nur noch das prädorsale [s̻] kannte.

Das im amerikanischen Spanisch heute regional vertretene apikoalveolare [s̺] (z.B. Antioquia, Kolumbien) ist möglicherweise als Archaismus einzustufen. Das koronale [s̠], das sich bis zum 18. Jh. ausbildete und heute in Andalusien zwischen dem apikoalveolaren [s̺] im Norden und dem prädorsalen [s̻] im Süden eine sprachgeographisch mittlere Position einnimmt (cf. Karte Jiménez Fernández 1999, 35), stellt in seiner ebenfalls begrenzten Verbreitung in Hispanoamerika gewiss eine parallele Entwicklung dar.

6.1.2.3   Kombinatorische Allophone von /s/

Die Tendenz, implosives /s/ in den *tierras bajas* zu aspirieren oder zu elidieren, steht zunächst mit der allgemeinen Schwächung des implosiven /s/ in der Romania in Zusammenhang. So hat das Ostromanische (Italienisch, Rumänisch) auslautendes /s/ verloren. Im Französischen besteht es in der Graphie fort und wird meist nur als Plural des Artikels in der Liaison realisiert (*les amis* [lez̺_aˈmi]).

Während Amado Alonso als Vertreter der Antiandalucismo-These (cf. 7.2) davon ausging, dass die Aspiration frühestens im 18. Jh. einsetzte (1976, 264), kennt man mittlerweile aus dem 16. Jh. Belege für den Ausfall in Sevilla (Frago Gracia 1994, 18). Auch Hinweise auf den Verlust von /s/ im kolonialen Schrifttum des 16. Jhs. wie im Manuskript der *Historia general de las Indias* des aus Sevilla stammenden Bartolomé de Las Casas (Frago Gracia 1994, 91) scheinen anzudeuten, dass es sich im karibischen Raum um ein südspanisch beeinflusstes Phänomen handelt. Darüber hinaus wurde der Ausfall mit dem Einfluss afrikanischer Sklavenbevölkerungen in Verbindung gebracht (cf. 7.3.2).

Nichtsdestoweniger erweist sich die sprachliche Situation bereits in Südspanien als sehr komplex. Trotz früher Hinweise auf den Ausfall von [-s], selbst aus Toledo, findet man im Andalusischen erst im 18. Jh. Belege, die das implosive /s/ graphisch mit <h> oder <j> [h] wiedergeben, was für eine Aspiration steht (cf. Narbona/Cano/Morillo 1998, 69ss.). In Buenos Aires ist der Ausfall im 16. Jh. und in den ersten Jahrzehnten des 17. Jhs. nur sporadisch dokumentiert. Die Verbreitung des Phänomens, das in Buenos Aires heute in der Regel der Aspiration entspricht, fällt wiederum ins 18. Jh. (Fontanella de Weinberg 1992, 93). In Spanien ist die Entwicklung für Andalusien, die Extremadura, Murcia und die Kanaren typisch, wird aber auch im Zentrum bis ins südliche León und Neukastilien spürbar (cf. Fernández Sevilla 1980, 472).

Die in Oaxaca (Mexiko) vor stimmlosen Plosiven beobachtete Verschiebung von /s/ zu [ʃ] (*buscar* [buʃˈkar]) entspricht einer für diesen Nexus nicht ungewöhnlichen phonetischen Entwicklung. In vergleichbarer Konstellation ist sie auch im Portugiesischen (Portugal, Rio de Janeiro, brasilianischer Nordosten), in italienischen Dialekten und nicht zuletzt im Deutschen <st-> vertreten. Die regionale Aspiration von an- und inlautendem /s/ (*la semana* [lahe'mana], *presidente* [prehi'ðente]) ist in Andalusien belegt.

Ob die regionale Sonorisierung von /s/ (*los amigos* [loz̯_a'miɣos], *cosa* ['koza]) vor dem Hintergrund des in der ersten Hälfte des 16. Jhs. im Spanischen zum Teil noch stimmhaften [z] einen Archaismus oder eine neue Entwicklung repräsentiert, kann nicht ohne weiteres entschieden werden. Es ist zu beachten, dass auch das Kastilische das Allophon [z] vor stimmhaftem Konsonant kennt (*mismo* ['mizmo]).

6.1.2.4   *Yeísmo* und *žeísmo* (*šeísmo*)

Die Ausbildung des *yeísmo* basiert auf der Delateralisierung von [ʎ]. Der Vorgang basiert darauf, dass der palatale Lateral [ʎ] im Spanischen (wie im europäischen Portugiesisch) homorgan mit [j] und einer an den unteren Schneidezähnen anliegenden Zungenstellung gebildet wird. In Spanien trat der *yeísmo* intervokalisch vereinzelt schon Ende des 14. Jhs. in der Region von Toledo auf (*ayo* für *hallo*). Aus Jaén stammt ein (durch Hyperkorrektion ausgewiesener) Beleg von 1492 (*sullo* für *suyo*; Lapesa 1986, § 93.1).

Aus Amerika liegen durch Fehlschreibung belegte Nachweise aus Honduras (1526: *ay* für *allí*; Nieto Segovia 1995, 44) und 1527 aus Mexiko vor. In ihrer Analyse 15 mexikanischer Dokumente des 16. Jhs. stellte Arias Álvarez (1997, 37–38) allerdings keine graphischen Verwechslungen fest. Spanischen Entlehnungen in mexikanischen Indianersprachen weisen im 16. Jh. auch auf [ʎ] hin (nah. *fila*, huastekisch (Veracruz) *ʎiila* < sp. *silla*, cf. Parodi 2009, 28–29). In Andalusien generalisierten sich die Belege für den *yeísmo* auch erst im 18. Jh. (cf. Narbona/Cano/Morillo 1998, 74). Ob die Verbreitung des *yeísmo* im karibischen Raum mit dem Südspanischen in enger Verbindung steht oder aber die sprachliche Entwicklung der antillanischen Koine des 16. Jhs. diesbezüglich progressiver war als die Südspaniens, bleibt offen.

In Buenos Aires ist der *yeísmo* nicht vor 1700 belegt (Fontanella de Weinberg 1987: 25), in Santa Fe (Argentinien) kann er im 17. Jh. als beginnende Entwicklung eingestuft werden (Donni de Mirande 2004, 84). Gerade diese Tatsache unterstreicht – auch angesichts der heutigen Verbreitung des *yeísmo* in Hispanoamerika und Spanien – dass es sich um ein Phänomen handelt, das in seiner Progression nicht auf äußere Faktoren angewiesen ist. Nach den Aussagen Cuervos von 1867 wurde /ʎ/ ehemals in Bogotá und verbreitet im kolumbianischen Binnenland gesprochen: "[…] en Bogotá y buena parte de lo interior es la *ll* bien y oportunamente pronunciada, al paso que en Antioquia y lugares de la Costa es exclusiva la *y*." (Cuervo [5]1907, 527). Gegenwärtig tritt /ʎ/ dort nur noch vereinzelt auf, denn auch Bogotá nimmt wie viele Metropolen Lateinamerikas kontinuierlich Zuwanderer aus verarmten ländlichen Gebieten auf.

Der in Argentinien verbreitete *žeísmo* ist ein städtisches Phänomen, das sich wohl schon im 18. Jh. ausbildete und um 1820 durch die Aussagen des Briten Alexander Caldcleugh (1825, I, 173) für Buenos Aires definitiv belegt ist (cf. Noll 2001b). Der *žeísmo* entwickelt sich in der Regel auf der Basis von [j]. Dabei stellt die Affrizierung [dʒ], die heute noch im argentinischen Chaco auftritt, gewiss die erste Stufe der Entwicklung dar, auf die der Verlust des plosiven Elements folgt.

Funktional entsteht der *žeísmo* aus der Artikulationsspannung bei der Realisierung von /j/. Auch der kastilische Standard weist dies aus, da er /j/ anlautend und nach [n], [l] leicht affriziert: *yo* [ᵈʒo]. Ferner tritt in Teilen Neukastiliens und Andalusiens auch intervokalisches /j/ als [ʒ] auf (cf. Navarro Tomás: 1985, §§ 121, 124). Für seinen *žeísmo* bekannt ist Mérida (Extremadura).

Nach der Deaffrizierung [dʒ] > [ʒ], die sich nach den Beispielen Alexander Caldcleughs möglicherweise schon um 1820 entwickelte, trat der *žeísmo* in Argentinien mit der Desonorisierung (> [ʃ]) in ein weiteres Stadium ein. Die stimmlose Variante ist seit 1915 belegt (Selva 1915, 300). Mitte der fünfziger Jahre war das Allophon [ʃ] in Buenos Aires bereits weit verbreitet. Heute ist der *šeísmo* im Osten Argentiniens die geläufige Realisierung.

Der Erhalt der Opposition /ʎ/ : /j/ in Nordargentinien, Paraguay und diversen Andengebieten kann als Relikt der aus Spanien nach Amerika getragenen Formen gewertet werden. Darüber hinaus wurde /ʎ/ in Paraguay mit dem Einfluss des Guaraní in Verbindung gebracht (cf. 7.3.1).

6.1.2.5   Die Allophone [h] und [x]

Der sporadische Erhalt des anlautenden [h-] (aus lat. /f-/) in Hispanoamerika ist ein Archaismus, der dem im 16. Jh. fortschreitenden Ausfall widerstanden hat. In Spanien setzte sich die Entwicklung nur verzögert nach Süden durch. Dies beschreibt Juan de Córdoba 1578: "[…] Y dizen [los de Castilla la vieja] yierro y en Toledo hierro" (1886, 121). Anlautendes [h] ist heute vor allem in der Volkssprache der Extremadura, Andalusiens (ohne Nordosten; cf. Karte Jiménez Fernández 1999, 49) und der Kanaren erhalten.

Die Aspiration von [x] > [h] entspricht der allgemeinen konsonantischen Schwächung in den *tierras bajas*. In der zweiten Hälfte des 16. Jhs. fielen im Kastilischen die seit dem Mittelalter bestehenden Phoneme /ʒ/ (*mujer* [muˈʒɛr]) und /ʃ/ (*dixo* [diʃo] > *dijo*) infolge der Desonorisierung in /ʃ/ zusammen ([muˈʃɛr]). Der darauf bezogene Kommentar Juan de Córdobas weist auf einen von Norden nach Süden fortschreitenden Prozess hin: "[…] los de Castilla la vieja [...] dizen xugar, y en toledo jugar" (1886, 121). In jener Zeit begann auch die Verschiebung des präpalatalen Frikativs /ʃ/ zu velarem [x] ([muˈxɛr]), die um 1630 abgeschlossen war.

In Gebieten, in denen im 16. Jh. anlautendes [h-] (aus lat. /f-/) erhalten war (Andalusien), ist davon auszugehen, dass die Entwicklung nicht über [x] führte, sondern [ʃ] direkt zu [h] evoluierte ([muˈhɛr]). Der erste Beleg für diese Entwicklung kommt 1479 aus Andalusien: *hoya* [hoja] (cf. *joya* [ʒ-] > [ʃ-] > [h-]; Lapesa 1985, 47). In Puerto Rico treten entsprechende graphische Ersetzungen bzw. Verwechslungen Ende des 16. Jhs. auf (*ovehas* für *ovejas*, *hornal* für *jornal*, *Xiguey* für *Higüey*; Álvarez Nazario 1982, 82). Die Graphie <Xiguey> belegt den Zusammenfall von <x> → [ʃ] und [h] in [h]. In Costa Rica weist <almojada> (*almohada*) 1610 darauf hin, dass auch <j> (→ [ʃ], [x]) mit der Aussprache [h] assoziiert wurde. Heute ist die Aspiration von /x/ [h] in Andalusien bis auf Jaén, den Osten Granadas und Almería allgemein verbreitet (cf. Karte Jiménez Fernández 1999, 54). Auch die Extremadura und die Kanaren sind betroffen.

Im karibischen Raum steht die Realisierung von [h] für /x/ einerseits in gewisser Verbindung mit dem Südspanischen, wenn auch die späten Belege für Puerto Rico Ende des 16. Jhs. etwas einschränkend wirken. Andererseits treten spätere, eigenständige Entwicklungen der Abschwächung von /x/ wie z.B. im peruanischen Amazonastiefland auf. Artikulatorisch bewegt sich der Übergang des velaren Frikativs [x] zum glottalen [h] auf einer Linie. Dies erklärt auch den entgegengesetzten Vorgang, der in Zusammenhang mit der Aspiration des implosiven /s/ (cf. 2.1.2.5) das Allophon [h] vorkonsonantisch zu [x] verstärkt (*fantástico* [fanˈtaʰtiko] → [fanˈtaxtiko]).

6.1.2.6   Die Neutralisierung von implosivem /r/, /l/

Die Phoneme /r/, /l/ sind als Liquide in ihrer alveolaren Bildung homorgan. Dies führt im Romanischen, wie sich anhand vieler Beispiele belegen lässt, oft zur Dissimilation (lat. ARBOR > sp. *á*r*bo*l) oder stellungsbedingt (implosiv) zur Neutralisierung. Schon im Altspanischen assimilierten die Pronomen *lo*, *la* das auslautende /r/ des Infinitivs (*perderlos* > *perdellos* [ʎ]). Diese Entwicklung hielt sich bis ins 17. Jh. und hat sich im Portugiesischen z.B. durchgesetzt (*perdê-los*).

Die Neutralisierung von /r/, /l/ ist in Toledo schon 1161 belegt, in Andalusien liegt aus den Jahren 1384–1392 die Form *abril* für *abrir* vor (Lapesa 1986, §§ 93.2). In Puerto Rico kann man die andalusische Entwicklung [l] > [r] 1511 nachweisen (*ervañil* für *albañil*; Álvarez Nazario 1982, 84). Heute ist die Neutralisierung in Spanien volkssprachlich in Andalusien, der Extremadura, Murcia, in Gebieten Neukastiliens und Leóns (cf. Karte Berschin/Fernández-Sevilla/Felixberger 2005, 64) sowie auf den Kanaren verbreitet, wo es sich allerdings um ein Phänomen neuerer Zeit handelt.

Im Spanischen der Karibik ist das Ergebnis der Neutralisierung vorkonsonantisch und im Auslaut in der Regel /l/ (*cuerpo* [ˈkwelpo], *mar* [mal]). In Südspanischen führt die Neutralisierung vorkonsonantisch überwiegend zu [r], während in auslautender Stellung beide Konsonanten zum Ausfall neigen. Lediglich der Norden der Extremadura weist im Auslaut tendenziell [l] auf. Somit besteht zwischen den Varietäten Südspaniens und denen der Karibik nur im Vorgang der Neutralisierung Parallelität, nicht aber in den Realisierungen, die sich als divergent erweisen. Dabei ist die Präferenz für die Entwicklung [r] > [l] in der Karibik möglicherweise darauf zurückzuführen, dass sich /r/ vor dem Hintergrund einer allgemeinen Schwächung des Konsonantismus als Vibrant für den Silbenschluss weniger eignet als /l/. Die Problematik des Vibranten zeigt sich z.B. auch in der finalen Assibilierung (cf. 6.1.2.7). In der Karibik ist die Neutralisierung zu [l] auch mit dem Einfluss afrikanischer Sklavenbevölkerungen in Verbindung gebracht worden (cf. 7.3.2).

Die im Westen der Dominikanischen Republik auftretende Vokalisierung von /r/ und /l/ im ländlichen Raum (*carbón* [kaɪ̯ˈβõŋ], *golpe* [ˈgoi̯pe]) ist 1591 in Costa Rica belegt (*caigo* für *cargo*; Quesada Pacheco 1990, 46). Mitte des 19. Jhs. wird sie in Havanna und Matanzas (Kuba) beobachtet, wo sie heute allerdings nicht mehr auftritt (Pichardo 1953, LIV). Die Entwicklung ist auch in Spanien aus Murcia, Andalusien und von den Kanaren bekannt (Lapesa 1986, § 130.4).

Die in ländlichen Gebieten Zentralkubas auftretende regressive Assimilation und Gemination bei der Verbindung von /r/, /l/ mit einem Plosiv (*puerta* [ˈpwetta]) findet im Osten Andalusiens in Zusammenhang mit der Aspiration des implosiven /s/ eine phonetische Parallele (cf. *pesca* [ˈpekka]). In Kuba dürfte es sich um eine spontane Entwicklung handeln.

6.1.2.7 Die Realisierung von /r̄/, /r/

Die Assibilierung des alveolaren /r̄/ [ʒ] ist in Zusammenhang mit einer Abschwächung der Vibration zu sehen, die letztlich in eine Blockierung mündet. Dabei wird die Artikulationsspannung in eine präpalatale Spirans umgesetzt. Bei der Entwicklung des finalen /r/ führt der Absatz der Artikulation zur Assibilierung. Die damit verbundene Desonorisierung (> [ʃ]) ist ein normaler phonetischer Vorgang, den man im Deutschen vergleichsweise in Form der Auslautverhärtung kennt (z.B. *Wind* [-t]). Auslautendes /d/ wird im Kastilischen entsprechend meist zu [-θ]. Assibilierungen von /r̄/ und /r/ sind auch aus dem Norden Spaniens bekannt, wo sie in der Rioja, in Navarra und im Baskenland auftreten (cf. Lapesa 1986, §§ 118.4, 131).

Die Assibilierung des finalen /r/ [r̄] ist möglicherweise 1786 durch eine Form in Costa Rica belegt (*alquilés* für *alquiler*; Quesada Pacheco 1990, 54). Die Assibilierung des Nexus -*tr*- (*otro* [ˈotʲo]) kann man sich unter dem Einfluss eines leicht retroflexen /r/ → [ʈ] vorstellen.

Der Ausfall des finalen /r/ ist ein verbreitetes Charakteristikum des Romanischen, das vor allem die Formen des Infinitivs im Französischen, Katalanischen und in der brasilianischen Umgangssprache betrifft. Der Ausfall tritt gleichermaßen im Andalusischen auf und ist 1547 belegt (*llorá* für *llorar*; Lapesa 1986, § 93.1). Darüber hinaus erscheint er als typisches Merkmal des Verbs in den romanischen Kreolsprachen.

Auch die Velarisierung von /r̄/ [x] im Spanischen Puerto Ricos ist im Romanischen nicht außergewöhnlich (cf. Französisch, Varietäten des Portugiesischen). Sie scheint in Puerto Rico erstmals im ausgehenden 19. Jh. aufgetreten zu sein (cf. de Granda 1978, 23–24).

Die retroflexe Variante für /r̄/ und /r/ [ɹ] entwickelte sich in Costa Rica wahrscheinlich gegen Ende des 18. Jhs. (Quesada Pacheco 1990, 54). Sie ist eine Folge der Blockierung der Vibration, bei der sich die Artikulationsspannung im Gegensatz zur Assibilierung nicht frikativ, sondern retroflex löste.

6.1.2.8   Die Realisierung der Lenisplosive /b/, /d/, /g/

Inlautendes /b/, /d/, /g/ wurde bis zum 16. Jh. plosiv realisiert. Bis dahin unterschieden sich /b/ und das auf lat. <v> [w] zurückgehende frikative [β] (*lavar*). Nur das paroxytone /d/ im Personalsuffix der 2. Pers. Pl. (z.B. -*ades* [ˈaðes]) war bereits im 14. Jh. frikativ geworden und fiel im 15. Jh. aus (cf. 6.2.1). Die allgemeine Spirantisierung der Lenisplosive trat im Spanischen erst im 16. Jh. ein.

Der Verlust intervokalischer Frikative (z.B. /d/) ist im 16. Jh. in Hispanoamerika belegt (Boyd-Bowman 1975, 2, 10). Der bevorzugte Ausfall des intervokalischen /d/ z.B. in -*ado* basiert auf der Frequenz des Morphems und der damit verbundenen Exposition des Konsonanten. Dies führt auch in Andalusien und auf den Kanaren häufig zur Elision. Der Ausfall ist vorwiegend ein regionales, darüber hinaus aber auch ein diastratisches Phänomen.

Die in Gebieten Hispanoamerikas gleichfalls auftretende plosive Realisierung von /b/, /d/, /g/ ist ein Relikt des 16. Jhs. Bei Zweisprachigen kann die plosive Aussprache auch auf der Interferenz mit einer Indianersprache beruhen. Dies ist z.B. in Yucatán der Fall.

6.1.2.9   Diverse konsonantische Entwicklungen

Velarisierung und Ausfall des implosiven /n/ [ŋ] stehen in Zusammenhang mit der Schwächung des Konsonantismus. Der Ausfall des Nasals stellt eine fortgeschrittene Stufe des Prozesses dar, die z.B. auch das Französische und das Portugiesische betrifft, obwohl sich der Vokalismus dort anders darstellt. In Costa Rica ist der Ausfall 1591 belegt (*provicia* für *provincia*; Quesada Pacheco 1990, 53). Die Entwicklungen treten ebenso in Andalusien auf.

Die Deaffrizierung von /tʃ/ > [ʃ] (*muchacho* [muˈʃaʃo]) folgt einer allgemeinen phonetischen Tendenz in der Entwicklung von Affrikaten, die auch in Andalusien belegt ist. Aus dem Altspanischen kennt man die Deaffrizierung von [dʒ] > [ʒ] (*mujer*). Die chilenische Variante /tʃ/ [tˢ] veranschaulicht, dass [tʃ] im Spanischen (im Gegensatz zum Italienischen) ohne Lippenrundung gesprochen wird. Deshalb zeigt die frikative Komponente eine Affinität zu [s].

Die in Chile bei der Realisierung von /x/ vor vorderen Vokalen auftretende Palatalisierung (*ginebra* [çiˈneβra]) entwickelt die phonetische Disposition des Konsonanten in seinem vokalischen Umfeld konsequent weiter. Auch die geläufige Realisierung von /x/ im Spanischen unterscheidet zwischen einer stärker velaren Artikulation vor dunklen (velaren) Vokalen und einer in Richtung des Palatums verschobenen vor hellen Vokalen.

6.2 Morphosyntax

6.2.1 Anrede (*voseo*)

Das Subjektpronomen *vos* (< lat. VŌS) wurde im Altspanischen für die 2. Pers. Pl. verwendet (*vos hablades* 'ihr sprecht) und diente darüber hinaus als formelle Anrede Höhergestellter ('Ihr sprecht'), was bereits im *Cantar de Mio Cid* (ca. 1140–1180) klar zum Ausdruck kommt. Als sich die mittelalterliche Ständegesellschaft auflöste, verlor *vos* jedoch an Formalität und verschob sich bis zum 15. Jh. in den informellen Bereich. Dies betrifft insbesondere die Anrede von Subalternen, für die zuvor *tú* verwendet worden war. Dadurch konnte dem Pronomen *vos* auch eine despektierliche Konnotation anhaften. In der respektvollen Anrede wurde *vos* in der Folge von *vuestra merced* ersetzt, für das 1614 erstmals die Kurzform *usted* belegt ist. Angesichts dieser Entwicklungen verband sich das pluralische *vos* 'ihr' zur Unterscheidung von der Bedeutung 'du' (Disambiguierung) mit *otros* zu *vosotros* und etablierte sich ab dem 15. Jh. Im Westen Andalusiens (cf. Karte Jiménez Fernández 1999, 76), auf den Kanaren (außer La Gomera, El Hierro und z.T. La Palma) sowie im amerikanischen Spanisch wurde *vosotros* in seiner Funktion als Pronomen der 2. Pers. Pl. allerdings bis spätestens zum 19. Jh. durch *ustedes* ersetzt.

Das *vos* der vertrauten Anrede wurde in Spanien bis zum Beginn des 18. Jhs. von *tú* verdrängt und hat sich heute nur regional begrenzt im archaischen Gebrauch des Leonesischen erhalten. Der Ausfall von *vos* betrifft auch eine Reihe hispanoamerikanischer Gebiete. Nach der gängigen Erklärung handelt es sich um diejenigen, die mit Spanien in engerer Verbindung standen wie der karibische Raum sowie die Vizekönigreiche Mexiko und Peru, die heute überwiegend *tuteo*-Gebiet sind. Stärker isolierte Regionen, die man linguistisch als Randgebiete einordnet, wie Mittelamerika und der La Plata-Raum hingegen behielten *vos* bei.

In Chile war *tú* im ersten Drittel des 19. Jhs. bereits nicht mehr präsent. Durch das Bildungswesen und die Bestrebungen der Mittel- und Oberschicht, sich auch sprachlich abzusetzen, kam *tú* jedoch wieder in Gebrauch, so dass sich der verbale *voseo* mit *tú* heute in weiten Teilen der chilenischen Gesellschaft in der vertrauten Anrede gegenüber dem *tuteo* etabliert hat. In Argentinien verwandte die Oberschicht noch im 19. Jh. *tú*, das in der gewählten Schriftsprache und im formellen mündlichen, so z.B. auch schulischen Gebrauch, selbst im 20. Jh. weiter beibehalten wurde, obwohl dies den allgemeinen sprachlichen Realitäten im Lande widersprach. Erst 1982 erkannte die Academia Argentina de Letras die Verwendung von *vos* an.

Die regionale Verschiebung von *usted* in den Bereich der vertrauten Anrede (Andengebiete Kolumbiens und Venezuelas) setzt einen Ausgleich fort, der mit der Verschiebung von *vos* begonnen hatte. Eine gewisse Parallele bietet das brasilianische Portugiesisch in der Verbreitung von *você* für 'du, Sie'.

Die Polymorphie der Verbformen, die sich in unterschiedlicher regionaler Distribution mit *vos* verbinden (*vos tomás, tomáis, tomas*), erklärt sich phonetisch und funktional. Im Laufe des 15. Jhs. verstummte das intervokalische /d/ in den paroxytonen Personalsuffixen der 2. Pers. Pl. (z.B. -*ades*). Diese Formen waren als Träger des Hauptons sowie durch ihre Frequenz stark exponiert und schliffen sich ab (*hablades* > **hablaes, tenedes* > **tenees, salides* > *salíes (cf. 6.1.2.8). Im europäischen Paradigma (→ *habláis, tenéis, salís*) wurde bei den Verben auf -*ar* in der weiteren Entwicklung der durch den Ausfall von /d/ entstandene Hiat ['a-e] durch die Hebung des zweiten Vokals (→ [i]) in einen Diphthong überführt (*hablaes > *habláis*). Hiate tendieren im Romanischen oft zur Auflösung. Die Verben auf -*er* folgten dabei dem Modell der *a*-Konjugation durch analogen Formenausgleich (*tenees → [te'nes] > *tenéis*).

Die im La Plata-Raum und in Mittelamerika geläufigen undiphthongierten *voseo*-Formen (*tomás, querés, salís*) sind das Ergebnis einer historisch auch in Spanien belegten Entwicklung. Diese orientiert sich offensichtlich an den Verben auf -*er* (*tenees), für die die phonetisch naheliegende Auflösung der gleichvokaligen Hiate ['e-e] in der Kontraktion der Vokale (Synärese) > [e] (*tenés*) lag. Bei den Verben auf -*ir*, die mit -*ís* beiden Paradigmen gemein ist, handelt es sich ebenfalls um eine Synärese, denn das schwachtonige Element des Hiats ['i-e] wurde elidiert (> *salís*). Das Modell übertrug sich letztlich auf die *a*-Konjugation (> *hablás*). Dabei mögen die frequenten Formen *estás* und *vas* die Entwicklung unterstützt haben.

In Zusammenhang mit dieser Form der Übertragung spricht man von einem analogen Formenausgleich, der bei der in Chile und im Hochland von Ecuador vorherrschenden *voseo*-Variante (→ *vos tenís*) erneut zum Tragen kam, denn hier orientierten sich die Verben auf -*er* an den Verben auf -*ir*. Die Variationsbreite der Entwicklungen wird klar, wenn man die chilenische Form *habláis* heranzieht, die (bis auf den Ausfall von [-s]) wiederum mit der spanischen übereinstimmt.

Mitte des 16. Jhs. bildeten sich die Präferenzen für das jeweilige Paradigma heraus (z.B. *-áis* vs. *-ás*), auf denen die heutige Variation beruht. Der pronominale *voseo* (*vos hablas*) und der verbale *voseo* (*tú hablás*) unterscheiden zudem das Pronomen. Der pluralisch in höflicher sowie vertrauter Anrede generelle Gebrauch von *ustedes* mit der Verbform der 3. Pers. Pl. entspricht den Verhältnissen im Osten Andalusiens, während der Westen Andalusiens *ustedes queréis* und *ustedes quieren* differenziert.

6.2.2 Weitere morphosyntaktische Besonderheiten

Bei den im amerikanischen Spanisch regional auftretenden Abweichungen im Genus (*la mar, la puente*) handelt es sich zum Teil um Archaismen. So ist *puente* regional auch in Spanien feminin (cf. pg. *a ponte*). *Mar* ist als Femininum in den Wendungen *alta mar, hacerse a la mar, la mar (de bueno)* gemeinspanisch. Bei *radio* f./m. kommt es auf die Bezugsform an (< *radiodifusión, receptor de radio*). Die volkssprachlich ausgeweitete Bildung femininer Formen (*la estudianta*) erklärt sich durch die Tendenz zu analogen Bildungen, die aufgrund einer weniger ausgeprägten Norm vordringen.

Das im karibischen Raum verwendete Pluralallomorph *–se(s)* (**cafese* vs. *cafés*) könnte man im Prinzip als Kompensation der durch den Ausfall des finalen /s/ bedingten defektiven Pluralbildung sehen (cf. 2.1.2.3), die sich somit restrukturiert. Mit *maravedises* (*maravedís*) liegt allerdings bereits 1539 ein früher Beleg in einem Brief an Karl V. aus Honduras vor (Nieto Segovia 1995, 81).

Die Diminutivbildung auf *-ico* (*un momentico*) in Kuba, Costa Rica und Kolumbien spiegelt eine regionale Präferenz wider. Aus Honduras ist 1544 *narangicos* 'Orangenbäumchen' belegt (Nieto Segovia 1995, 128). Im 16. Jh. war das Suffix in Kastilien produktiv und ist in Spanien auch heute regional vertreten (z.B. Aragonien). Die Ausweitung der Diminutivbildung (*dositos hijos, corriendito, detrasito*) ist Ausdruck der Tendenz zur allgemeinen Steigerung der Expressivität in der gesprochenen Sprache, die sich mit dem Suffix wortklassenübergreifend auswirkt.

Die erhöhte Frequenz der Subjektpronomen im karibischen Raum entspricht ebenfalls dem Streben nach einer Steigerung der Expressivität, die letztlich zum Verlust der Emphase geführt hat. Außerdem mag der durch den Ausfall des finalen /s/ (cf. 2.1.2.3) bedingte Verlust der Personalendung der 2. Pers. Sg. eine ausgleichende Kennzeichnung gegenüber der 3. Person Sg. erfordern.

Die Verwendung der Pronomen *lo/los* im Akkusativ des Maskulinums, die auch in Andalusien und auf den Kanaren geläufig ist (Lapesa 1986, § 124.2), entspricht der Etymologie des Formengebrauchs. Die Verwendung von *le/les* im Kastilischen generalisierte sich erst im 16. Jh. (Lapesa 1986, § 97.7) und steht mit der Entwicklung des präpositionalen Akkusativs in Verbindung (*encontré a mi amigo → le encontré*). In Paraguay, im Nordosten Argentiniens und in Ecuador reflektiert der akkusativische Gebrauch von *le/les* wohl gleichfalls diese Entwicklung. Die regionale Verwendung in der gewählten Schriftsprache unterstreicht die Funktion von *le* als spezielle grammatische Form des Respekts (cf. *si le molesta, señora...* vs. *no la molesta a mi hija*).

Die Präferenz der pronominalen Linksversetzung bei Infinitiven (*te la voy a dar* vs. *voy a dártela*), für die auch Cervantes Beispiele liefert, führt im amerikanischen Spanisch die Tendenz zur Proklise (Voranstellung) der Objektpronomen fort. Enklitische Stellungen, die eine Erststellung unbetonter Pronomen vermeiden sollen, entsprechen im Romanischen dem mittelalterlichen Sprachstand und wurden weitgehend aufgelöst.

Das Personalsuffix der 1. Pers. Pl. *-nos*, das im karibischen Raum (z.B. Venezuela) und im Spanischen der USA belegt ist, erklärt sich aus einer Interferenz mit den Objektpronomen *nos*. Die im Vergleich zum Kastilischen reflexive Form einiger Verben im amerikanischen Spanisch (*enfermarse, regresarse, tardarse*) entspricht einer lokalen Präferenz der Bildung, deren Unterschiedlichkeit sich auch im Sprachvergleich ergibt: sp. *levantarse* vs. bras. pg. *levantar* 'aufstehen'.

Die Tendenz zur periphrastischen Futurbildung besteht im gesprochenen Spanisch allgemein und ist gerade auch für das Andalusische typisch. Sie folgt dabei einer romanischen Entwicklung zur Futurperiphrase (auch das heutige synthetische Futur war ursprünglich eine Periphrase mit Infinitiv + *habere*), die man auch im Französischen beobachtet. Im gesprochenen brasilianischen Portugiesisch hat sich diese Struktur bereits durchgesetzt.

Die Wahl des einfachen Perfekts für Handlungen mit Gegenwartsbezug (*Mario todavía no llegó*) entspricht dem älteren Sprachgebrauch. Dieser Archaismus ist auch in Galicien, Asturias, León und auf den Kanaren verbreitet (Lapesa 1986, § 133.3). Die Verwendung des zusammengesetzten Perfekts für abgeschlossene Handlungen (*lo he encontrado ayer*) stellt hingegen eine Innovation dar, die sich auch das Französische und das Standarditalienische zu eigen gemacht haben. In Spanien ist sie in Andalusien verbreitet und betrifft weite Gebiete in Cádiz und Málaga (Jiménez Fernández 1999, 78). Durch die Vermeidung unregelmäßiger Indefinido-Formen kann man diese Entwicklung als sprachvereinfachend interpretieren.

Als Vereinfachung lässt sich ferner die Präferenz für das Präsens in konjunktivischen Nebensätzen einordnen (*quería que lo hagamos*), die sich auch im Französischen durchgesetzt hat. Ebenso entspricht der weitgehende Verlust der Formen des Konjunktiv Imperfekt auf *-se* zugunsten von *-ra* einer Tendenz zur Simplifizierung des Systems, die im Kastilischen seit dem 17. Jh. festzustellen ist.

Die Infinitivkonstruktionen auf den Antillen, in Panama, Kolumbien und Venezuela, die in Haupt- und Nebensatz unterschiedliche Subjekte zulassen (*antes de yo llegar habían hecho las maletas*), stellen eine Ausweitung der syntaktischen Möglichkeiten dar, die dem Bedürfnis nach Sprachökonomie entspringt. Auf diese Weise wird die konjunktivische Hypotaxe vermieden (→ *antes de que yo llegara, habían hecho las maletas*). Es besteht eine Parallele zum Portugiesischen, das diese Konstruktion in Zusammenhang mit dem so genannten persönlichen Infinitiv einsetzt.

Die im karibischen Raum auftretende nicht invertierte Frageform (*¿cómo tú estás?*) ist im Hinblick auf die strukturelle Regularisierung in der SV-Stellung mit afrikanischen Einflüssen in Verbindung gebracht worden. Ein Nachweis ist hier kaum zu führen. Diese Satzstellung tritt auch im Norden Leóns, in Palencia und auf den Kanaren auf (Buesa Oliver/Enguita Utrilla 1992, 191–201). Darüber hinaus zieht sie die französische Umgangssprache vor (*Comment tu vas?*).

Die Numerusangleichung bei den Verben *haber* und *hacer* in unpersönlicher Verwendung (*habían dos mil personas*; *hacen diez años*) stellt sich als eine Interferenz des neutralen Subjekts mit dem konkreten Objekt dar. Demgegenüber beziehen Sprecher bei der Passivumschreibung (*se vende libros*) das Verb offensichtlich auf ein virtuelles Agens, das seinerseits singularisch neutral eingestuft wird.

Die bevorzugte Setzung eines einfachen *que* gegenüber der Verbindung *de que* in abhängigen Nebensätzen (*el hecho que*) entspricht dem historischen Sprachgebrauch, der die Präposition bis zum 16. Jh. in dieser Struktur nicht einsetzte.

Aufgaben

1. Stellen Sie die Merkmale des amerikanischen Spanisch, die sich möglicherweise mit Andalusien in Verbindung bringen lassen, chronologisch zusammen.
2. Stellen Sie fest, welche Sprachatlanten zu Spanien in Ihrem Seminar zur Verfügung stehen und verfolgen Sie unter Berücksichtigung der Kanarischen Inseln die in Spanien regional belegten phonetischen Charakteristika des amerikanischen Spanisch anhand von Beispielen auf den Karten.

7 Die Herausbildung des amerikanischen Spanisch

Die Herausbildung des amerikanischen Spanisch entspricht einer multiplen Form des Sprachwandels. Die Faktoren, die Sprachwandel auslösen oder begleiten, können vielfältiger Natur sein (cf. Coseriu 1974, Keller 2003). Im hispanoamerikanischen Kontext spielen folgende Punkte eine besondere Rolle:

(1) die räumliche Distanz der Sprachgebiete (Spanien – Amerika),
(2) der zeitliche Abstand vom Beginn der territorialen Eigenentwicklung (1493 + x),
(3) die neue Bevölkerungszusammensetzung (Andalusier, Extremeños, Murcianos, Kastilier, Leoneser, Gallegos, Kantabrer, Aragonesen, Basken, Katalanen in unterschiedlichen Zahlenverhältnissen auf einem Territorium),
(4) die Existenz von Substraten und Adstraten (indianische und afrikanische Sprachen).

Oft sind mehrere Faktoren an einer Entwicklung beteiligt, ohne dass im Einzelnen entschieden werden kann, welches Gewicht einem bestimmten Faktor unter Umständen zufällt.

Darüber hinaus verfügt jede Sprache über eine immanente Tendenz zur Veränderung, die Edward Sapir als *drift* bezeichnete: "It is exceedingly doubtful if a language will ever be spoken over a wide area without multiplying itself dialectally" (1949, 151). Veränderungen ohne erkennbare äußere Einflüsse betrachtet man als spontanen Sprachwandel. Ein wichtiges Kriterium ist, dass verwandte Sprachen wie z.B. die romanischen – und insbesondere Varietäten einer Sprache wie z.B. des Spanischen – häufig parallele Entwicklungen aufweisen, die sich offensichtlich unabhängig von Raum und Zeit wiederholen und zu analogen Ergebnissen führen.

Sprachwandel vollzieht sich über längere Zeiträume, wobei zu einem bestimmten Zeitpunkt oft unterschiedliche Stadien einer Entwicklung innerhalb eines Gebietes oder benachbarter Gebiete koexistieren. Für die Herausbildung des amerikanischen Spanisch ist von Bedeutung, dass aufgrund der unterschiedlichen Herkunft der Kolonisten verschiedene regionale Normen des Spanischen nach Amerika getragen wurden. Dabei handelt es sich im Wesentlichen um

(1) das Südspanische Andalusiens und der Extremadura, in dessen Zentrum die Varietät von Sevilla steht,
(2) das Toledanische (Toledo, Madrid), das seit dem 13. Jh. Sprache der königlichen Kanzlei, der Prosa und der Wissenschaft war,
(3) das Spanische Altkastiliens.

Diese unterschiedlichen peninsularen Entwicklungsstände (cf. Parodi 1995) flossen in die Herausbildung der Charakteristika Hispanoamerikas ein. Ein allgemeines Problem bei der Beurteilung der amerikanischen Entwicklungen und ihrer Verbindung zum Mutterland liegt darin, dass man die regionalen Sprachstände im 15. und 16. Jh. z.B. im Hinblick auf die gesprochene Sprache und den Wortschatz auch für Spanien nicht immer exakt kennt.

Wenn sich durch das Aufeinandertreffen verschiedener regionaler Normen ein Gebiet sprachlich neu konstituiert, kommt es im Allgemeinen zu einem gewissen Ausgleich von Merkmalen, den man als Nivellierung bezeichnet. Dabei werden Varianten, die innerhalb einer Sprechergemeinschaft subjektiv als exponiert eingestuft werden, in der Regel abgeschwächt oder eliminiert. Das Ergebnis eines solchen Ausgleichs bezeichnet man als Koine. Diese Koinebildung wird in der spanischen Fachliteratur manchmal als *criollización* bezeichnet (< *criollo*; cf. 5.4), darf aber nicht mit einer kreolsprachlichen Entwicklung verwechselt werden. Darüber hinaus ist zu berücksichtigen, dass der Sprachkontakt zwischen Spanien und Amerika über die drei Jahrhunderte der Kolonialzeit fortbestand, so dass durch kontinuierliche Einwanderung beständig neue potentielle Entwicklungsparameter einflossen.

Einen ersten nivellierenden Einfluss, den man als den Beginn sprachlicher Adaptation verstehen kann, übten wohl die Kontakte auf dem Reiseweg nach Amerika aus. Die Siedler sammelten sich in der Regel in Sevilla (oder Cádiz) und verbrachten oft einige Monate in der Stadt, bevor sie die Möglichkeit zur Überfahrt erhielten. Dabei stand Sevilla als Sammelpunkt der Überfahrten in die Neue Welt und europäisches Ziel der kolonialen Goldtransporte im Mittelpunkt des Interesses. Gewisse Einwirkungen des sprachlichen Umfelds lassen sich gewiss nicht leugnen. So beschreibt das Zeugnis des aus Madrid stammenden und 1573 für die Audiencia de Santo Domingo ernannten Richters Eugenio de Salazar den Einfluss, den die Sprache der südspanischen Seeleute auf der Überfahrt auf ihn ausübte:

> "Y no es de maravillar que yo sepa algo en esta lengua, porque me he procurado ejercitar mucho en ella [...] Y así para pedir la taza muchas veces digo: *largá la escota* [...] Si llego al fogón digo: *hierven los ollaos* [...] Así que ya no es en mi mano dejar de hablar esta lengua" (zit. nach Alonso 1976, 55).

Nach der Atlantiküberquerung schloss sich in der frühen Zeit der Regel ein Aufenthalt in Santo Domingo bzw. Kuba an, bevor die Weiterreise in das Zielgebiet unternommen wurde.

Auf dem Weg nach Amerika fungierten die Kanarischen Inseln als Relaisstation. Dies führte auch sprachlich zu einer Vermittlerrolle, die sowohl für Entwicklungen, die nach Amerika getragen wurden, als auch für Einflüsse, die Amerika an Spanien zurückgab (z.B. Entlehnungen), relevant war. Inwieweit Einwanderer von den Kanaren (*isleños*), die sich auch auf den Antillen niederließen, die Herausbildung des amerikanischen Spanisch spezifisch beeinflussten, ist heute nicht unmittelbar festzustellen. Zwar wurden die Kanaren ab 1402 zum Teil besiedelt, daran waren jedoch auch Franzosen (Normannen, Okzitanier), Italiener (Genuesen), Katalanen und Portugiesen beteiligt. Die weitgehende Erschließung begann erst, nachdem Spanien 1479 vertraglich die Hoheit über den Archipel erlangt hatte (cf. 4.1). Die Eroberung der westlichen Kanaren (Gran Canaria, Teneriffa, La Palma) wurde zudem erst 1478 in Angriff genommen und war 1496 mit der Eroberung Teneriffas abgeschlossen.

Diese Zusammenhänge bieten bei Beginn der amerikanischen Unternehmungen im Prinzip kaum einen zeitlichen Vorlauf für die frühe Herausbildung einer eigenen kanarischen Varietät. Man darf deshalb annehmen, dass die Übereinstimmungen im Spanischen der Kanaren und der Antillen in einer bedingten Parallelität zu finden sind, in der das kanarische Spanisch gewissermaßen als Verlängerung der südspanischen Zone bei der Expansion nach Übersee gesehen werden kann. Diego Catalán nannte das kanarische Spanisch "un anticipio del español americano" (1958, 67). Nach den Ergebnissen Boyd-Bowmans gab es im 16. Jh. im Übrigen keinen signifikanten kanarischen Beitrag zur Besiedlung Amerikas (0,3%; cf. 7.2). Bekannt ist die Auswanderung von kanarischen Siedlern nach Texas und Louisiana im späten 18. Jh. Die Tatsache, dass das amerikanische *isleño* im Gegensatz zum genuinen Kanarischen auslautendes /n/ überwiegend nicht velarisiert und implosives /s/ gelegentlich erhält (Lipski 1990, 20–26), lässt darauf schließen, dass diese Entwicklungen im Kanarischen erst nach der Auswanderung der *isleños* nach Louisiana voranschritten. Somit konnten sie das amerikanische Spanisch auch nicht in dieser Hinsicht prägen. Dies gilt auch für die der Neutralisierung von /r/ und /l/, die auf den Kanaren ebenfalls eine Charakteristikum neuerer Zeit darstellt (Catalán 1989, 134).

Mit der Formierung des ersten sprachlichen Nukleus in der Karibik passten sich die dort geborenen Nachkommen der Zuwanderer wie allgemein üblich der lokalen Varietät an. Die Koine, die sich in der antillanischen Phase herausbildete, beeinflusste auch die zirkumkaribischen Küstengebiete. Die sprachliche Ausstrahlung der Antillen ist unter anderem an der weiten Verbreitung des indianischen Lehnguts aus der Karibik abzulesen (cf. 4.3.1). Die Weitläufigkeit der amerikanischen Gebiete legt nahe, dass es auf dem Festland weitere Koinesierungsprozesse gab, zumal die Antillen für viele Siedler nur eine Durchgangsstation darstellten.

Hinsichtlich der Periodisierung der Sprachgeschichte des Spanischen in Amerika werden mehrere Etappen unterschieden (cf. Vaquero 1992), deren erste die antillanische ist. Den außersprachlichen Faktoren fällt bei der Einteilung, wie man wie bei Guitarte (1991a, 169ss.) sieht, eine maßgebliche Rolle zu:

(1) *período de orígenes* (bzw. *período antillano*) mit spanischer Präsenz auf den karibischen Inseln und südlichen Küstenabschnitten auf dem Festland (1492–1519),
(2) *florecimiento del mundo colonial* mit der Eroberung Mexikos und Perus (ab 1519), wodurch die Einwanderung sowie die Gründung von Ansiedlungen auf dem Kontinent in Gang gesetzt wurden,
(3) eine Übergangsphase vom Ende des 18. Jhs. bis in die Zeit der Unabhängigkeitsbewegungen (ca. 1780–1820).

Sprachlich setzt Guitarte die Epoche der Anfänge mit einer spanischen *lenguaje de las islas* (→ Karibik) in Beziehung, die er allerdings nicht näher charakterisiert. Für die zweite Epoche stellt er die Fage nach der Interaktion der *lenguaje de las islas* mit dem kolonialen Leben auf dem Festland.

Ohne Zweifel hat in der Periodisierung des amerikanischen Spanisch die äußere Sprachgeschichte für die Frühzeit eine zentrale Bedeutung, da sie mit der Eroberung der Großräume (Antillen, Mexiko, Peru) zusammenhängt. Einigkeit besteht über die frühe formative Phase des amerikanischen Spanisch, die als antillanische zwischen dem Beginn der Besiedlung Hispaniolas und der Eroberung Mexikos liegt (1493–1519). Die Niederlassung von Spaniern auf Puerto Rico (ab 1508) war bis zum Ende der antillanischen Phase noch unbedeutend. Dies gilt auch für Kuba (ab 1511), das von Santo Domingo aus besiedelt wurde (cf. Boyd-Bowman 1956, 1157–1158).

Frago Gracia (1990) geht in seiner Periodisierung von einer allgemeinen formativen Phase des amerikanischen Spanisch aus, die um 1650 beendet war. Im Kastilischen entspricht dies innersprachlich dem Abschluss der phonetischen Entwicklungen des 16./17. Jhs. mit der Velarisierung von [ʃ] > [x], der Verschiebung [s] > [θ] und dem Ausfall von [h-]. Außersprachlich besteht eine Nähe zum Ende des Siglo de Oro. Gewiss war auch im amerikanischen Spanisch bis zur Mitte des 17. Jhs. über die karibische Zone hinaus eine gewisse Stabilisierung eingetreten, der ab dem 18. Jh. wiederum regionale Entwicklungen wie z.B. die Ausbildung des *žeísmo* in Argentinien und die Velarisierung von /r̄/ in Puerto Rico folgten (cf. 6.1.2.7).

Im Folgenden sollen einige Thesen und Überlegungen zur Herausbildung des amerikanischen Spanisch sowie dessen Beeinflussung durch äußere Faktoren diskutiert werden, die den Gang der Forschung bestimmt haben. Frühe Aufmerksamkeit erlangten in diesem Zusammenhang die Verbindungen mit Andalusien und seiner Varietät. Bereits 1688 bemerkte Lucas Fernández de Piedrahita in der *Historia general de las conquistas del Nuevo Reino de Granada* über die Aussprache der Bewohner Cartagenas (Kolumbien):

> "[...] los nativos de la tierra, mal disciplinados en la pureza del idioma español, lo pronuncian generalmente con aquellos resabios que siempre participan de la gente de las costas de Andalucía" (zit. nach López Morales 1998, 54).

1789 wies Antonio de Alcedo in seinem *Vocabulario de las voces provinciales de América* darauf hin, dass es unter anderem Wörter aus Spanien "y especialmente de Andalucía" enthalte (1789, 259). Vor diesem Hintergrund lag es nahe, eine ursächliche Verbindung zwischen Sprache und Herkunft der Sprecher herzustellen, wodurch sich unter anderem die Frage nach der Besiedlung der hispanoamerikanischen Gebiete durch eine vornehmlich aus Andalusien stammende Bevölkerung ergibt.

7.1 Die Indigenismo-These

Am Anfang der wissenschaftlichen Betrachtungen zum amerikanischen Spanisch, die eine spezifische Erklärung für die sprachliche Differenzierung suchten, standen die Überlegungen von Rudolf Lenz. Lenz war 1890 nach Chile ausgewandert und hatte auf der Hinreise in der Karibik auch mit dem kreolischen Papiamentu Bekanntschaft gemacht. Mit den regionalen Varietäten des amerikanischen Spanisch war er nicht weitläufig vertraut und bezog einschlägige Informationen zum Teil über Gewährsleute.

Auch Lenz (1893) hatte zunächst die andalusische Thematik aufgegriffen. Die Frage einer möglicherweise bedeutenden andalusischen Besiedlung Chiles beantwortete Lenz negativ, denn er schloss zum einen aus den ihm zur Verfügung stehenden Unterlagen, dass die Bevölkerung Chiles vor allem mit nordspanischer Einwanderung in Bezug zu setzen sei. Zum anderen konnte er sich die unterschiedliche Behandlung von finalem [-s] in den Varietäten Chiles und Perus nicht erklären (Aspiration in Chile, Erhalt in Peru), so dass ihm die Verbindung mit Andalusien abwegig erschien.

Somit führte Lenz die Besonderheiten des Spanischen in Chile nach eigenen Eindrücken auf indianische Einflüsse zurück. Dazu zählte er z.B. die Aspiration des finalen /s/ und die Assibilierung von /r̄/ (cf. 2.1.2.7). In seiner Formulierung ist das Spanische Chiles "Spanisch mit araukanischen Lauten" (1893, 208), womit er sich auf das Mapuche bezieht (cf. 5.3.7). Diese Erklärung der sprachlichen Differenzierung bezeichnet man als Indigenismo-These. Wissenschaftsgeschichtlich besteht eine Verbindung zu der von Graziadio I. Ascoli 1864 begründeten allgemeinen Substratthese, die zusammen mit den 1932 komplementär eingeführten Konzepten von Superstrat und Adstrat gerade in der Romanistik maßgeblich für unterschiedliche Formen des Sprachwandels verantwortlich gemacht wurde (cf. 7.3).

Da die meisten Charakteristika des Spanischen in Chile nicht auf Chile beschränkt sind, ergibt sich bei der Indigenismo-These allerdings das Problem, die Parallelität der Strukturen in anderen Regionen jeweils indianisch neu zu begründen. Im Hinblick auf die Vielzahl und die Verschiedenheit der Indianersprachen ist die von Lenz vertretene Lösung, die eine Polygenese als Erklärung für die Entwicklungen voraussetzt, nicht vertretbar. Die Vorstellungen bezüglich struktureller indigener Einflüsse auf das Spanische wurden in späterer Zeit im Hinblick auf spezifische regionale Entwicklungen weiter verfolgt (cf. 7.3.1).

7.2 Andalucismo und Antiandalucismo

Einer gewissen sprachlichen Affinität zwischen Südspanien und den Küstengebieten Mittel- und Südamerikas war man sich lange vor dem Beginn der wissenschaftlichen Beschäftigung mit dem Thema bewusst (cf. 7). Die liegt vor allem an Auffälligkeiten der

Aussprache, die zwangsläufig zu Überlegungen hinsichtlich einer Wechselwirkung führten. Als Charakteristika zu nennen sind der *seseo*, das prädorsale /s/, der *yeísmo*, Aspiration und Ausfall des implosiven /s/, die Neutralisierung von /r/ und /l/ in implosiver Stellung und die Aspiration von /x/ [h]. Des Weiteren werden auch der Ausfall des intervokalischen /d/ sowie die Öffnung von /e/ und /o/ in Verbindung mit dem Verlust des finalen /s/ auf den Antillen angeführt, während man die Velarisierung des implosiven /n/ [ŋ], die ebenfalls typisch für das Südspanische ist, in der Regel ausspart (cf. 2.1). Die Überlegungen zur Differenzierung des amerikanischen Spanisch auf vorwiegend südspanischer Basis bezeichnet man als Andalucismo-These.

Hinsichtlich seiner Genese ist das Andalusische ein sekundärer Dialekt des Kastilischen und nicht etwa die Fortführung des im Süden Spaniens historisch ansässigen Mozarabischen, das aus der Romanisierung der Baetica hervorgegangen war. Im Zuge der militärischen Erfolge gegen die Mauren (ab 1212) drang das Kastilische zu Beginn des 13. Jhs. in Andalusien vor, in den Regionen westlich und östlich entstanden mit den Übergangsmundarten Extremeño und Murciano zwei weitere Reconquistadialekte. Seit dem 14. Jh. befand sich das Kastilische in einer Übergangsphase, in die im Laufe des 15. Jh. auch das Ende der altspanischen Epoche fiel. Das Ende dieser Epoche reicht in der Datierung von 1400 über 1450 (Eberenz 1991) bis 1492, wobei sich das spätere Datum auf außersprachliche Faktoren stützt (cf. 4.1). Im Hinblick auf die Verbreitung des Spanischen in Amerika ergibt sich somit zwischen dem Kastilischen und dem aus ihm hervorgegangenen Andalusischen eine räumliche sowie zeitliche Entwicklungsverschiebung von knapp drei Jahrhunderten. Die Beachtung dieser sprachinternen Bezüge bildet einen wichtigen Gesichtspunkt bei der Beurteilung der Gesamtentwicklung.

Die erste wissenschaftliche Untermauerung der Andalucismo-These stammt von Max Leopold Wagner. Wagner sprach mit Bezug auf das Südspanische und unter dem Hinweis auf die Herkunft vieler Konquistadoren von einer "andalusisch-extremeñischen Gruppe" (1920, 292). Unter diesem Aspekt bedeutet die auch heute geläufige Bezeichnung *andalucismo* eine gewisse Verkürzung. In Gegensatz zu Lenz hob Wagner Übereinstimmungen im amerikanischen Spanisch über Chile hinaus hervor. Dabei traf er die grundlegende Unterscheidung zwischen "Inseln und Küstengegenden" einerseits und "binnenländischen Gegenden" andererseits (1920, 300). Vor dem Hintergrund einer zuvor nur allgemein hergestellten sprachlichen Verbindung zu Andalusien bedeutete dies eine klare Inbezugsetzung mit den Inseln und Küstenregionen (cf. 4.2).

Hinsichtlich der Besiedlung Hispanoamerikas hatten Cuervo (1901, 42) und Lenz die Auffassung vertreten, dass alle Regionen Spaniens beteiligt waren. Dies wird auch von Wagner nicht bestritten. Allerdings geht Wagner für die beiden ersten Jahrhunderte der Kolonialzeit von einer vorwiegend südspanischen Einwanderung aus. Dabei seien die Küstenländer mit südspanischem Einfluss am frühesten und intensivsten besiedelt worden. In den Binnenländern von Mexiko, Kolumbien, Venezuela, Ecuador, Peru und

Bolivien hingegen habe das Spanische auch wegen der zunächst im Vergleich geringen Zahl an Weißen nur langsam Fuß gefasst.

Gegen die Andalucismo-These wandte sich der aus Santo Domingo stammende Pedro Henríquez Ureña in mehreren Artikeln. Wagners Unterscheidung in Binnenländer und Inseln bzw. Küstengebieten definiert Henríquez Ureña als Gegensatz von *tierras altas* und *tierras bajas* (cf. 4.2). Für Henríquez Ureña ist der Andalucismo der *tierras bajas* nicht das Ergebnis südspanischen Einflusses, sondern die Folge paralleler Entwicklungen. Grundsätzlich seien klimatische Verhältnisse, Bevölkerungszusammensetzung, Bildungsgrad, der Kontakt mit Indianersprachen und eine eventuelle Isolation von Gebieten als Faktoren in die Betrachtungen einzubeziehen (1921, 358–359). Seine Sicht der Dinge wurde später als Antiandalucismo-These charakterisiert. Als Beispiel führt Henríquez Ureña die heterogene Distribution von /j/ und /ʎ/ in den hispanoamerikanischen Gebieten an. Am Beispiel von Mexiko-Stadt und Veracruz weist er auf die phonetischen Unterschiede zwischen *tierras altas* und *tierras bajas* hin, die er als Konsequenz aus den gegensätzlichen Klimazonen der *tierra fría* und der *tierra caliente* sieht. Die Klimatheorie wurde im 19. Jh. auch mit Blick auf die Differenzierung des brasilianischen Portugiesisch vertreten und diente in Italien bereits im 16. Jh. als Begründung für regionale Sprachvariation.

Wagner (1927) wiederum wies die Klimatheorie als zu pauschal zurück, räumte jedoch ein, es sei möglich, dass sich die Siedler bevorzugt in den Regionen Hispanoamerikas niederließen, die vom Klima mit der ihres jeweiligen Herkunftsgebietes vergleichbar waren. In diesem Zusammenhang ist zu beachten, dass Spanien seine Kolonialverwaltungen wenn möglich in den Hochlandgebieten einrichtete. Wer z.B. in Guatemala vom Tiefland des Petén nach Antigua, der alten Hauptstadt, ins Hochland aufsteigt, kann diese Wahl angesichts des angenehmen Klimawechsels gut nachvollziehen. Durch die Vergabe der administrativen Schlüsselposten an in Spanien gebürtige Adlige und Kirchenmänner (cf. 4.2) war Kastilien in den Hochlandgebieten sprachlich nachhaltig vertreten. Dies bildet einen Kontrast zur Besiedlung der über den Seeverkehr südspanisch beeinflussten Küstengebiete der Karibik.

In diesem Zusammenhang ist die Zugänglichkeit der Küstengebiete und der direkte Außenkontakt über die Seeverbindungen zu berücksichtigen (cf. 7.4), der natürlich insbesondere im karibischen Raum gegeben war. Diesen Gesichtspunkt hebt auch Ramón Menéndez Pidal in seinem grundlegenden Artikel "Sevilla frente a Madrid" hervor. Aufgrund der Bedeutung der Außenkontakte hält er die von Henríquez Ureña geprägten Bezeichnungen *tierras bajas* und *tierras altas* für unangebracht und unterscheidet deshalb "tierras marítimas o «de la flota»" einerseits und "tierras interiores" andererseits (Menéndez Pidal 1962, 142). Mit dieser Begrifflichkeit stellt er eine Parallele zu Wagners regionaler Differenzierung in Inseln und Küstengegenden gegenüber den binnenländischen Gebieten her.

Man hat Henríquez Ureña vorgeworfen, seine Sicht der sprachlichen Entwicklungen sei ideologisch beeinflusst und als Affirmation amerikanischer Eigenständigkeit gegenüber Spanien zu verstehen (cf. Guitarte 1991b). Diese Interpretation lässt sich bei näherer Betrachtung jedoch nicht aufrechterhalten. Es ist vielmehr Henríquez Ureñas Verdienst, die Diskussion um die Herausbildung des amerikanischen Spanisch von der eindimensionalen Sicht des Andalucismo gelöst und schon früh auf eine multifaktorielle Genese der amerikanischen Varietäten hingewiesen zu haben (Noll 2005b). Dabei stützte sich Henríquez Ureña auch auf die Ergebnisse eigener Nachforschungen. Auf der Basis von annähernd 3.000 in der Kolonialliteratur erwähnten Namen (cf. Icaza 1923) ermittelte Henríquez Ureña (1931) für die ersten 150 Jahre der Kolonisierung zunächst einen Anteil von 42,5% an Einwanderern aus Nordspanien gegenüber 34,2% aus dem Süden. Einerseits gründete seine These auf der Überzeugung, eine vorwiegend aus Andalusien stammende Einwanderung habe nicht stattgefunden. Andererseits war man in jener Zeit noch überzeugt, Charakteristika des amerikanischen Spanisch wie *seseo* und *yeísmo* seien in Amerika früher nachweisbar als in Südspanien. Davon ging auch Amado Alonso aus, der die Ansicht Henríquez Ureñas teilte, die sprachlichen Entwicklungen beiderseits des Atlantiks seien unabhängig zu bewerten (1976 [^{1}1953], 13).

Der Fragekomplex wurde in den folgenden Jahrzehnten von Befürwortern und Gegnern weiter diskutiert und präzisiert. Rafael Lapesa (1964, 1986) und Diego Catalán (1956–57, 1958) trugen durch ihre Untersuchungen dazu bei, die Chronologie der frühen Belege zugunsten Spaniens zu korrigieren. Wegweisend war auch ein Aufsatz Peter Boyd-Bowmans (1975), der drei Briefe von 1568/1569 aus Veracruz (Mexiko) veröffentlichte und zusammen mit weiteren sprachlich auswertete. Sie gehören zu den über 650 von Heinrich Otte im *Archivo General de Indias* (cf. 6.3) entdeckten Privatbriefen aus Mexiko und Peru, die aus der Zeit von 1540 bis 1616 stammen (cf. Otte 1996).

Mit seinen Beiträgen konnte Boyd-Bowman (1956, 1976) auf der Grundlage seines *Índice geobiográfico de cuarenta mil pobladores españoles de América en el siglo XVI* (1964, 1968) auch die frühe Geschichte der spanischen Emigration nach Amerika statistisch präzisieren. Mit einer Datenerhebung für insgesamt 55.000 Kolonisten, die ungefähr 20% der Gesamtzahl der Neuweltsiedler bis 1600 repräsentieren, fand er heraus, dass 60% der Einwanderer zwischen 1493 und 1508 sowie 37% zwischen 1509 und 1519 aus Andalusien stammten. Dazu kommen respektive 6% bzw. 16% Kolonisten aus der Extremadura. Bei den Frauen, die in weit geringerem Maße auswanderten, lag der Anteil zwischen 1509 und 1519 für Andalusien sogar bei 67%. Über 50% stammten aus Sevilla und 12,5% aus der Extremadura. Weiterhin wurde ermittelt, dass in jener Zeit 70% der Seeleute Andalusier waren (Guitarte 1991a, 151). Die Erhebungen Boyd-Bowmans bedeuteten in der Fachdiskussion die geschichtlich-demographische Untermauerung der Andalucismo-These.

Aus den Untersuchungen geht auch hervor, dass innerhalb Südspaniens vor allem Sevilla sowie die Provinzen Huelva und Badajoz beteiligt waren. Dies spezifiziert Wagners "andalusisch-extremeñische Gruppe" auf den Westen Andalusiens und den Süden der Extremadura. Catalán spricht in Zusammenhang mit den südspanischen Einflüssen sogar von "sevillanismos" (1958, 70). Dabei ist zu berücksichtigen, dass der Südosten Andalusiens erst mit dem Ende der Reconquista 1492 an Spanien zurückfiel. Angesichts des klaren geographischen Schwerpunkts in den südwestlichen Gebieten Spaniens erweist sich die wegen ihrer Kürze präferierte Bezeichnung Andalucismo de facto als zu verallgemeinernd. Im Prinzip sollte man von der These des *meridionalismo occidental (peninsular)* im amerikanischen Spanisch sprechen (Noll 2005a).

Boyd-Bowmans statistische Ergebnisse wurden von Garrido Domínguez in eine Übersicht sowie auf Tabellen und Karten übertragen (1992, 107–143, 110). Bis zum Jahre 1600 kamen im Durchschnitt 53,3% der Neuweltsiedler aus Andalusien und der Extremadura. Im Vergleich erreichen Neukastilien 15,6%, Altkastilien 14% und León 5,9%. In den übrigen Regionen liegen die Zahlen noch darunter. Den schematisierten Karten, die Garrido Domínguez für die Besiedlung zwischen 1540 und 1579 erstellte (131, 135), ist auch zu entnehmen, dass das südspanische Kontingent in Küstengebieten und Mexiko vorherrschend war.

Im Grunde genommen lassen die Ergebnisse Boyd-Bowmans mit den ermittelten 53,3% in der Gesamtschau jedoch kein deutliches Übergewicht Südspaniens in der Besiedlung Hispanoamerikas erkennen. Henríquez Ureña (1931) hatte unter Erweiterung seiner ersten Materialbasis den Anteil Südspaniens bis zum Beginn des 17. Jhs. unter 13.948 Einwanderern übrigens mit nur geringer Abweichung, nämlich mit maximal 49,1% berechnet. Dies bedeutet eine Abweichung von lediglich 4,2%. Der Unterschied in den Ergebnissen liegt darin, dass Boyd-Bowman etappenbezogene Resultate vorlegt. Diese dokumentieren die Bedeutung Südspaniens in der Frühzeit der Besiedlung. So stellte Südspanien in der frühen Phase der Eroberung der Antillen das Hauptkontingent der Siedler (60% zwischen 1493 und 1508, 37% zwischen 1509 und 1519). Von Bedeutung ist auch die Tatsache, dass zwei Drittel der zwischen 1509 und 1519 nach Amerika ausgewanderten Frauen andalusischer Herkunft waren.

Faktisch gesehen stellen die über Jahrzehnte in der Diskussion um die Herausbildung des amerikanischen Spanisch verfolgten Schwerpunkte – der prozentuale Anteil an Sprechern aus dem Süden Spaniens sowie die Chronologie von Sprachbelegen (*seseo*, *yeísmo*) – keinen Beweis für eine erfolgte sprachliche Beeinflussung dar. Entscheidend ist der Hinweis Amado Alonsos (1976 [[1]1953], 44), dass man von einem Prozess sprachlicher Nivellierung auszugehen habe. Im Zuge dieses Prozesses wurden Auffälligkeiten peninsularer Dialekte eingeebnet, und es bildete sich im Ergebnis eine Koine aus. Somit stellt selbst das karibische Spanisch keine direkte Fortsetzung des Südspanischen dar. Dies veranschaulicht z.B. auch die unterschiedliche Ausprägung der Neutralisierung von /r/ und /l/ in Südspanien einerseits und der Karibik andererseits (cf. 6.1.2.6). Es kann also nur um die Frage gehen, welche Bedeutung das Südspanische bei der Herausbildung der antillanischen Koine und weitere Koinesierungsprozesse hatte, die auf dem Festland stattfanden.

Induzierter Sprachwandel ist nicht primär eine Frage der Anzahl von Sprechern, wie das Bemühen um die Siedlungsstatistiken Hispanoamerikas zu vermitteln scheint, vielmehr geht es um das Prestige einer Varietät und die Akzeptanz von Merkmalen durch die Sprechergemeinschaft. In Beiträgen wird gelegentlich das vermeintliche Prestige des Andalusischen oder Sevillas in Zusammenhang mit den kolonialen Aktivitäten unterstrichen. Im Verhältnis zum Kastilischen lässt sich dieses jedoch durchaus relativieren. So beklagt sich der Dichter Fernando de Herrera 1580 vehement über die Geringschätzung des Andalusischen durch den Madrider Hof:

> ¿Parezeos que de los puertos acá no ay ombres que sepan hablar, y que toda la elegancia de nuestra lengua está en solo los castellanos? [...] i así me atreuo á pediros que saqueis esta vuestra córte de Madrid i la paseis, no os turbeis dello, no digo á Andalucía, que tan aborrecidamente despreciais como si fuera otra Guinea ó tierra de Florida [...] (Herrera 1870: 91–92, 103).

Auch die punktuelle Häufigkeit regionaler Merkmale führt nicht notwendigerweise zu deren Durchsetzung, wenn, wie bei der Besiedlung Hispanoamerikas geschehen, verschiedene Varietäten einer Sprache aufeinander treffen. So können im Prinzip auch wenige Okkurenzen einer bestimmten Variante hinreichen, um einen Prozess in Gang zu setzen, der später zur Generalisierung der Entwicklung führt. Dies lässt sich z.B. am Paradigma der *voseo*-Formen veranschaulichen. Eine lediglich an der Frequenz orientierte Sprachentwicklung hätte grundsätzlich die *a*-Konjugation befördern müssen, der ca. 90% der spanischen Verben angehören: *hablades* > **hablaes* > *habláis*. Die Variante, die sich im La Plata-Raum und in Mittelamerika durchgesetzt hat, ist jedoch *hablás*, der das Modell der Verben auf *-er* zugrunde liegt (*querdes* > **querees* > *querés*). Chilenische Formen wie *comís*, die sich gar an der wenig frequenten 3. Konjugation orientieren, hätten sich unter solchen Umständen noch weniger durchsetzen können (cf. 6.2.1).

Hinsichtlich der prinzipiellen Schlüssigkeit des Andalucismo vermitteln die sprachgeographischen Verhältnisse für den karibischen Raum zusammen mit den frühen Belegen einzelner Merkmale (cf. Lapesa 1985), die Bevölkerungsdaten zur Frühphase der Einwanderung und der fortgesetzte Kontakt mit Südspanien ein stimmiges Bild. Selbstverständlich ist dabei Alonsos Konzept der Nivellierung zu berücksichtigen, so dass der Andalucismo als starker, wenn auch modifizierter Faktor in die Herausbildung des Spanischen der Karibik einfloss.

Was die Verhältnisse auf dem Festland betrifft, dürfen die Einwandererzahlen der frühen Zeit nicht überbewertet werden. Bis 1508 wurde lediglich die Insel Hispaniola besiedelt (Puerto Rico ab 1508, Kuba ab 1511). Danach relativiert sich das starke Gewicht des südspanischen Kontingents bereits. Die Einwanderungsströme, die sich nach 1519 auf den Kontinent bewegten, passierten Hispaniola bzw. Kuba nur auf der

Durchreise. Es wäre abwegig zu glauben, der vergleichsweise kurze Aufenthalt im südspanischen Sevilla und in der Karibik habe die unterschiedlichen sprachlichen Varietäten der aus allen Regionen Spaniens eintreffenden Siedler bereits vor ihrer Ansiedlung auf dem Kontinent nivellierend einebnen können. Auch kann man den kleinen Nukleus an Sprechern auf den Antillen im weitgehend ländlichen Umfeld für die Übertragung von sprachlichen Merkmalen auf den Kontinent und das Gepräge des amerikanischen Spanisch schlechthin kaum verantwortlich machen. Deshalb ist das Konzept der Verbreitung der antillanischen Koine für die sprachliche Konstituierung des amerikanischen Siedlungsraums in seiner Gesamtheit nicht hinreichend.

Ferner ergeben sich gerade im Hinblick auf Südamerika diverse Widersprüche in der Andalucismo-These. Während man früher die Verbreitung des *yeísmo* als möglichen Einfluss des Andalusischen sah, ist heute offenbar, dass sich die Entwicklung in Hispanoamerika in den letzten 150 Jahren nachweislich eigenständig ausgeweitet hat (cf. 6.1.2.4) wie übrigens auch im Norden Spaniens, der bereits vor hundert Jahren Inseln des *yeísmo* verzeichnete. Manche diatopischen Charakteristika überlagern sich zudem mit diastratischen. So ist der Ausfall des intervokalischen /d/ nicht nur regional für Andalusien typisch, er tritt zumindest bei *-ado* auch in der kastilischen Volkssprache häufig auf. Ebenso beobachtet man dort gelegentlich die Aspiration des implosiven /s/. Bei der Verschiebung von Bevölkerungen in ein neues Zielgebiet ergeben sich aus solchen Verhältnissen möglicherweise Faktoren sprachlicher Konvergenz.

Der *seseo* der Hochländer kann kaum durch den Andalucismo erklärt werden. Zwar wurde Mexiko von Kuba aus erobert (1519–1521), die Schaffung der Vizekönigreiche Neu-Spanien (1535) und Peru (1542) brachten jedoch die Präsenz eines kastilisch geprägten Hofstaates und Verwaltungsapparates (cf. 4.2) sowie das damit – auch sprachlich – verbundene Prestige mit sich. In den Großräumen Mexiko und Peru setzte wiederum ein nivellierender Prozess ein, der sich in Bezug auf das prädorsale /s̬/ und den *seseo* durchsetzte. Zwar erfolgte dies gewiss nicht völlig unabhängig von der antillanischen Koine, jedoch mussten die Entwicklungen bereits einer gewissen Eigendynamik folgen, denn die frühe einseitige Relation bei der Zuwanderung zugunsten des südspanischen Elements war für die Hochländer in Folge nicht mehr gegeben. Entscheidend ist, dass in Hispanoamerika neben dem *seseo*, der bereits zu Beginn der kolonialen Expansion in Sevilla verbreitet war, ein schwebender Sprachstand mit instabiler Opposition herrschte (/s̬/ : /s̬/), der sich potentiell nur in zwei Richtungen entwickeln konnte (Zusammenfall im prädorsalen /s̬/ oder Verschiebung auf /s̬/ : /θ/) (cf. 6.1.2.1-2-3). Der Erhalt des implosiven /s/ in den Hochlandgebieten entspricht dabei eher dem kastilischen Vorbild und der Absenz eines prädominanten südspanischen Elements.

In Argentinien, das bis Mitte des 18. Jhs. fast ausschließlich über den kontinentalen Landweg (Peru) erreicht wurde, gibt es für die Aspiration des implosiven /s/ im Prinzip auch keine südspanische Basis. Dies unterstreichen im argentinischen Spanisch ferner der Erhalt des velaren [x] und die Bedeutungslosigkeit der südspanischen Neutralisierung von /r/ und /l/, beides Charakteristika, die der Tieflandzuordnung widersprechen.

Ein Kriterium, das die Hoch- und Tief- bzw. Binnenlandklassifikation ebenfalls durchbricht, ist die aus Südspanien und der Karibik bekannte Velarisierung des implosiven /n/ [ŋ], die einerseits in Ecuador, Peru und Bolivien (also den Hochländern) auftritt, während sie andererseits in den Tiefländern Chiles und der La Plata-Staaten, wo man sie eigentlich erwarten sollte, nicht vorliegt. In Kolumbien besteht ebenfalls unter vertauschten Vorzeichen – neben der im Hochland registrierten Progression von /j/ (< /ʎ/) – die eigentlich tieflandtypische Abschwächung von /x/ > /h/ z.B. in Cali und Popayán, zwei höher gelegenen Städten des südwestlichen Binnenlandes im landwirtschaftlich geprägten Valle del Cauca.

Das Potential für unabhängige Sprachentwicklungen im amerikanischen Spanisch wird bei einem Vergleich mit dem Judenspanischen deutlich, das sich nach dem Exodus von 1492 außerhalb der Iberischen Halbinsel konstituierte und heute fortlebt. Ohne dass ein maßgeblicher Einfluss des Andalusischen gewirkt haben konnte, weist auch das Judenspanische den *yeísmo* auf, das prädorsale /s/ hat sich durchgesetzt (als Phonem auch stimmhaft: /z/), und die Ausbildung von /θ/ ist unterblieben (*seseo*).

An dieser Stelle wird deutlich, dass sich die scheinbare Eingängigkeit des Andalucismo in ihrem Ansatz wohl primär auf die akustische Entsprechung von Merkmalen der Gegenwartssprache in Varietäten beiderseits des Atlantiks stützt und gewiss maßgeblich von ihr befördert wurde.

In Zusammenhang mit dem Andalucismo ist zu berücksichtigen, dass sich auch das Andalusische weiterentwickelt hat und die heutigen sprachlichen Verhältnisse nicht einfach übertragbar sind. So ist z.B. der gesamte Süden Andalusiens mit Ausnahme der Stadt Sevilla gegenwärtig *ceceo*-Gebiet. Ungeachtet früher Belege für den *yeísmo* (cf. 6.1.2.4) weisen die sprachhistorischen Verhältnisse in Südspanien darauf hin, dass dieses Phänomen dort wohl erst im 18. Jh. weitere Verbreitung fand, wovon im übrigen Amado Alonso ausgegangen war. Auch bei der Aspiration bzw. dem Ausfall des implosiven /s/ kann man im Prinzip nicht unbedingt auf eine frühe Generalisierung in Südspanien schließen (cf. 6.1.2.3). Somit ist nicht sicher, dass sich beide Charakteristika von Anfang an mehrheitlich vom Südspanischen ausgehend in Hispanoamerika abbilden konnten. Man sollte in diesem Zusammenhang auch in Betracht ziehen, dass die antillanische Koine in Bezug auf den *yeísmo* und die Aspiration des implosiven /s/ unter Umständen progressiver war als das Südspanische jener Zeit.

Wenn Varietäten einer Sprache, die strukturell in einem engen Verwandtschaftsverhältnis stehen, durch Expansion räumlich getrennt werden (Kastilisch → Andalusisch; → Hispanoamerikanisch), kann nicht überraschen, dass sich im Zielgebiet – wenn auch mit verschobenen Schwerpunkten und unterschiedlicher Dynamik – analoge Entwicklungen einstellen. Dies gilt insbesondere, wenn sich für den Wandel sprachlich nur eine Alternative eröffnet. In Bezug auf den *seseo* und den *yeísmo* lag diese entweder in der

Aufrechterhaltung der bestehenden phonologischen Opposition oder aber im Zusammenfall der Phoneme. Neben dem zeitlichen Aspekt sind unterstützende Impulse zu berücksichtigen, die wirken, wenn die Verbindung zwischen Ausgangs- und Zielgebiet nicht abreißt. In Anbetracht der vorgenannten Kriterien sowie unter Berücksichtigung der Nivellierung lässt sich die Andalucismo-These letztlich wohl nur für den zirkumkaribischen Raum als schlüssig bewerten.

Es zeigt sich auch, dass es sich bei Andalucismo und Antiandalucismo letztlich um komplementäre Konzepte handelt. Henríquez Ureñas Hinweise auf die Bedeutung der klimatischen Verhältnisse, die Bevölkerungszusammensetzung, den Bildungsgrad, den Kontakt mit Indianersprachen und die eventuelle Isolation von Gebieten sind heute als sprachbeeinflussende Faktoren absolut anerkannt. Die Schwierigkeit liegt in der Gewichtung der diversen Faktoren. Über die grundlegende Relevanz der Unterscheidung in *tierras altas* und *tierras bajas* bestand auch zwischen den Kontrahenten Wagner und Henríquez Ureña Einigkeit.

Abgesehen von den übergreifenden Ansätzen zur sprachlichen Herausbildung in Hispanoamerika hat man die Ausbildung einzelner Merkmale des amerikanischen Spanisch mit strukturellen indianischen und afrikanischen Einflüssen in Verbindung gebracht. Davon handelt der nächste Abschnitt.

7.3 Die Frage struktureller indigener und afrikanischer Einflüsse

Da die Diskussion zu sprachlichen Beeinflussungen durch Strate in der Romania eine lange Tradition hat, mag es naheliegen, auch gewisse Veränderungen im amerikanischen Spanisch eher mit Kontaktsituationen in Verbindung zu bringen als mit einer unbestimmten immanenten Tendenz zum Sprachwandel. Dies bezieht sich wohlgemerkt auf die Aspekte, die die Struktur der Sprache betreffen, denn die Aufnahme von lexikalischem Lehngut ist die natürliche Konsequenz aus Sprachkontakten.

Bei der Herausbildung des amerikanischen Spanisch stehen im Hinblick auf mögliche externe strukturelle Einflüsse die Indianersprachen und die afrikanischen Sprachen der ehemaligen Sklavenbevölkerung zur Diskussion. Spezifische Interferenzen zwischen einer autochthonen Sprache und dem Spanischen als Lernersprache (L2) bezeichnet man als Interimsprache (Interlingua). Die Interimsprachen zweisprachiger indianischer Bevölkerungen z.B. in Oaxaca, Yucatán, den Andengebieten oder Paraguay weisen spezielle Formen der Interferenz auf. Dies gilt auch für die *habla bozal*, mit der man die Lernersprache der jeweils ersten Generation aus Afrika eingetroffener Sklaven bezeichnet.

Da die Interimsprachen nicht zentraler Bestandteil des spanischen Systems sind, sollen sie hier nicht eingehender behandelt werden. In diesem Zusammenhang ist die Feststellung Paul Cassanos (1982, 141) zu theoretischen Überlegungen zur Beeinflussung durch Quechua und Maya interessant, wonach der Zweisprachige der Schlüssel zur Erklärung der Prinzipien ist, die Zweisprachigkeit steuern, der Einsprachige jedoch im Mittelpunkt des Sprachtransfers steht. Insofern werden Fragen möglicher indigener Adstrateinflüsse definitiv relevant, wenn sie bei monolingualen Sprechern des Spanischen auftreten.

In der Frage des extern motivierten Sprachwandels ist entscheidend, ob man eine Beeinflussung nachweisen bzw. mit großer Wahrscheinlichkeit erschließen kann, oder ob sich die Einschätzungen mehr auf den Bereich des Spekulativen beschränken müssen. Wie aus der schmalen Ausgangsbasis der Indigenismo-These von Rudolf Lenz bereits ersichtlich wurde (cf. 7.1), ist die Einbeziehung möglichst vieler Faktoren eine grundlegende Voraussetzung für die Beurteilung von Entwicklungen. Dies schließt den Vergleich mit anderen Varietäten des Spanischen und gegebenenfalls des Romanischen in synchronischer und diachronischer Perspektive ein. Es ist zudem von Bedeutung, dass die Parallelität von Strukturen zunächst nur einen Anhaltspunkt für Untersuchungen darstellt, für sich allein jedoch noch keinen Beweis für eine erfolgte Beeinflussung liefert.

Schließlich ist auch das mögliche Zusammenwirken (Konvergenz) verschiedener Faktoren zu berücksichtigen, wobei sich die Abstufung der einzelnen Kriterien nach dem Grad ihrer Wirksamkeit oft als undurchführbar erweist. Als Beispiel kann die im Spanischen syntaktisch redundante Doppelung von Possessivbezügen (*su casa de mi padre*) in Mexiko, Peru oder Bolivien dienen. Sie tritt in diversen Indianersprachen, aber auch bei monolingualen Sprechern des Spanischen dieser Länder auf. Darüber hinaus ist sie auch schon im altspanischen *Poema de Mio Cid* belegt. Insoweit könnte es sich um die Stützung eines Archaismus durch indigene Einflüsse oder aber eine ausschließlich amerindisch generierte Struktur handeln. Berücksichtigt man ferner, dass z.B. auch das Deutsche umgangssprachlich solche Doppelungen bildet, kommt der Faktor der sprachlichen Universalie hinzu.

In Bezug auf die Indianerprachen hat sich die Tendenz zur stratgestützten Erklärung von Phänomenen im Spanischen außerhalb des zweisprachigen Milieus bereits seit längerem relativiert. Afrikanische Einflüsse hingegen wurden im Zuge der seit den achtziger Jahren des 20. Jhs. intensivierten Kreolstudien vor allem für die Karibik in der Fachliteratur oft positiv bewertet. Für beide Bereiche sollen nachfolgend Beispiele gegeben werden.

7.3.1 Indigene Einflüsse

Mit strukturellen indigenen Einflüssen im amerikanischen Spanisch befassen sich etwas eingehender Lipski (1994, 69–92, 191–194, 310–313, 323–327), Palacios (2008) und Klee/Lynch (2009, 113–168). Wissenschaftsgeschichtlich gesehen betreffen die Hypothesen entsprechend der Einteilung in *tierras altas* und *tierras bajas* zunächst die Phonetik, d.h. vornehmlich die Schwächung und Elision unbetonter Vokale in den Hochlandgebieten (cf. 2.1.1) sowie den Erhalt von /ʎ/ z.B. in Paraguay (cf. 2.1.2.4). In der früheren Sprachgeschichtsschreibung wurden weitere Charakteristika wie z.B. die Velarisierung von /r̄/ in Puerto Rico (cf. 6.1.2.7) mit den Indianersprachen in Verbindung gebracht. Hierbei geht es um vermutete Substrateinflüsse als Folge des historischen Sprachkontaktes. Darüber hinaus beschäftigt sich die Forschung mit sprachlichen Interferenzen in der Gegenwart (Adstrateinflüsse). Die involvierten indianischen Hauptsprachen sind außer dem Taíno der Großen Antillen auch heute noch vorhanden.

Henríquez Ureña (1921) legte seiner zonalen Einteilung des amerikanischen Spanisch (cf. 4.2) indianische Substratgebiete zugrunde, die sich letztlich nur lexikalisch operationalisieren lassen. Wagner hatte indigene Einflüsse in der Phonetik des amerikanischen Spanisch verneint und auf die allgemeinen Regeln des Spracherwerbs verwiesen, nach denen eine nachgeborene Generation von Muttersprachlern keine Auffälligkeiten in der Aussprache mehr zeige (1920, 301–302).[1] Ein maßgeblicher Vertreter der strukturbezogenen Substratthese ist Bertil Malmberg (1947, 1965, 1974).

Für die Beschreibung mancher Charakteristika des amerikanischen Spanisch kann ein Vergleich mit Eigenheiten einer regional vorhandenen Interimsprache interessant sein (cf. 7.3). In diesem Zusammenhang ist es grundsätzlich wichtig zu differenzieren, ob die Besonderheiten in die Rede monolingualer Sprecher des Spanischen einfließen, oder ob es sich um Eigenheiten aus dem zweisprachigen Milieu handelt, in dem das Spanische gegebenenenfalls nicht souverän beherrscht wird. Gerade in der genaueren Differenzierung der Sprechergruppen tut sich die Fachliteratur manchmal schwer. Klare Angaben erhält man beispielsweise in der Studie von García Tesoro (2008) zu Guatemala durch die in den Beispielen ausgewiesene Spezifizierung der jeweiligen Sprecherzuordnung.

Typisch für das zweisprachige Milieu (vor allem in Mexiko, Guatemala, Kolumbien, Ecuador, Peru, Bolivien, Paraguay) sind in der Performanz des Spanischen z.B. fehlende Genus- und Numerusdifferenzierung sowie die ausbleibende Konkordanz bei Substantiven und Adjektiven, meist zugunsten des Maskulinums, weil entsprechende Unterscheidungen in den lokalen Indianersprachen auch nicht auftreten. Objektpronomen werden oft nur in einer Form verwendet oder ausgelassen. Ferner können Artikel und Präpositionen wegfallen. Schließlich kommt es auch zu diversen phonetischen Anpassungen des Spanischen, die von der Natur der jeweiligen Indianersprache sowie den Sprechern abhängen. So tritt z.B. im zweisprachigen Milieu Yucatáns eine durch die Maya-Varietäten bedingte Glottalisierung der Plosive auf.

Im Folgenden sollen einige Punkte erörtert werden, die schon länger zur Diskussion stehen. Die Einteilung in *tierras altas* und *tierras bajas* geht in den Hochländern mit einer Schwächung des Vokalismus einher. Für Mexiko hat bereits Juan Lope Blanch

---

[1] Nur Chile nahm Wagner aus, was als Zugeständnis an die Studien von Rudolf Lenz gewertet werden kann.

(1967) das Aztekische als möglichen Auslöser ausgeschlossen, da das Lautsystem des klassischen Nahuatl einen solchen Einfluss auf das Spanische nicht stützt. Das Nahuatl verfügt nämlich über die Vokale /e/ und /o/, die im Spanischen gerade zwischen stimmlosen Plosiven und dem Plural-*s* besonders vom Ausfall betroffen sind (*parques* [ˈparks], *pocos* [ˈpoks]). Die im Ergebnis auftretende Häufung der Konsonantenverbindungen im Spanischen widerspricht zudem den phonotaktischen Regeln des Nahuatl, was letztlich eher den Erhalt der Vokale im Spanischen hätte befördern müssen.

Anders verhält es sich bei zweisprachigen Quechua- bzw. Aimara-Sprechern z.B. in Bolivien, die das spanische Vokalsystem auf drei phonologische Einheiten reduzieren: /i/, /a/, /u/ → [e] > [i]; [o] > [u] (→ *eso* [ˈisu]). Dies entspricht dem zweistufigen Vokalsystem der Ausgangssprachen. In vortoniger Stellung ergibt sich aber auch eine Parallelität zu den Schwankungen der spanischen Vokale bis zum 18. Jh. (cf. 6.1.1).

Die von Malmberg (1947, 3) und später von Cotton/Sharp (1988, 273–274) aufgegriffene Erklärung, der Erhalt von /ʎ/ in Paraguay fuße auf dem dort mehrheitlich gesprochenen Guaraní und dem Bemühen um eine korrekte Differenzierung der spanischen Laute [ʎ] und [j], erweist sich als sehr einseitig. Ein Vergleich im größeren Rahmen macht deutlich, dass sich die Verbreitung von /ʎ/ auf Teile des Grenzbereichs zwischen Chile, Bolivien und Paraguay mit Argentinien, auf Bolivien, die anschließenden Andengebiete Perus und vormals auch die Andengebiete Kolumbiens erstreckt. Dies ergibt eine weitgehend zusammenhängende Zone, zu der auch Paraguay gehört. Im Gegensatz zum Quechua kennt das Guaraní allerdings kein /ʎ/. Der unterstellten Einflussnahme widerspricht auch die Tatsache, dass das spanische /ʎ/ in Paraguay nicht etwa biphonematisch [lj] artikuliert wird, wie man dies bei einem Adstrateinfluss annehmen würde, sondern genuin iberoromanisch [ʎ] (cf. 2.1.2.4).

Gerade bei Phänomenen weiterer Verbreitung stellt sich die Frage nach der Genese. So tritt in den Hochländern zwischen Guatemala und Argentinien eine Tendenz zur Assibilierung von /r̄/ [r̃] auf (*carro* [ˈkaʒo]). Da die meisten Indianersprachen den multiplen Vibranten nicht kennen, könnte man eine Lautsubstitution vermuten. Man muss allerdings auch berücksichtigen, dass das Phänomen – ungeachtet des fehlenden /r̄/ im Nahuatl – für Mexiko nicht typisch ist, wohl aber im Norden Spaniens auftritt (cf. 6.1.2.7). Immerhin könnte es sich um eine konvergente Entwicklung handeln. Eine weitere lautliche Parallele ergibt sich in den Quechua-Gebieten des zentralen Hochlands von Ecuador sowie in Santiago del Estero, wo [ʎ] sowohl im Quechua als auch im Spanischen jeweils zu [ʒ] entwickelt wurde.

Nichtsdestoweniger sind in hispanoamerikanischen Gebieten mit einem hohen Anteil an indigener Bevölkerung regional auch direktere Beeinflussungen des Spanischen festzustellen. Durch das zweisprachige Umfeld und fortgesetzten Sprecherkontakt kann es in diesen Zonen zur Übernahme einzelner Phänomene durch monolinguale Hispanophone kommen. Dies ist z.B. in Yucatán der Fall, wo bei Toponymen wie *Xcaret* [ʃkaˈret] allgemein die dem mexikanisch-spanischen System eigentlich fremde Lautung [ʃ] realisiert wird (cf. 2.1.2.9). In andinen Zonen Boliviens (wie auch Perus) beobachtet man bei monolingualen Sprechern des Spanischen im Gebrauch von deiktischen Ortsadverbien (*aquí, acá, ahí, allí, allá*) eine Verbindung mit *en*: *Tampoco podemos dejarlo enay afuera* (< *en* + *ahí*). Es handelt sich um eine im Spanischen redundante Richtungsangabe, die sich aus den Verhältnissen im Quechua und Aimara herleitet (cf. Mendoza 2008, 224). Bereits erwähnt wurde die Doppelung von Possessivbezügen (*su casa de mi padre*) in Mexiko, Peru und Bolivien (cf. 7.3). Man kann zudem feststellen, dass heute registrierte Interferenzen im andinen Spanisch eine gewisse Kontituität aufweisen, denn sie treten oft schon im 17. Jh. auf. Dies veranschaulicht der Bericht der *Primer nueva corónica y buen gobierno* des aus Peru stammenden zweisprachigen Mestizen Guamán Poma de Ayala von 1615 (cf. Echenique/Aleza/Martínez 1995, 36–37).

Bei allen Untersuchungen, die sich heute mit Interferenzen beschäftigen, sind im Zusammenhang mit dem Auftreten sprachlicher Besonderheiten jeweils der Grad der Sprachbeherrschung, das Sprachregister (Umgangssprache, gehobene Sprache) sowie das Bildungsniveau der Sprecher zu berücksichtigen. Die *habla culta* erweist sich dabei erfahrungsgemäß als vergleichsweise resistent, während Sprecher bei eingeschränkter Zweisprachigkeit und geringerer Schulbildung am ehesten Interferenzen verzeichnen.

7.3.2 Afrikanische Einflüsse

Das Spanische der Antillen und der zirkumkaribischen Küstengebiete wurde bevorzugt mit strukturellen afrikanischen Einflüssen in Verbindung gebracht (cf. Megenney 1985). Dies ergibt sich in Hinblick auf den kolonialen Sklavenhandel (cf. 4.1) und die Bevölkerungszusammensetzung in der Region, die zu unterschiedlichen Anteilen von Mulatten und Schwarzen geprägt ist (cf. 1.1, 1.2). Die diskutierten Einflüsse betreffen (1) einen vermuteten kreolischen Ursprung des karibischen Spanisch, (2) so genannte semikreolische Züge der Volkssprache und (3) Merkmale aus der *habla bozal*.

Atlantische Kreolsprachen entstanden im kolonialen Kontext bei der Verschiebung sprachlich heterogener afrikanischer Bevölkerungen in eine isolierte, zumeist insulare Lage. Dort bot sich den Menschen bei einem stark überzähligen Sprecherverhältnis hinsichtlich der vor Ort lebenden Europäer keine Möglichkeit, die Sprache der Kolonialherren in der bestehenden Form zu assimilieren. Aufgrund der eigenen sprachlichen Heterogenität konnten die Afrikaner ihre Kommunikationsbedürfnisse nur in Verbindung mit der jeweiligen Kolonialsprache umsetzen. Man geht davon aus, dass in Zusammenhang mit dem Sklavenhandel einige Hundert afrikanische Sprachen und Dialekte nach Amerika gelangten. Das Zahlenverhältnis der Bevölkerungsgruppen im Zielgebiet ist für die Herausbildung einer Kreolsprache von entscheidender Bedeutung. Bereits Alexander von Humboldt stellte 1826 in seinem "Essai politique sur l'île de Cuba" fest, dass das Verhältnis zwischen Schwarzen und Weißen in einem genuinen Kreolgebiet wie Jamaika bei 10:1 lag (1992: 63). Bickerton (1981: 4) geht davon aus, dass der Anteil an Muttersprachlern der dominaten Sprache nicht höher als 20% sein dürfe, damit sich eine Kreolsprache herausbilden kann.

Der Terminus Kreolisch wurde noch im 19. Jh. zum Teil verallgemeinernd zur Umschreibung einer kolonialen und als nachlässig eingestuften Sprachform verwendet. Kreolsprachen im wissenschaftlichen Sinne weisen klare Charakteristika auf. So treten z.B. TMA-Marker zur Spezifizierung temporaler, modaler und aspektueller Inhalte an die Stelle des romanischen Verbalsystems. Ein Kreol verfügt über eine eigene Grammatikalität und fungiert als Muttersprache. In der neueren Diskussion besteht eine gewisse Tendenz, historische Sprachkontakte mit afrikanischer Bevölkerung grundsätzlich mit Formen von Kreolisierungen in Verbindung zu bringen.

Auf der ersten Stufe der Überlegungen zu afrikanischen Einflüssen im amerikanischen Spanisch vertraten Bickerton/Escalante (1970, 262) auf der Grundlage ihrer Untersuchungen zum Palenquero in Kolumbien (cf. 1.1) die Ansicht, im 16. und 17. Jh. sei in weiten Teilen der Karibik ein spanisch basiertes Kreol gesprochen worden. De Granda (1968) glaubte sogar, die Ausdehnung des Kreols betreffe die Gesamtheit der spanischen Überseeterritorien. Diese Einschätzung konnte sich nie auf überregionale Anhaltspunkte stützen und wird nicht zuletzt aufgrund der allgemeinen Quellenlage mittlerweile nicht mehr ernsthaft verfolgt.

Nachdem auch das regionale Spanisch der Karibik kaum auf eine allgemeine kreolsprachliche Basis zurückgeführt werden kann, verlagerte sich die Diskussion auf die Beschreibung so genannter semikreolischer Merkmale. Dabei nimmt man in Untersuchungen gelegentlich auf ein so genanntes *semi-creole* Bezug, das nach den Vorstellungen John Holms als vermuteter Ausgangspunkt der Entwicklung kein genuines Kreol voraussetzt. Nach Holms Ansicht entstand durch die Übernahme von Strukturen ("by borrowing features") ein Nebeneinander von kreolischen und nicht kreolischen Charakteristika (1988–89, I, 9–10). In der weiteren Entwicklung habe dann unter dem Einfluss der Standardsprache eine Art Überlagerung der kreolischen Merkmale stattgefunden, so dass sie heute nicht mehr direkt nachzuweisen sind. Bei diesem Ansatz handelt es sich um einen klassischen Zirkelschluss. Die in semikreolischer Perspektive verfolgte Argumentation weist auf sprachvereinfachend eingestufte Strukturen in amerikanischen Varietäten des Spanischen (und im Übrigen auch des brasilianischen Portugiesisch) hin, für die es gewisse Parallelen in Kreolsprachen gebe. In diesem Zusammenhang wird auch auf die *habla bozal* aus Afrika neu eingetroffener Sklaven abgehoben (cf. 5.4).

Charakteristika, denen großes Gewicht beigemessen wird, sind der Ausfall des finalen /s/ und die Neutralisierung von /r/, /l/. Der Grund für die afrikanisch interpretierte Filiation liegt in der mit dem Schwund von /s/ einhergehenden Reduktion der Pluralmarkierung (*la casa*, Sg./Pl.) und der Verbalflexion (*tú *tiene#*, *él tiene*), die man prinzipiell aus Kreolsprachen kennt und der wegen des Eingriffs in die Morphologie besondere Bedeutung zukommt. Eine morphologische Genese dieses Wandels kann hier allerdings nicht vorliegen, denn funktional handelt es sich lediglich um die sekundären Auswirkungen einer verbreiteten phonetischen Entwicklung, die ebenso das Südspanische betrifft (cf. 6.1.2.3). Schließlich ist nicht allein das finale, für die Flexion relevante /s/, sondern auf höherer Ebene das silbenschließende /s/ im Allgemeinen betroffen, das mit der Aspiration [ʰ] zudem eine entwicklungsrelevante Zwischenstufe aufweist (cf. 2.1.2.3). Schließlich macht die Konstellation in Südspanien deutlich, dass Aspiration und Ausfall von implosivem /s/ auch ohne engeren Kontakt mit afrikanischen Bevölkerungen, wie er beispielsweise in der Karibik bestand, auftreten. Obwohl die Verhältnisse bekannt sind (cf. López Morales 1980), erscheinen immer wieder Beiträge (cf. Lorenzino 1993; Figueroa Arencibia 1999), die den semikreolischen Einfluss unterstreichen.

Im Falle der Neutralisierung des implosiven /r/ durch [l] ging man von der Überlegung aus, dass diese Entwicklung durch artikulatorische Probleme bedingt sei, die die aus Afrika stammende Bevölkerung bei der Realisierung von /r/ gehabt habe. Auch hier lässt sich eine Reihe relativierender Faktoren anführen. An erster Stelle steht die Tatsache, dass die Neutralisierung eine typische Erscheinung des Südspanischen ist (cf. 6.1.2.6). Weiterhin fällt auf, dass in der kubanischen *habla bozal* (cf. Perl 1982), die als Beispiel für das Spanische der jeweils ersten Generation afrikanischer Sklaven gelten kann, die Neutralisierung im 18. und 19. Jh. nicht dokumentiert ist. Vielmehr fallen in der *habla bozal* beide Laute aus (Castellanos 1992, 321–323). Die Neutralisierung hingegen erscheint in der spanischen Muttersprache der *negros criollos*, welche sich nach den dokumentierten Aussagen (cf. 5.4) sprachlich nicht von der der weißen Bevölkerung unterschied.

Artikulatorische Hemmnisse bei der Realisierung von /r/ sind als Grund für die Neutralisierung im Spanischen auch wenig einsichtig, wenn man berücksichtigt, dass sich [r] im Plural auf jeden Fall restituiert (*los mares* [loʰˈmareʰ]) und die Entwicklung /l/ > [r] (*soldado* [sɔrˈðao]) komplementär auftritt. Darüber hinaus hat man auch die sporadische Entwicklung von intervokalischem /d/ > [r] afrikanischem Einfluss zugeschrieben, bei der ebenfalls [r] das Ergebnis ist.

Schließlich schaltet sich der diachronische Faktor ein, denn die Entwicklungen /l/ > [r] und /-d-/ > [r] sind z.B. 1539 in Honduras im Brief eines Hauptmanns an den König belegt (*Valle de Sura* für *Valle de Sula*; *armirado* für *admirado*). Wenn afrikanische Einflüsse beteiligt wären, müsste man sie, da sie bei einem erwachsenen Sprecher auftreten, um zwanzig bis dreißig Jahre zurückdatieren und stünde damit überhaupt am Beginn des transatlantischen Sklavenhandels. Jedoch weist schon der Name des Mannes, Alonso de Cáceres, auf seine sprachliche Heimat hin, die in der spanischen Extremadura liegt. In Puerto Rico kann man die maßgebliche Entwicklung /r/ > [l] bereits 1519/1525 nachweisen (*alcabucos* für *arcabucos* 'Dickicht', *bernaldino* für *Bernardino*; Álvarez Nazario 1991, 84). Eine grundlegende afrikanische Einflussnahme ist unter diesen Umständen nicht vorstellbar.

Durch die genannten Beispiele sollen konkurrierende Einflüsse ehemaliger Strate keineswegs grundsätzlich ausgeschlossen oder zurückgewiesen werden. Im Sinne der sprachlichen Konvergenz, d.h. dem Zusammentreffen von Faktoren unterschiedlicher Herkunft, die in eine Richtung zielen, können natürlich auch solche Einflüsse wirksam geworden sein, selbst wenn man sie kaum quantifizieren kann. Entscheidend bleibt die relativierende Einordnung sprachlicher Phänomene in einen Gesamtkontext, der sich z.B. nicht allein auf die Parallelität von Merkmalen stützen kann und in der Forschung weiter verfolgt werden muss.

7.4 Anbindung und Verkehr

Auf die Formierung der Sprachräume Hispanoamerikas hatten neben den sprachlichen Faktoren grundsätzlich auch Geographie, administrative Einteilung und Verkehrsverbindungen seit der Kolonialgebiete Einfluss.

Canfield (1981, 2–9) hat für die sprachliche Entwicklung Hispanoamerikas auf die Bedeutung der Zugänglichkeit (*accessibility*) der Gebiete hingewiesen. Damit verbindet er nicht die Chronologie der Besiedlung, sondern er sieht in der Zugänglichkeit den Faktor, der in der Zeit zwischen 1500 und 1800 die fortgesetzte Einbeziehung amerikanischer Gebiete in die sprachlichen Veränderungen Südspaniens reflektiert. In dieser Hinsicht handelt es sich um einen Gradmesser für unterschiedliche Entwicklungsstände des Andalucismo (cf. 4.3, 7.2). Canfield setzt in den Jahren 1550, 1650 und 1750 chronologische Schnitte, die die Grenzen der Erreichbarkeit darstellen sollen, und ordnet ihnen Gebiete zu. Danach fallen z.B. die Hochländer von Mexiko, Ecuador, Peru und Bolivien, die das auslautende /s/ bewahren, in die Phase bis 1550, Paraguay erreicht die Marke von 1650 und die Küstenländer, die den letzten Entwicklungsstand repräsentieren sollen, werden 1750 zugeordnet.

Canfields Überlegungen sind insofern interessant, als sie die Kontinuität des Bevölkerungszustroms unterstreichen. Man könnte daran vielleicht ablesen, warum sich z.B. die Aspiration von /x/ [h], die sich in Andalusien als unmittelbarer Übergang von [ʃ] > [h] darstellte (cf. 6.1.2.5), auch in den amerikanischen Küstengebieten kontaktbedingt noch in der zweiten Hälfte des 16. Jh. ausbilden konnte. Parodi (2001, 34, 40) spricht hinsichtlich der Ausprägung regionaler Merkmale des amerikanischen Spanisch im 16. und 17. Jh. sowie der Verfestigung andalusischer Züge in den Küstenländern von *rekoinización*, die durch regionale Zuwanderung aus Spanien einerseits und andalusische Kontakte auf den Antillen andererseits gewirkt habe. Allerdings eignt sich dieser Ansatz wie auch Canfields Modell nicht zur Generalisierung. Canfields chronologische Schnitte sind rein willkürlich gesetzt. Es ist zudem wenig wahrscheinlich, dass sich in den Küstenländern, die der Phase bis 1750 zugewiesen werden, über den Schiffsverkehr nach über 250 Jahren der Kolonisierung noch externe sprachliche Einflüsse durchsetzen konnten. Zuwanderer passen sich in der Regel in der zweiten Generation dem sprachlichen Umfeld vor Ort an und nicht umgekehrt. In chronologischer Hinsicht fragt man sich, warum z.B. das Hochland von Mexiko, das Canfield mit Guatemala und Costa Rica in die frühe Zeit bis 1550 einordnet, keinen *voseo* aufweist, während der *voseo* in Zentralchile erhalten ist, also in einem Gebiet, das in der letzten und somit angeblich stärker andalusisch beeinflussten Spanne bis 1750 liegt.

Erreichbarkeit und Anbindung sind nach geläufiger Erklärung auch für die in Hispanoamerika unterschiedliche Verwendung des Pronomens für die vertraute Anrede (*tú* vs. *vos*) ausschlaggebend. Die Gebiete, die mit Spanien in engerer Verbindung standen wie der karibische Raum sowie die Vizekönigreiche Mexiko und Peru, sind heute überwiegend *tuteo*-Gebiet, stärker isolierte Regionen wie Mittelamerika und der La Plata-Raum hingegen behielten *vos* bei (cf. 6.2.1). Auf regionaler Ebene wiederum bedingte die ehemalige administrative Zuordnung von Chiapas zum Generalkapitanat Guatemala und dem mittelamerikanischen Raum den dortigen *voseo*, während in Mexiko ansonsten der *tuteo* verbreitet ist.

Im Gegensatz zu Mexiko war Mittelamerika durch seine geringe Verkehrsanbindung zu Wasser und zu Lande über weite Strecken isoliert. Dies betrifft insbesondere den wenig besiedelten atlantischen Bereich zwischen Honduras und Panama, was gleichermaßen Auswirkungen auf die pazifische Seite hatte. In Nicaragua besteht eine grenzüberschreitende Parallelität mit dem westlichen Costa Rica im Flachland der Provinz Guanacaste und der Halbinsel Nicoya. Im Valle Central hingegen hebt sich Costa Rica sprachlich gegenüber Nicaragua und Panama ab. Das östliche Panama wiederum bildet durch die ehemaligen maritimen Verbindungen Spaniens mit Südamerika über den *camino real* (cf. 4.2) sowie die administrative Anbindung an den kolumbianischen Raum eine gewisse Fortsetzung der karibischen Zone. Im Westen zu Costa Rica hin hingegen besteht eine Verlängerung der mittelamerikanischen *voseo*-Zone. Für die Entwicklungen in Argentinien ist zu beachten, dass das Land über die Verbindungen mit Peru, Bolivien und Chile erschlossen wurde, während der Seeweg zwischen Spanien und Buenos Aires von der zweiten Gründung 1580 bis zur Mitte des 18. Jhs. fast keine Bedeutung hatte.

Eine wichtige Rolle spielen gute Verkehrsverbindungen auch innerhalb determinierter geographischer Räume, weil sie durch ein gesteigertes Maß an Mobilität den kommunikativen Austausch und somit sprachliche Prozesse grundsätzlich beschleunigen. Für Hispanoamerika bedeutet dies, dass die Tieflandgebiete gegenüber den Hochländern einen eigenen progressiven sprachlichen Impetus entwickeln konnten, der nicht grundsätzlich an die Erreichbarkeit von außen (Spanien) gebunden war.

7.5 Tendenzen der Forschung

Die Untersuchungen zur Herausbildung des amerikanischen Spanisch beschäftigten sich lange Zeit intensiv mit Fragen des Andalucismo und der Besiedlung des Kontinents. Seit den neunziger Jahren des 20. Jhs. ist diese Diskussion etwas abgeebbt, und die Literatur vermittelt zu einem guten Teil den Eindruck, die Andalucismo-These erweise sich zumindest für die Küstengebiete als schlüssig. Nichtsdestoweniger bestehen über den karibischen Raum hinaus erhebliche Zweifel an der sprachlichen Kontinuität und dem Einfluss der antillanischen Koine der ersten Jahrzehnte (cf. Noll 2005a, 2005b).

Hinsichtlich der sprachhistorischen Wirkung der Strate im amerikanischen Spanisch ist der amerindische Einfluss auf die Lexik offenkundig. In weiteren sprachlichen Bereichen erweist sich die Beweisführung als schwieriger. So liegt das Interesse der neueren Forschung auf den indianisch-spanischen Sprachkontakten der Gegenwart (cf. Palacios Alcaine 2008, Klee/Lynch 2009, Montrul 2012), aus denen sich wiederum vereinzelt Einsichten zu den historischen Verhältnissen ableiten lassen. Auch die Diskussion zu möglichen strukturellen afrikanischen Einflüssen im karibischen Raum wird heute verhaltener geführt. Ein neuerer Beitrag ist der von Lipski (2005) zu afro-hispanischen Varietäten, wobei der Schwerpunkt auf afrikanisiertem Spanisch und der *habla bozal* liegt.

Ein wichtiger Bereich, der die sprachgeschichtlichen Erkenntnisse befördert, ist die Herausgabe und Auswertung schriftlicher Quellen aus der Kolonialzeit wie z.B. die von Andreas Wesch bearbeitete Edition der *Información de los Jerónimos* (1993), ein Bericht über die Verhältnisse auf Santo Domingo von 1517. Vor großer Bedeutung sind in diesem Zusammenhang Archive wie das *Archivo General de Indias* in Sevilla (*www.mcu.es/archivos/MC/AGI/index.html*), das 1785 gegründet wurde und über 43.000 Aktenbündel (*legajos*) beherbergt (cf. Frago Gracia 1987). Auf archivarische Auswertung stützen sich unter anderem diverse Arbeiten von Juan Frago Gracia zum Andalusischen und zum amerikanischen Spanisch (cf. 1990, 1994, 1999).

In Hispanoamerika war die Arbeit von Olga Cock Hincapié zur Entwicklung der Sibilanten in Neu-Granada wegweisend (1969). Auch dort stoßen heute sprachgeschichtliche Fragestellungen in vielen Arbeiten auf Interesse. Seit 1989 besteht das *Proyecto Coordinado de Estudio Histórico del Español de América, Canarias y Andalucía*, heute unter der Leitung von Elena Rojas (Tucumán). Aus diesem Projekt sind über das Internet Quellentexte von den Kanaren und aus Hispanoamerika vom 16. Jh. bis zum 18. Jh. in Transkription zugänglich (cf. *http://pizarro.fll.urv.es/proyecto.htm*). Eine Auswertung sprachhistorischer Quellen mit der Zusammenstellung von Charakteristika haben für das Spanische in Mexiko García Carillo (1988), für Costa Rica Quesada Pacheco (1990) und für Honduras Nieto Segovia (1995) veröffentlicht. Es liegen auch regionale Sprachgeschichten vor (cf. 1.4, Geschichte des amerikanischen Spanisch), unter denen das bis jetzt umfassendste Werk von Manuel Álvarez Nazario stammt und Puerto Rico zum Thema hat (cf. 1982, 1990, 1991).

Das Gebiet des amerikanischen Spanisch stellt eine unerschöpfliche Quelle für die Forschung dar, das allen Interessierten auch heute die Möglichkeit zur Abfassung grundlegender Beiträge in synchroner und diachroner Perspektive bietet.

Aufgaben

1. Orientieren Sie sich anhand von Holm (1988–89, I) über die Merkmale einer Kreolsprache.
2. Verfolgen Sie die Bedeutungsentwicklung der Wortes *criollo* (pg. *crioulo*) in den etymologischen Wörterbüchern und im *Léxico hispanoamericano del siglo XVI* (Boyd-Bowman 1987).
3. Lesen Sie den grundlegenden Artikel Menéndez Pidals "Sevilla frente a Madrid" (1962).
4. Lesen Sie die Beiträge zum Spanischen der Karibik und zur *habla bozal* im Sammelband von Perl/Schwegler (1998).

8 Literatur

AALE (2010): Diccionario de americanismos. Madrid, Santillana.
Adelaar, W. F. H./Muysken, P. C. (2004): The Languages of the Andes. Cambridge, CUP.
Agüero Chaves, A. (2009): El español de Costa Rica. San Juan, UCR.
Albarran, Alan B. (2009): The Handbook of Spanish Language Media. New York – London, Routledge.
Alcedo, A. de (1789): Vocabulario de las voces provinciales de América, in: C. Pérez-Bustamente (ed.), Diccionario geográfico histórico de las Indias Occidentales o América. IV. Madrid, Atlas, 1967, 259–374. [1786–89]
Aleza Izquierdo, M. (1999, ed.): Estudios de historia de la lengua española en América y España. València, Universitat de València.
Aleza Izquierdo, M./Enguita Utrilla, J. M. (2002): El español de América: aproximación sincrónica. Valencia, Tirant lo Blanch.
Alonso, A. (1939): "Examen de la teoría indigenista de Rodolfo Lenz", in: RFE 1, 313-350.
Alonso, A. (1967^2): De la pronunciación medieval a la moderna en español. 2 vol. Madrid, Gredos.
Alonso, A. (1976^3, ^{1}1953): Estudios lingüísticos. Temas hispanoamericanos. Madrid, Gredos.
Alonso, A. (1979^5): Castellano, español, idioma nacional. Buenos Aires, Losada.
Altmann, W./Fischer, Th./Zimmermann, K. (1997, ed.): Kolumbien heute. Politik – Wirtschaft – Kultur. Frankfurt/M., Vervuert.
Alvar, M (1998): El dialecto canario de Luisiana. Las Palmas, Universidad de Las Palmas.
Alvar, M. (1987): Léxico del mestizaje en Hispanoamérica. Madrid, Ediciones Cultura Hispánica – ICI.
Alvar, M. (1990): Norma lingüística sevillana y español de América. Madrid, Ediciones de Cultura Hispánica.
Alvar, M. (1991): "Proyecto del *Atlas Lingüístico de Hispanoamerica*", in: Estudios de geografía lingüística. Madrid, Paraninfo, 439–456.
Alvar, M. (2000): América. La lengua. Valladolid, Universidad de Valladolid.
Alvar, M. (2000a): El español en el Sur de Estados Unidos. Estudios, encuestas, textos. Alcalá de Henares, Universidad de Alcalá-La Goleta.
Alvar, M. (2000b): El español en la República Dominicana. Estudios, encuestas, textos. Alcalá de Henares, Universidad de Alcalá-La Goleta.
Alvar, M. (2001a): El español en Paraguay. Estudios, encuestas, textos. Alcalá de Henares, Universidad de Alcalá-La Goleta.
Alvar, M. (2001b): El español en Venezuela. Estudios, encuestas, textos. Alcalá de Henares, Universidad de Alcalá-La Goleta.
Alvar, M. (2002): "La lexicografía del español de América: bibliografía reciente", in: B. Pöll/ F. Rainer (ed.): Vocabula et vocabularia. Etudes de lexicologie et de (méta-)lexicographie romanes en l'honneur du 60e anniversaire de Dieter Messner. Frankfurt/M. et al., Lang.
Alvar, M./Quilis, A. (1984): Atlas lingüístico de Hispanoamérica. Cuestionario. Madrid, Instituto de Cooperación Iberoamericana.
Álvarez Nazario, M. (1974): El elemento afronegroide en el español de Puerto Rico. San Juan, Instituto de Cultura Puertorriqueña.
Álvarez Nazario, M. (1982): Orígenes y desarrollo del español en Puerto Rico (siglos XVI y XVII). Río Piedras, Editorial de la Universidad de Puerto Rico.

Álvarez Nazario, M. (1990): El habla campesino del país. Orígenes y desarrollo del español en Puerto Rico. Río Piedras, Editorial de la Universidad.
Álvarez Nazario, M. (1991): Historia de la lengua española en Puerto Rico. Su pasado y su presente en el marco de la realidad social. San Juan, Academia Puertorriqueña de la Lengua Española.
Álvarez Nazario, M. (1991): Historia de la lengua española en Puerto Rico. Su pasado y su presente en el marco de la realidad social. San Juan, Academia Puertorriqueña de la Lengua Española.
Amastae, J./Elías-Olivares, L. (1982, ed.): Spanish in the United States. Sociolinguistic aspects. Cambridge, CUP.
Arango L. M. A. (1995): Aporte léxico de las lenguas indígenas al español de América. Barcelona, Puvill.
Araya, G./Contreras, C./Wagner, C./Bernales, M. (1973): Atlas lingüístico-etnográfico del Sur de Chile (ALESUCH). I. Valdivia, Universidad Austral de Chile – Editorial Andrés Bello.
Ardila, A. (2005): "Spanglish: An Anglicized Spanish Dialect", in: Hispanic Journal of Behavioral Sciences 27, 60–81.
Arellano Hoffmann, C./Schmidt, P. (1999, ed.): Die Bücher der Maya, Mixteken und Azteken. Die Schrift und ihre Funktion in vorspanischen und kolonialen Codices. Katalog. Frankfurt/M., Vervuert.
Arias Álvarez, B. (1997): El español de México en el siglo XVI (estudio filológico de quince documentos). México, UNAM.
Arias de la Cruz, M. Á. (1987, 1980): Diccionario temático. Americanismos. León, Everest.
Armas y Céspedes, J. I. (1882): "Oríjenes [sic] del lenguaje criollo", in: G. Alonso/Á. L. Fernández (ed.): Antología de lingüística cubana. I. La Habana, Editorial de Ciencias Sociales, 1977, 115–186.
Barriga Villanueva, R./Martín Buitragueño, P. (2010, ed.): Historia sociolingüística de México. I: México prehispánico y colonial. II: México contemporáneo. México, El Colegio de México.
Beardsley, Th. S. (1982): "Spanish in the United States", in: Word 33, 15–28.
Bello, A. (1988, [1]1847): Gramática de la lengua castellana destinada al uso de los americanos. Madrid, Arco Libros.
Benvenutto Murrieta, P. M. (1936): El lenguaje peruano. Lima.
Bernecker, W. L. et al. (1992–96, ed.): Handbuch der Geschichte Lateinamerikas. I. Mittel-, Südamerika und die Karibik bis 1760. Stuttgart, Klett-Cotta, 1994. II. Lateinamerika 1760 bis 1900. Stuttgart, Klett-Cotta, 1992. III. Lateinamerika im 20. Jahrhundert. Stuttgart, Klett-Cotta, 1996.
Bernecker, W. L. et al. (2004[3], ed.): Mexiko heute. Politik – Wirtschaft – Kultur. Frankfurt/M., Vervuert.
Berschin, H./Fernández-Sevilla, J./Felixberger, J. (2012[4]): Die spanische Sprache. Verbreitung · Geschichte · Struktur. Hildesheim, Olms, 23–39, 95–106.
Bethell, L. (1984–95, ed.): The Cambridge History of Latin America. 10 vol. Cambridge, CUP.
Bickerton, D. (1981): Roots of Language. Ann Arbor, Karoma.
Bickerton, D./Escalante, A. (1970): "Palenquero: A Spanished-Based Creole of Northern Colombia", in: Lingua 24, 254–267.
Bono López, M. (1997): "La política lingüística en la Nueva España", in: Anuario Mexicano de Historia del Derecho 9, 11–45.
Boyd-Bowman, P. (1956): "The Regional Origins of the Earliest Spanish Colonists of America", in: PMLA 71, 1152–1172.

Boyd-Bowman, P. (1964): Índice geobiográfico de cuarenta mil pobladores españoles de América en el siglo XVI. I. 1493–1519. Bogotá, ICC.

Boyd-Bowman, P. (1968): Índice geobiográfico de cuarenta mil pobladores españoles de América en el siglo XVI. II. 1493–1519. México, Jus.

Boyd-Bowman, P. (1975): "A Sample of Sixteenth Century 'Caribbean' Spanish Phonology", in: W. G. Milan/J. J. Staczek/J. C. Zamora (ed.): 1974 Colloquium on Spanish and Portuguese Linguistics. Washington, Georgetown Univ. Press, 1–11.

Boyd-Bowman, P. (1976): "Patterns of Spanish Emigration to the Indies until 1600", in: Hispanic American Historical Review 56, 580–604.

Boyd-Bowman, P. (1987, [1]1972): Léxico hispanoamericano del siglo XVI. Madison.

Buesa Oliver, T. (1965): Indoamericanismos léxicos en español. Madrid, CSIC.

Buesa Oliver, T./Enguita Utrilla, J. M. (1992): Léxico del español de América. Su elemento patrimonial e indígena. Madrid, MAPFRE.

Bueso, I. et al. (2007, [1]1999): Diferencias de usos gramaticales entre español peninsular y español de América. Madrid, Edinumen.

Cahuzac, Ph. (1980): "La división del español de América en zonas dialectales. Solución etnolingüística o semantico-dialectal", in: LEA 2, 385–461.

Calcaño, J. (1949, [1]1897): El castellano en Venezuela. Estudio crítico. Madrid, Artegrafía.

Caldcleugh, A. (1825): Travels in South America, During the Years 1819–20–21; Containing an Account of the Present State of Brazil, Buenos Ayres, and Chile. 2 vol. London.

Calvo Pérez, J. (1995): "El castellano andino y la crónica de Guamán Poma", in: Echenique/Aleza/Martínez 1995, 31–39.

Calvo Pérez, J. (1995): Introducción a la lengua y cultura quechuas. València. Universitat de València.

Calvo Pérez, J. (2008): "Peru", in: Palacios Alcaine 2008, 189–212.

Campbell, L./Grondona, V. (2012, ed.): The Indigenous Languages of South America. A Comprehensive Guide, De Gruyter Mouton.

Cancellier, A. (1996): Lenguas en contacto. Italiano y español en el Río de la Plata. Padova, UP.

Canfield, D. L. (1934): Spanish Literature in Mexican Languages as a Source for the Study of Spanish Pronunciation. New York, Instituto de las Españas.

Canfield, D. L. (1962): La pronunciación del español en América. Ensayo histórico-descriptivo. Bogotá, ICC.

Canfield, D. L. (1982): "The diachronic factor in American Spanish in contact", in: Word 33, 109–118.

Canfield, D. L. (1992, [1]1981): Spanish Pronunciation in the Americas. Chicago – London, The Univ. of Chicago Press. [El español de América. Fonética. Barcelona, Crítica, 1988]

Cano, R. (2004, ed.): Historia de la lengua española. Barcelona, Ariel.

Caravado, R. (1992): "¿Restos de la distinción /s/ /θ/ en el español del Perú?", in: RFE 72, 639–654.

Cárdenas Molina, G./Tristá Pérez, A. M./Werner, R. (2000): Diccionario del español de Cuba. Español de Cuba – Español de España. Madrid, Gredos.

Carricaburo, N. (1997): Las fórmulas de tratamiento en el español actual. Madrid, Arco Libros.

Cassano, P. V. (1982): "Language influence theory exemplified by Quechua and Maya", in: Word 33, 127–141.

Castellanos, J. & I. (1992): Cultura afrocubana. III. Las religiones y las lenguas. Miami, Ediciones Universal.

Catalán, D. (1956–57): "El çeçeo-zezeo al comenzar la expansión atlántica de Castilla", in: Boletim de Filologia 16, 306–334.

Catalán, D. (1958): "Génesis del español atlántico. Ondas varias a través del océano", in: Anais do Primeiro Simpósio de Filologia Românica (20 a 28 de agôsto de 1958). Rio de Janeiro, Ministério da Educação e Cultura, 1970, 67–76.

Catalán, D. (1964): "El español en Canarias", in: PFLE I, 239–280.

Catalán, D. (1989): El español. Orígenes de su diversidad. Madrid, Paraninfo.

Cerrón-Palomino, R. (2003): Castellano andino. Aspectos sociolingüísticos, pedagógicos y gramaticales. Lima, Pontificia Universidad Católica del Perú.

Chang-Rodríguez, E. (1982, ed.): Spanish in the Western Hemisphere in Contact with English, Portuguese, and the Amerindian languages. New York, International Linguistic Association. [Word 33, 1982]

Choy López, L. R. (1999): Periodización y orígenes en la historia del español de Cuba. València, Universitat de València.

Chuchuy, C. (2000): Diccionario del español de Argentina. Español de Argentina – Español de España. Madrid, Gredos.

Cock Hincapié, O. (1969): El seseo en el Nuevo Reino de Granada (1550–1650). Bogotá, ICC.

Cock Hincapié, O. (1998): Historia del nombre de Colombia. Santafé de Bogotá, ICC.

Coe, M. D. (1998, [1]1986, ed.): Bildatlas der Weltkulturen. Amerika vor Kolumbus. Augsburg, Bechtermünz.

Coe, M. D. (2000^6, [1]1966): The Maya. London, Thames & Hudson.

Colón, C. (1992): Textos y documentos completos. Edición de Consuelo Varela. Nuevas cartas: Edición de Juan Gil. Madrid, Alianza.

Company Company, C. (2000): "La engañosa apariencia sintáctica del español americano. ¿Conservador o innovador?", in: Foro hispánico 17, 15-26.

Company, C./Melis, Ch. (2002): Léxico histórico del español de México. Régimen, clases funcionales, usos sintácticos, frequencias y variación gráfica. México, UNAM.

Conde, Ó. (2011): El lunfardo. Un estudio sobre el habla popular de los argentinos. Buenos Aires, Taurus.

Córdoba, Juan de (1886 [1578]): Arte del idioma zapoteco. Morelia, Imprenta del Gobierno.

Coseriu, E. (1974): Synchronie, Diachronie und Geschichte. Das Problem des Sprachwandels. München, Fink, 1974.

Cotton, E. G./Sharp, J. M. (1988): Spanish in the Americas. Washington, Georgetown Univ. Press.

Cuervo, R. J. (1901): "El castellano en América", in: BHi 3, 35–62.

Cuervo, R. J. (1907^5, [1]1867): Apuntaciones críticas sobre el lenguaje bogotano con frequente referencia al los países de Hispano-América. Paris, Roger y Chernoviz.

Curtin, Ph. D. (1970): The Atlantic Slave Trade. A Census. Madison.

Descripción de Panamá (1607): "Descripción de Panamá y su provincia sacada de la relación que por el mandado del Consejo hizo y embió aquella Audiencia (Año 1607)", in: Serrano y Sanz (1908, ed.): Relaciones históricas y geográficas de América Central. Madrid, Librería General de Victoriano Suárez, 137–218.

Diario (1492–93): "Diario del Primer Viaje", in: Colón 1992, 95–218.

Díaz-Campos, M. (2011, ed.): The Handbook of Hispanic Sociolinguistics. Chichester, Wiley-Blackwell.

Dietrich, W. (1998): "Amerikanische Sprachen und Romanisch", in: Holtus, G./Metzeltin, M./Schmitt, Ch. (ed.), Lexikon der Romanistischen Linguistik (LRL). VII. Kontakt, Migration und Kunstsprachen. Kontrastivität, Klassifikation und Typologie. Tübingen, Niemeyer, 428–499.

Dietrich, W./Noll, V. (2012⁶): Einführung in die spanische Sprachwissenschaft. Ein Lehr- und Arbeitsbuch. Berlin, Schmidt.

Donni de Mirande, N. E. (2004): "El español en el litoral", in: Fontanella de Weinberg (2004), 75–120.

DRAE (2001²²): Diccionario de la lengua española. Madrid, Real Academia Española.

DRAE (2003): Diccionario de la lengua española. Edición electrónica. Madrid, Espasa Calpe.

DUE (2009): M. Moliner: Diccionario de uso del español. Edición electrónica. Versión 3.0. Madrid, Gredos.

Dworkin, S. N. (1988–89): "The interaction of phonological and morphological processes: the evolution of the Old Spanish second person plural verb endings", in: Romance Philology 42, 144–155.

Eberenz, R. (1991): "*Castellano antiguo y español moderno*: reflexiones sobre la periodización de la lengua", in: RFE 71, 79–106.

Echenique, M. T./Aleza, M./Martínez, J. M. (1995, ed.): Actas del I Congreso de Historia de la lengua epañola en América y España (Noviembre de 1994 – Febrero de 1995). Valencia, Tirant lo Blanch.

Egli, J. J. (1893²): Nomina geographica. Sprach- und Sacherklärung von 42.000 geographischen Namen aller Erdräume. Leipzig, Brandstetter.

Enciclopedia Universal (1981–92): Enciclopedia Universal Ilustrada Europeo-Americana. 70 vol. (+ apendices + suplementos). Madrid, Espasa-Calpe.

Enguita Utrilla, J. M. (2004): Para la historia de los americanismos léxicos. Frankfurt/M., Lang.

Entwistle, W. J. (1982⁴): Las lenguas de España: Castellano, catalán, vasco y gallego-portugués. Madrid, Istmo, 275–327.

Ernst, G. et al. (2003, ed.): Romanische Sprachgeschichte. Ein internationales Handbuch zur Geschichte der romanischen Sprachen (HSK, 23.1). I. Berlin, de Gruyter.

Espinosa, A. M. (1930): Estudios sobre el español de Nuevo Méjico. 2 vol. Buenos Aires.

Fernández-Sevilla, J. (1980): "Los fonemas implosivos en español", in: Thesaurus 35, 456–505.

Fernández-Sevilla, J. (1987): "La polémica andalucista: estado de la cuestión", in: López Morales/Vaquero 1987, 231–253.

Figueroa Arencibia, V. J. (1999):"Rasgos semicriollos en el español no estándar de la región suroriental cubana", in: Zimmermann 1999, 411–440.

Fischer Weltalmanach (2009): Der Fischer Weltalmanach 2009. Frankfurt/ M., Fischer, 2008.

Flórez, L./Montes, J. (1981–83, ed.): Atlas lingüístico-etnográfico de Colombia (ALEC). 6 vol. Bogotá, ICC.

Fontanella de Weinberg, M. B. (1976): La lengua española fuera de España. América, Canarias, Filipinas, judeoespañol. Buenos Aires, Paidos.

Fontanella de Weinberg, M. B. (1987): El español bonaerense. Cuatro siglos de evolución lingüística (1580–1980). Buenos Aires, Hachette.

Fontanella de Weinberg, M. B. (1992): "La evolución fonológica del español americano durante la etapa colonial", in: ALH 8, 85–97.

Fontanella de Weinberg, M. B. (1992b): "Nuevas perspectivas en el estudio de la conformación del español americano", in: Hispanic Linguistics 4.2, 275–299.

Fontanella de Weinberg, M. B. (1993²): El español de América. Madrid, MAPFRE.

Fontanella de Weinberg, M. B. (2004², ed.): El español de la Argentina y sus variedades regionales. Bahía Blanca, Asociación Bernardino Rivadavia.

Fontanella de Weinberg, M. B. (1980): "Español del Caribe: ¿Rasgos peninsulares, contacto lingüístico, innovación?", in: LEA 2, 189–201.
Fontanella de Weinberg, María Beatriz (1992a): "Variedades conservadoras e innovadoras del español en América durante el período colonial", in: RFE 72, 361–377.
Frago Gracia, J. A. (1987): "Una introducción filológica a la documentación del Archivo General de Indias", in: ALH 3, 67–90.
Frago Gracia, J. A. (1989): "El seseo entre Andalucía y América", in: RFE 69, 277–310.
Frago Gracia, J. A. (1990): "El andaluz en la formación del español de América", in: I Simposio de filología iberoamericana (Sevilla, 26 al 30 de marzo de 1990). Zaragoza, Pórtico, 77–96.
Frago Gracia, J. A. (1993): Historia de las hablas andaluzas. Madrid, Arco Libros.
Frago Gracia, J. A. (1994): Andaluz y español de América: historia de un parentesco lingüístico. Sevilla, Junta de Andalucía.
Frago Gracia, J. A. (1999): Historia del español de América. Textos y contextos. Madrid, Gredos.
Frago Gracia, J. A./Figueroa, M. F. (2003^2): El español de América. Cádiz, Universidad de Cádiz.
Friederici, G. (1960^2, ^{1}1947): Amerikanistisches Wörterbuch und Hilfswörterbuch für den Amerikanisten. Deutsch – Spanisch – Englisch. Hamburg, Cram – De Gruyter.
García Carrillo, A. (1988): El español en México en el siglo XVI. Estudio lingüístico de un documento judicial del la Audiencia de Nueva Guadalajara (Nueva España) del año 1578. Sevilla, Alfar.
García Tesoro, A. I. (2008): "Guatemala", in: Palacios 2008, 95–117.
Garrido Domínguez, A. (1992): Los orígines del español de América. Madrid, MAPFRE.
Garrido, A. (2008): "El español en los Estados Unidos", in: Palacios Alcaine 2008, 17–32.
Geckeler, H. (1994): "Die Erforschung der regionalen Differenzierung des Spanischen in Amerika. Etappen ihrer Geschichte", in: R. Baum et al.: Lingua et traditio. Geschichte der Sprachwissenschaft und der neueren Philologien. Festschrift für Hans Helmut Christmann zum 65. Geburtstag. Tübingen, Narr, 287–299.
Geckeler, H. (1994a): "Juan Ignacio de Armas y los comienzos de la dialectología hispanoamericana global", in: Lüdtke 1994, 211–226.
Granda, G. de (1968): "Notas sobre el estudio de las hablas 'criollas' en el área hispánica", in: Thesaurus 23, 64–74.
Granda, G. de (1978): Estudios lingüísticos hispánicos, afrohispánicos y criollos. Madrid, Gredos.
Granda, G. de (1988): Sociedad, historia y lengua en el Paraguay. Bogotá, ICC.
Granda, G. de (1994): Español de América, español de África y hablas criollas hispánicas. Cambios, contactos y contextos. Madrid, Gredos.
Granda, G. de (1994a): "Sobre la etapa inicial en la formación del español de América", in: de Granda 1994, 13–48.
Granda, G. de (1994b): "Formación y evolución del español de América. Época colonial", in: de Granda 1994, 49–92.
Grinevald, C. (2006): "Les langues amérindiennes. Etat des lieux", in: Gros, C./Strigler M. C. (eds.), Etre indien dans les Amériques. Paris, Editions de l'Institut des Amériques et Editions de l'Institut des Hautes Etudes de l'Amerique latine. 175–195.
Guitarte, G. (1991): "Del español de España al español de veinte naciones", in: Hernández, C. et al. (ed.), El español de América. Actas del III Congreso Internacional de *El español de América*. Valladolid, Junta de Castilla y León, 65–86.
Guitarte, G. L. (1984): "La dimensión imperial del español en la obra de Aldrete: sobre la aparición del español en América en la lingüística hispánica", in: Historiographia linguistica 11, 129–187.

Guitarte, G. L. (1991², ¹1983): Siete estudios sobre el español de América. México, UNAM.
Guitarte, G. L. (1991a): "Para una periodización de la historia del español de América", in: Guitarte 1991, 167–182.
Guitarte, G. L. (1991b): "Cuervo, Henríquez Ureña y la polémica sobre el andalucismo de América", in: Guitarte 1991, 11–61.
Gútemberg Bohórquez, J. (1984): Concepto de 'americanismo' en la historia del español. Bogotá.
Haensch, G. (1990): "Spanische Lexikographie", in: F. J. Hausmann et al. (ed.): Wörterbücher. Ein internationales Handbuch zur Lexikographie. II. Berlin – New York, de Gruyter, 1738–1767.
Haensch, G. (1991): "Der Wortschatz des amerikanischen Spanisch: Einheit und Verschiedenheit des europäisch-spanischen und hispanoamerikanischen Wortschatzes", in: Jahrbuch der Universität Augsburg 1990. Augsburg, Univ. Augsburg, 255–283.
Haensch, G./Omeñaca, C. (2004²): Los diccionarios del español en el umbral del siglo XXI. Problemas actuales de la lexicografía – Los distintos tipos de diccionarios; una guía para el usuario – Bibliografía de publicaciones sobre léxicografía. Salamanca, Ediciones Universidad de Salamanca.
Haensch, G./Werner, R. (1993a, ed.): Nuevo diccionario de americanismos. I. Nuevo diccionario de colombianismos. Bogotá, ICC.
Haensch, G./Werner, R. (1993b, ed.): Nuevo diccionario de argentinismos, coord. por C. Chuchuy y L. Hlavacka de Bouzo. Bogotá, ICC.
Haensch, G./Werner, R. (1993c, ed.): Nuevo diccionario de uruguayismos, coord. por U. Kühl de Mones. Bogotá, ICC.
Haring, C. H. (1975, ¹1947): The Spanish Empire in America. San Diego – New York – London, Harcourt Brace Jovanovich. [El imperio español en América. México, Alianza, 1990]
Harris-Northall, R./Nitti, J. J. (2003, ed.): Peter Boyd-Boman's Léxico hispanoamericano 1493–1993. Version 1.0. The Hispanic Society of America. [CD-ROM]
Henríquez Ureña, P. (1921–31): "Observaciones sobre el español en América", in: RFE 8 (1921), 357–390, 17 (1930), 277–284, 18 (1931), 120–148.
Henríquez Ureña, P. (1936, ¹1925): "El supuesto andalucismo de América", in: Cursos y conferencias 10, 815–824.
Henríquez Ureña, P. (1940): El español en Santo Domingo. Buenos Aires, La Universidad de Buenos Aires.
Hensey, F. (1982): "Spanish, Portuguese, and *Fronteiriço*: languages in contact in northern Uruguay", in: IJSL 34, 7–23.
Herling, S./Patzelt, C. (2013, ed.): Weltsprache Spanisch. Variation, Soziolinguistik und geographische Verbreitung des Spanischen. Handbuch für das Studium der Hispanistik. Stuttgart, Ibidem.
Hernández Alonso, C. (1992, ed.): Historia y presente del español de América. Valladolid, Junta de Castilla y León.
Hernández Alonso, C. (1995, ed.): La lengua española y su expansión en la época del Tratado de Tordesillas. Actas de las Jornadas celebradas en Soria (9–11 mayo de 1994). Valladolid, Sociedad V Centenario del Tratado de Tordesillas.
Hernández Alonso, C. (2010, ed.): Estudios lingüísticos del español hablado en América. 3 vol. Madrid, Visor Libros.
Hernández Alonso, C. et al. (1991): El español de América. Actas del III Congreso internacional de *El español de América*. Valladolid, 3 a 9 de julio de 1989. 3 vol. Salamanca, Junta de Castilla y León.

Herranz, A. (1990, ed.): El español hablado en Honduras. Tegucigalpa, Gayamuras.
Herrera, F. de (1870 [1580]): Controversia sobre sus Anotaciones á las obras de Garcilaso de la Vega. Poesías inéditas. Sevilla, Imprenta Geofrin.
Herrero Mayor, A. (1944): Presente y futuro de la lengua española en América. Buenos Aires, El Ateneo.
Heyd, W. (1971): Geschichte des Levantehandels im Mittelalter. 2 vol. Hildesheim – New York, Olms. [Ndr. 1879]
Hidalgo, M. (2001): "Sociolinguistic stratification in New Spain", in: IJSL 149, 55–78.
Holm, J. A. (1988–89): Pidgins and Creoles. I. Theory and Structure. II. Reference Survey. Cambridge (Mass.), CUP.
Holtus, G./Metzeltin, M./Schmitt, Ch. (1992, ed.): Lexikon der Romanistischen Linguistik (LRL). VI,1. Aragonesisch/Navarresisch, Spanisch, Asturianisch/Leonesisch. Tübingen, Niemeyer, 531–577.
Holtus, G./Metzeltin, M./Schmitt, Ch. (1998, ed.): Lexikon der Romanistischen Linguistik (LRL). VII. Kontakt, Migration und Kunstsprachen. Kontrastivität, Klassifikation und Typologie. Tübingen, Niemeyer.
Hualde, J. I. (2005): The Sounds of Spanish. Cambridge, CUP.
Humboldt, A. von (1992): Hanno Beck et al. (org.): Cuba-Werk. Darmstadt, Wiss. Buchgesellschaft.
Hummel, M./Kluge, B./Vázquez Laslop, M. E. (2010, ed.): Formas y fórmulas de tratamiento en el mundo hispánico. México, El Colegio de México.
Icaza, F. de (1923): Diccionario autobiografico de conquistadores y pobladores de Nueva Espana, sacado de los textos originales. Madrid, El Adelantado de Segovia.
Jiménez Fernández, R. (1999): El andaluz. Madrid, Arco Libros.
Kany, Ch. E. (1951^2, ^{1}1945): American-Spanish Syntax. Chicago, The Univ. of Chicago Press. [Sintaxis hispanoamericana. Madrid, Gredos, 1994]
Kany, Ch. E. (1960): American-Spanish Semantics. Berkeley, UCP. [Semantica hispanoamericana. Madrid, Aguilar, 1962]
Katz, F. (1993): "Zum Werdegang der Nachkommen von Azteken, Inka und Maya seit der spanischen Eroberung", in: Zeitschrift für Lateinamerika 44–45, 91–101.
Keller, R. (2003^3): Sprachwandel. Von der unsichtbaren Hand in der Sprache. Tübingen – Basel, Francke.
Klee, C. A./Caravedo, R. (2006): "Andean Spanish and the Spanish of Lima: Linguistic Variation and Change in a Contact Situation", in: Mar-Molinero/Stewart 2006, 94–113.
Klee, C. A./Lynch, A. (2009): El español en contacto con otras lenguas. Washington, Georgetown Univ. Press.
Konetzke, R. (1964): "Die Bedeutung der Sprachenfrage in der spanischen Kolonisation Amerikas", in: Jahrbuch für Geschichte von Staat, Wirtschaft und Gesellschaft Lateinamerikas 1, 72–116.
Konetzke, R. (1995, ^{1}1956): Süd- und Mittelamerika I. Die Indianerkulturen Altamerikas und die spanisch-portugiesische Kolonialherrschaft (Fischer Weltgeschichte, 22). Frankfurt/M., Fischer.
Kramer, J. (2004): Die iberoromanische Kreolsprache Papiamento. Eine romanistische Darstellung. Hamburg, Buske.
Kretschmer, K. (1991): Die historischen Karten zur Entdeckung Amerikas. Atlas nach Konrad Kretschmer. Überarbeitete Reprint-Ausgabe des Originals von 1892 herausgegeben vom Insti-

tut für Iberoamerika-Kunde, Hamburg, in Zusammenarbeit mit der Gesellschaft für Erdkunde zu Berlin. Frankfurt/M., Umschau.

Kubarth, H. (1987): Das lateinamerikanische Spanisch. Ein Panorama. München, Hueber.

Lafuente, S. (2005): Manual del español de América. Firenze, Le Lettere.

Lanczkowski, G. (1970): Aztekische Sprache und Überlieferung. Berlin – Heidelberg – New York, Springer.

Lapesa, R. (1964): "El andaluz y el español de América", in: PFLE II, 173–182.

Lapesa, R. (1986^9, ^{1}1942): Historia de la lengua española. Madrid, Gredos, 535–602.

Lapesa, Rafael (1985): "Orígenes y expansión del español atlántico", in: Rábida 2, 43–54.

Lara, L. F. (1992): "Para la historia lingüística del pachuco", in: Anuario de letras modernas 30, 75–88.

Lara, L. F. (1996): Diccionario del español usual en México. México, El Colegio de México.

Lastra, Y. (1997, ^{1}1992): Sociolingüística para hispanoamericanos. Una introducción. México, El Colegio de México.

Lenz, R. (1893): "Beiträge zur Kenntnis des Amerikanospanischen", in: ZRPh 17, 188–214.

Lerner, I. (1974): Arcaísmos léxicos del español de América. Madrid, Insula.

Lindig, W./Münzel, M. (1985^3): Die Indianer. Kulturen und Geschichte. II. Mittel- und Südamerika. München, DTV.

Lipski, J. M. (1990): The Language of the *Isleños*. Vestigial Spanish in Lousiana. Baton Rouge – London, Lousiana State Univ. Press.

Lipski, J. M. (1991): "In search of the Spanish personal infinitive", in: D. Wanner/D. Kibbie (ed.), New Analyses in Romance Linguistics. Papers from the XVIII Linguistic Symposium on Romance Languages. Amsterdam, Benjamins, 201–220.

Lipski, J. M. (1993): On the non-creole basis for Afro-Caribbean Spanish. Albuquerque, Latin America Institute (Research paper series, 24).

Lipski, J. M. (1994): Latin American Spanish. London – New York, Longman. [El español de América. Madrid, Cátedra, 1996]

Lipski, J. M. (2005): A History of Afro-Hispanic Language. Five Centuries, Five Continents. Cambridge, CUP.

Lipski, J. M. (2008): Varieties of Spanish in the United States. Gorgetown Univ. Press.

Lokotsch, K. (1926): Etymologisches Wörterbuch der amerikanischen (indianischen) Wörter im Deutschen mit steter Berücksichtigung der englischen, spanischen und französischen Formen. Heidelberg, Winter.

Lope Blanch, J. (1983^2, ^{1}1972): Estudios sobre el español de México. México, UNAM.

Lope Blanch, J. (1990–2000, ed.): Atlas lingüístico de México (ALM). I. Fonética. 3 vol. II. Morfosintaxis. 1 vol. III. Léxico. 2 vol. México, Colegio de México.

Lope Blanch, J. M. (1963–64): "En torno a las vocales caedizas del español mejicano", in: NRFE 18, 1–19.

Lope Blanch, J. M. (1967): "La influencia del sustrato en la fonética del español de México", in: RFE 50, 145–161.

Lope Blanch, J. M. (1968): El español de América. Madrid, Alcalá.

Lope Blanch, J. M. (1977, ed.): Estudios sobre el español hablado en las principales ciudades de América. México.

Lope Blanch, J. M. (1979, ^{1}1969): El léxico indígena en el español de México. México, El Colegio de México.

Lope Blanch, J. M. (1983^2): Estudios sobre el español de México. México, UNAM.

Lope Blanch, J. M. (1985): El habla de Diego de Ordaz. Contribución a la historia del español americano. México, UNAM.
Lope Blanch, J. M. (1986): El estudio del español hablado culto. Historia de un proyecto. México, UNAM.
Lope Blanch, J. M. (1987): Estudios sobre el español de Yucatán. México, UNAM.
Lope Blanch, J. M. (1992): "La falsa imagen del español americano", in: RFE 72, 313–335.
Lope Blanch, J. M. (1999): "La lenta propagación de la lengua española por América", in: Aleza Izquierdo 1999, 89–102.
Lope Blanch, J. M. (2000): Español de América y español de México. México, UNAM.
López Morales, H. (1971): Estudios sobre el español de Cuba. New York, Las Américas.
López Morales, H. (1980): "Sobre la pretendida existencia y pervivencia del "criollo" cubano", in: AdeL 18, 85–116.
López Morales, H. (1989): Sociolingüística. Madrid, Gredos.
López Morales, H. (1999): "Anglicismos en el léxico disponible de Puerto Rico", in: Ortiz López 1999, 147–170.
López Morales, H. (2005, [1]1998): La aventura del español en América. Madrid, Espasa.
López Morales, H. (2009, ed.): Enciclopedia del español en los Estados Unidos. Madrid, Instituto Cervantes.
López Morales, H./Vaquero, M. (1987, ed.): Actas del I Congreso internacional sobre el español de América. San Juan, Academia Puertorriqueña de la Lengua Española.
López Morales, U. (2008, ed.): Enciclopedia del español en los Estados Unidos. Anuario del Instituto Cervantes 2008. Madrid, Instituto Cervantes – Santillana.
López Morales, H. (1992): El español del Caribe. Madrid, MAPFRE.
Lorenzino, G. A. (1993): "Algunos rasgos semicriollos en el español popular dominicano", in: ALH 9, 109–124.
Lüdtke, J. (1990): "Geschichte des Spanischen in Übersee", in: RJb 41, 290–301.
Lüdtke, J. (1994, ed.): El español de América en el siglo XVI. Actas del Simposio del Instituto Ibero-Americano de Berlín, 23 y 24 de abril de 1992. Frankfurt/M., Vervuert – Iberoamericana.
Macpherson, I. R. (1975): Spanish Phonology: Descriptive and Historical. Manchester, Manchester University Press.
Malaret, A. (1946^3, [1]1925): Diccionario de americanismos. Buenos Aires.
Malmberg, B. (1947): Notas sobre la fonética del español en el Paraguay. Lund, Gleerup.
Malmberg, B. (1965): Estudios de fonética española. Madrid, CSIC.
Malmberg, B. (1974^3, [1]1966): La América hispanohablante. Unidad y diferenciación del castellano. Madrid, Istmo.
Mántica, C. (1994): El habla nicaragüense. Managua, Hispamer.
Mar-Molinero, C. (2000): The Politics of Language in the Spanish-Speaking World. From colonisation to globalisation. London – New York, Routledge.
Mar-Molinero, C./Stewart, M. (2006, ed.): Globalization and Language in the Spanish-Speaking World. Macro and Micro Perspectives. Houndmills, Palgrave Macmillan.
Martinell Gifre, E. (1988): Aspectos lingüísticos del descubrimiento y de la conquista. Madrid, CSIC.
Martínez Ruiz, J. (1970): "Cartas inéditas de Bernardo J. de Aldrete (1608–26)", in: BRAE 50, 77–135, 277–314, 471–515.
McAlister, L. N. (1984): Spain and Portugal in the New World, 1492–1700. Oxford, Oxford Univ. Press.

MDH-A: M. Alvar (1996, ed.): Manual de dialectología hispánica. El español de América. Barcelona, Ariel.
MDH-E (1996): M. Alvar (ed.): Manual de dialectología hispánica. El español de España. Barcelona, Ariel.
Medina López, J. (1999): El español de Canarias en su dimensión atlántica. Aspectos históricos y lingüísticos, València, Tirant lo Blanch/Libros – Universitat de València.
Megenney, W. W. (1983): "Common Words of African Origin Used in Latin America", in: Hispania 66, 1–10.
Megenney, W. W. (1985): "La influencia criollo-portuguesa en el español caribeño", in: ALH 1, 157–179.
Mejías, H. (1980): Préstamos de lenguas indígenas en el español americano del siglo XVII. México, UNAM.
Mendieta, E. (1999): El préstamo en el español de los Estados Unidos. New York, Lang.
Mendoza, J. G. (2008): "Bolivia", in: Palacios 2008, 213–236.
Mendoza, R. B. (2005): Der Voseo im Spanischen Uruguays. Eine pluridimensionale Makro- und Mikroanalyse. Kiel, Westensee.
Menéndez Pidal, R. (1962): "Sevilla frente a Madrid", in: Miscelánea homenaje a André Martinet. «Estructura e historia». III. Tenerife, Universidad de la Laguna, 99–165.
Meo Zilio, G./Rossi, E. (1970): El elemento italiano en el habla de Buenos Aires y Montevideo. Florencia, Valmartina.
Mintz, S. W. (1971): "The Socio-Historical Background to Pidginization and Creolization", in: D. Hymes (ed.): Pidginization and Creolization of Languages. Proceedings of a Conference held at the University of the West Indies, Mona, Jamaica, April 1968. Cambridge, 481–496.
Molero, A. (2003): El español de España y el español de América. Vocabulario comparado. Madrid, SM.
Mondéjar, J. (1981): «Castellano» y «español»: Dos nombres para una lengua. Granada, Don Quijote.
Mondéjar, J. (1991): Dialectología andaluza. Estudios. Historia fonética, fonología, lexicología, metodología, onomasiología, comentario filológico. Granada, Don Quijote.
Montes Giraldo, J. J. (1982): "El español de Colombia. Propuesta de clasificación dialectal", in: Thesaurus 37, 23–92.
Montes Giraldo, J. J. (1985): Estudios sobre el español de Colombia. Bogotá, Caro y Cuervo.
Montes Giraldo, J. J. (1995³): Dialectología general e hispanoamericana. Orientación teórica, metodológica y biliográfica. Santafé de Bogotá, ICC.
Montes Giraldo, J. J. (1995–96): "La bipartición dialectal del español", in: Boletín de filología 35, 317–331.
Montes, J. J. (1996): "El palenquero", in: MDH-A 1996, 146–151.
Montrul, S. (2012): El bilingüismo en el mundo hispanohablante. Chichester, Wiley-Blackwell.
Morales Padrón, F. (1986): América hispana hasta la creación de las nuevas naciones (Historia de España, 14). Madrid, Gredos.
Morales Padrón, F. (1988): Atlas histórico cultural de América. 2 vol. Las Palmas.
Morales, A. (1999): "Anteposición de sujeto en el español del Caribe", in: Ortiz López 1999, 77–98.
Moreno de Alba, J. G. (1988): El español en América. México, Fondo de Cultura Económica.
Moreno de Alba, J. G. (1992): Diferencias léxicas entre España y América. Madrid, MAPFRE.
Moreno de Alba, J. G. (2004³). El español en América. México, Fondo de Cultura Económica.
Moreno de Alba, J. G. (2007): Introducción al español americano. Madrid, Arco Libros.

Moreno Fernández, F. (1993, ed.): La división dialectal del español de América. Alcalá de Henares, Universidad de Alcalá de Henares.

Moreno Fernández, F. (2009): La lengua española en su geografía. Madrid, Arco Libros.

Moreno Fernández, F./Otero Roth, J. (2007): Atlas de la lengua española en el mundo. Madrid, Ariel.

Moreno Fernández, F./Otero, J. (1998): "Demografía de la lengua española", in: Anuario del Instituto Cervantes. 1998. El español en el mundo. Madrid, Arco Libros – Instituto Cervantes, 59–86.

Morínigo, M. A. (1964): "La penetración de los indigenismos americanos en español", in: PFLE II, 217–226.

Morínigo, M. A. (1998): Nuevo diccionario de americanismos e indigenismos. Buenos Aires, Ed. Claridad.

Narbona, A./Cano, R./Morillo, R. (1998): El español hablado en Andalucía. Barcelona, Ariel.

Nascentes, A. (1952): Dicionário etimológico da língua portuguesa. II (Nomes próprios). Rio de Janeiro.

Navarro Tomás, T. (1966^2, ^{1}1948): El español en Puerto Rico. Contribución a la geografía lingüística hispanoamericana. Río Piedras, Universidad de Puerto Rico.

Neves, A. (1975, ^{1}1973): Diccionario de americanismos. Buenos Aires.

Nieto Segovia, M. E. (1995): El español de Honduras en el período colonial. Tegucigalpa, Editorial Universitaria.

Nohlen, D./Nuscheler, F. (1995^3, ed.): Handbuch der dritten Welt. II. Südamerika. III. Mittelamerika und Karibik. Bonn, Dietz Nachf.

Noll, V. (2001a): "Das Spanische der Karibik im Blickfeld der Kreolistik", in: Romanistik in Geschichte und Gegenwart 7, 1–10.

Noll, V. (2001b): "Der argentinische *žeísmo*", in: A. Wesch/W. Weidenbusch/B. Laca/R. Kailuweit (ed.): Sprachgeschichte als Varietätengeschichte. Beiträge zur Historiographie und diachronischen Soziolinguistik des Spanischen und anderer romanischer Sprachen anlässlich des 60. Geburtstags von Jens Lüdtke. Tübingen, Stauffenburg, 2002, 179–186.

Noll, V. (2005a): "Reflexiones sobre el llamado andalucismo del español de América", in: V. Noll/K. Zimmermann/I. Neumann-Holzschuh (ed.): El español en América: Aspectos teóricos, particularidades, contactos. Frankfurt/M. – Madrid, Vervuert – Iberoamericana, 95–111.

Noll, V. (2005b): "Bemerkungen zum «Antiandalucismo»: Henríquez Ureña, Guitarte und die Gegenwart", in: V. Noll/H. Symeonidis (ed.), Sprache in Iberoamerika. Festschrift für Wolf Dietrich zum 65. Geburtstag. Hamburg, Buske, 65–84.

Noll, V. (2008): O português brasileiro. Formação e contrastes. São Paulo, Globo.

Núñez Cedeño, R. (1983): "La pérdida de transposición de sujeto en interrogativas pronominales del español del caribe", in: Thesaurus 38, 1–24.

Oroz, R. (1966): La lengua castellana en Chile. Santiago, Universidad de Chile.

Ortiz López, L. A. (1999, ed.): El Caribe hispánico: perspectivas lingüísticas actuales. Homenaje a Manuel Álvarez Nazario. Frankfurt/M., Vervuert – Madrid, Iberoamericana.

Ortiz, F. (1991, ^{1}1924): Glosario de afronegrismos. La Habana, Editorial de Ciencias Sociales.

Otero, J. (1999): "Demografía de la lengua española", in: Anuario del Instituto Cervantes. 1999. El español en el mundo. Madrid, Arco Libros – Instituto Cervantes, 11–22.

Otte, E. (1988): Cartas privadas de emigrantes a Indias, 1540–1616. Sevilla, Junta de Andalucía.

Páez Urdaneta, I. (1981): Historia y geografía hispanoamericana del voseo. Caracas, La Casa de Bello.

Palacios Alcaine, A. (2008, ed.): El español en América. Contactos lingüísticos en Hispanoamérica. Barcelona, Ariel.

Parodi, C. (1995): Orígines del español americano. I. Reconstrucción de la pronunciación. México, UNAM.

Parodi, C. (2001): "Contacto de dialectos y lenguas en el Nuevo Mundo: La vernacularización del español en América", in: IJSL 149, 33–53.

Parodi, C. (2009): "Reconstrucción y contacto de lenguas: El español en el Nuevo Mundo", in: M. Lacorte/J. Leeman (ed.), Español en Estados Unidos y otros contextos de contacto. Sociolingüística, ideología y pedagogía. Frankfurt/M. – Madrid, Vervuert – Iberoamericana, 21–37.

Pascual, J. A.: (2000): "La idea que Sherlock Holmes se hubiera hecho de los orígenes del español americano", in: J. Mondéjar Cumpián et al., El español y sus variedades. Málaga, Ayuntamiento de Málaga, 75–93.

Paufler, H.-D. (1977): Lateinamerikanisches Spanisch. Phonetisch-phonologische und morphologisch-syntaktische Fragen. Leipzig, VEB.

Penny, R. (2000): Variation and Change in Spanish. Cambridge, CUP. [Variación y cambio en español. Madrid, Gredos, 2004]

Perissinotti, G. (1992): "Spanisch: Areallinguistik V. Vereinigte Staaten von Amerika", in: LRL VI,1, 531a–540b.

Perl, M. (1982): Die Bedeutung des Kreolenportugiesischen für die Herausbildung der Kreolensprachen in der Karibik (unter besonderer Berücksichtigung der kubanischen «habla bozal»). Leipzig, Habil.-Schrift.

Perl, M./Schwegler, A. (1998, ed.): América negra. Panorámica actual de los estudios lingüísticos sobre variedades hispanas, portuguesas y criollas. Frankfurt/M., Vervuert – Madrid, Iberoamericana.

PFLE (1964): Presente y futuro de la lengua española. Actas de la asamblea de filología y del I Congreso de instituciones hispánicas. 2 vol. Madrid.

Pichardo, E. (1953, [1]1836). Pichardo novísimo o diccionario provincial casi razonado de vozes y frases cubanas. La Habana: Selecta.

Poplack, S. (1980): "Sometimes I'll start a sentence in Spanish Y TERMINO EN ESPAÑOL: Toward a typology of code-switching", in: Linguistics 18, 581– 616.

Pottier, B. et al. (1983): América latina en sus lenguas indígenas. Caracas, Monte Ávila.

Pottier-Navarro, H. (1992): "El concepto de *americanismo* léxico", in: RFE 72, 297–312.

Prem, H. J. (1996): Die Azteken. Geschichte – Kultur – Religion. München, Beck.

Prem, H. J./Dyckerhoff (1986, ed.): Das alte Mexiko. Geschichte und Kultur der Völker Mesoamerikas. München, Bertelsmann.

Quesada Pacheco, M. Á. (1990): El español colonial de Costa Rica. San José, Universidad de Costa Rica.

Quesada Pacheco, M. Á. (1992): "Pequeño atlas lingüístico de Costa Rica (PALCR)", in: Revista de Filología y Lingüística de la Universidad de Costa Rica 18, 85–189.

Quesada Pacheco, M. A. (2003^2): El español de América. Cartago, Ed. Tecnológica de Costa Rica.

Quesada Pacheco, M. Á. (2010–12, ed.): El español hablado em América Central. I. Nivel fonético. II. Nivel morfosintáctico. Madrid – Frankfurt/M., Iberoamericana – Vervuert.

Quilis, A. (1992): La lengua española en cuatro mundos. Madrid, MAPFRE.

Quilis, A. (1999^2): Tratado de fonología y fonética españolas. Madrid, Gredos.

Quilis, A. (2002): La lengua española en el mundo. Valladolid, Universidad de Valladolid.

Quilis, A./Graell/M. (1992): "La lengua española en Panamá", in: RFE 72, 583–638.

RAE/ASALE (2010–11): Nueva gramática de la lengua española. 3 vol. Madrid, Espasa.
Ramírez Luengo, J. L. (2007): Breve historia del español de América. Madrid, Arco Libros.
Ramírez, A. G. (1992): El español de los Estados Unidos: el lenguaje de los Hispanos. Madrid, MAPFRE.
Resnick, M. C. (1975): Phonological Variants and Dialect Identification in Latin American Spanish. Mouton, The Hague – Paris – New York.
Revert Sanz, V. (2001): Entonación y variación geográfica en el español de América. Valencia, Universitat de València.
Ribera, N. J. de (1756): Descripción de la isla de Cuba, in: Nicolás Joseph de Ribera. Compilación e introducción de Olga Portuondo Zúñiga. La Habana, Editorial de Ciencias Sociales 1986, 130–177.
Ricard, R. (1960): "Le problème de l'enseignement du castillan aux Indiens d'Amérique durant la période coloniale", in: Bulletin de la Faculté des Lettres de Strasbourg 39, 281–296.
Ricard, R. (1986, ^{1}1947): La conquista espiritual de México. Ensayo sobre el apostolado y los métodos misioneros de las órdenes mendicantes en la Nueva España de 1523–1524 a 1572. México, Fondo de Cultura Económica.
Richards, M. (2003): Atlas lingüístico de Guatemala. Guatemala, SEPAZ/UVG/URL/USAID.
Riese, B. (1995): Die Maya. München, Beck.
Rivarola, J. L. (1990): La formación lingüística de Hispanoamérica. Diez estudios. Lima, Pontificia Universidad Católica del Perú.
Rivarola, J. L. (2001): El español de América en su historia. Valladolid, Univ. de Valladolid.
Roca, A./Lipski, J. (1993, ed.): Spanish in the United States. Linguistic Contact and Diversity. Berlin – New York, Mouton de Gruyter.
Rojas, E. (1992): "El *voseo* en el español de América", in: Hernández Alonso 1992, 143–165.
Rojas, E. M. (1985): Evolución histórica del español de Tucumán entre los siglos XVI y XIX. Tucumán, Universidad Nacional de Tucumán.
Rona, J. P. (1964): "El problema de la división del español americano en zonas dialectales", in: PFLE I, 215–226.
Rona, J. P. (1967): Geografía y morfología del voseo. Pôrto Alegre, PUC-RS.
Rona, J. P. (1969): "¿Qué es un americanismo?", in: El simposio de México. Enero de 1968. Actas, informes y comunicaciones. México, UNAM, 135–148.
Rosario, R. de (1970): El español de América. Sharon, Troutman.
Rosenblat, Á (1990): Estudios sobre el español de América. Caracas, Monte Ávila.
Rosenblat, Á. (1954): La población indígena y el mestizaje en América. I. La población indígena. 1492–1950. II. El mestizaje y las castas coloniales. Buenos Aires, Editorial Nova.
Rosenblat, Á. (1962): El castellano de España y el castellano de América. Unidad y diferenciación. Caracas, Instituto de Filología Andrés Bello.
Rosenblat, Á. (1964): "La hispanización de América. El castellano y las lenguas indígenas desde 1492", in: PFLE II, 189–216.
Rosenblat, Á. (1971): Nuestra lengua en ambos mundos. Barcelona, Salvat.
Rosenblat, Á. (1973): "Bases del español en América: Nivel social y cultural de los conquistadores y pobladores", in: Actas de la Primera reunión latinoamericana de lingüística y filología. Viña del Mar (Chile). Enero de 1964. Bogotá, Caro y Cuervo, 293–371.
Rosenblat, Á. (1977): Los conquistadores y su lengua. Caracas, Universidad Central de Venezuela.
Ruiz Morales, H. (1987): "Desplazamiento semántico en las formas de tratamiento del español de Colombia", in: López Morales/Vaquero 1987, 765–775.

Sala, M. et al. (1977): El léxico indígena del español americano. Apreciaciones sobre su vitalidad. México, Academia Mexicana.
Sala, M. et al. (1982): El léxico del español de América. 2 vol. Bogotá, Caro y Cuervo.
Sánchez Méndez, J. (2003): Historia de la lengua española en América. Valencia, Tirant lo Blanch.
Sánchez Méndez, J. P. (1997): Aproximación histórica al español de Venezuela y Ecuador durante los siglos XVII y XVIII. València, Tirant lo Blanch Libros – Universitat de València.
Santamaría, F. J. (1942): Diccionario general de americanismos. 3 vol. México.
Santamaría, F. J. (1978): Diccionario de mejicanismos. México, Porrúa.
Sapir, E. (1949, [1]1921): Language. An Introduction to the Study of Speech. New York, Harcourt, Brace and Company.
Saralegui, C. (2004[2], [1]1997): El español americano: teoría y textos. Pamplona, Ediciones Universidad de Navarra.
Saralegui, C./Blanco. C. (2001): "El español de América en el marco de los modelos de uso de la lengua española", in: Carabela 50, 21–38.
Schüller, K. (2001): Einführung in das Studium der iberischen und lateinamerikanischen Geschichte. Münster, Aschendorff.
Sebeok, Th. A. (1968, ed.): Current Trends in Linguistics. IV. Ibero-American and Caribbean Linguistics. The Hague – Paris, Mouton.
Séjourné, L. (1988, [1]1971): Altamerikanische Kulturen (Fischer Weltgeschichte, 21). Frankfurt/M., Fischer.
Selva, J. B. (1915): Guía del buen decir. Estudio de las transgresiones gramaticales más comunes. Madrid.
Sichra, I. (2009, ed.): Atlas sociolingüístico de pueblos indígenas en América Latina. 2 vol. Cochabamba, FUNPROEIB – UNICEF.
Silva-Corvalán, C. (2001): Sociolingüistica y pragmática del español. Washington, D.C., Georgetown University Press.
Simón, P. (1627): Fray Pedro Simón y su vocabulario de americanismos. Edición facsimilar de la "Tabla para la inteligencia de algunos vocablos" de las *Noticias Historiales*. Introducción, presentación y notas por Luis Carlos Mantilla Ruiz. Bogotá, ICC, 1986.
Solano, F. de (1991, ed.): Documentos sobre política lingüística en Hispanoamérica (1492–1800). Madrid, CSIC.
Sommerhoff, G./Weber, Ch. (1999): Mexiko. Darmstadt, Wiss. Buchgesellschaft.
Stavans, I. (2008, ed.): Spanglish. Westport – London, Greenwood Press.
Suárez, J. A. (2007, [1]1983): The Mesoamerican Indian Languages. Cambridge, CUP.
Suárez, V. M. (1979[2]): El español que se habla en Yucatán. Mérida, Universidad de Yucatán.
Terrell, T. D. (1986): "La desaparición de /s/ posnuclear a nivel léxico en el habla dominicana", in: Núñez Cedeño, R. A./Páez Urdaneta, I./Guitart, J. M. (ed.), Estudios sobre fonología del español del Caribe. Caracas, Bello, 117–134.
Teruggi, M. E. (1978[2], [1]1974): Panorama del lunfardo. Génesis y esencia de las hablas coloquiales urbanas. Buenos Aires, Editorial Sudamericana.
Thompson, R. W. (1992): "Spanish as a pluricentric language", in: M. Clyne (ed.): Pluricentric Languages. Differing Norms in Different Nations. Berlin – New York, Mouton de Gruyter.
Thun, H./Elizaincín, A. (2000–, ed.): Atlas lingüístico diatópico y diastrático del Uruguay (ADDU). Kiel, Westensee.
Torrejón, A. (1986): "Acerca del *voseo* culto en Chile", in: Hispania 69, 677–682.

Torrejón, A. (1991): "Fórmulas de tratamiento de segunda persona singular en el español de Chile", in: Hispania 74, 1068–1076.

Torres Torres, Antonio (2000): El español de América. Barcelona, Edicions Universitat de Barcelona.

Toscano Mateus, H. (1953): El español en el Ecuador. Madrid, CSIC.

Tovar, A./Larrucea de Tovar, C. (1984²): Catálogo de las lenguas de América del Sur, con clasificaciones, indicaciones tipológicas, bibliografía y mapas. Madrid, Gredos.

Ueda, Hiroto (1995): "Zonificación del español del mundo. Palabras y cosas de la vida urbana", in: Lingüística 7, 43–86.

Vaquero de Ramírez, M. (1996): El español de América I. Pronunciación. Madrid, Arco Libros.

Vaquero de Ramírez, M. (1996): El español de América I. Pronunciación. II. Morfosintaxis y léxico. Madrid, Arco Libros.

Vaquero, M. (1992): "Orígines y formación del español de América. Período antillano", in: Hernández Alonso 1992, 251–265.

Vidal de Battini, B. E. (1966², ¹1954): El español de la Argentina. Buenos Aires, Consejo Nacional de Educación.

Wagner, M. L. (1920): "Amerikanisch-Spanisch und Vulgärlatein", in: ZRPh 40, 286–312, 385–404.

Wagner, M. L. (1927): "«El supuesto andalucismo de América» y la teoría climatológica", in: RFE 14, 20–32.

Wagner, M. L. (1949): Lingua e dialetti dell'America spagnola. Firenze, Le Lingue Estere.

Waldmann, P./Krumwiede, H.-W. (1992³): Politisches Lexikon Lateinamerika. München, Beck.

Wesch, A. (1993): Kommentierte Edition und linguistische Untersuchung der *Información de los Jerónimos* (Santo Domingo 1517). Mit Editionen der *Ordenanzas para el Tratamiento de los Indios* (Leyes de Burgos, Burgos / Valladolid 1512/13) und der *Instrucción dada a los Padres de la Orden de San Jerónimo* (Madrid 1516). Tübingen, Narr.

Wogan, D. (1961): "El primer vocabulario de cubanismos de A. López Matoso", in: Romance Notes 3, 78–83.

Wurm, S. A./Mühlhäusler, P./Tryon, D. T. (1996, ed.): Atlas of Languages of Intercultural Communication in the Pacific, Asia and the Americas. 2 vol. Berlin – New York, Mouton de Gruyter.

Zajíková, L. (2009): El bilingüismo paraguayo. Frankfurt/M., Vervuert – Madrid, Iberoamericana.

Zamora Munné, J. C. (1976): Indigenismos en la lengua de los conquistadores. Río Piedras, Univ. de Puerto Rico.

Zamora Munné, J. C. (1979–80): "Las zonas dialectales del español americano", in: Boletín de la Academia Norteamericana de la Lengua Española 4–5, 57–67.

Zamora Munné, J. C. (1982): "Amerindian loanwords in general and local varieties of American Spanish", in: Word 33, 159-171.

Zamora Munné, J. C./Guitart, J. M. (1988², ¹1982): Dialectología hispanoamericana. Teoría – Descripción – Historia. Salamanca, Almar.

Zamora Vicente, A. (1985²): Dialectología española. Madrid, Gredos.

Zimmermann, K. (1997, ed.): La descripción de las lenguas amerindias en la época colonial. Frankfurt/M., Vervuert.

Zimmermann, K. (1997a): "Die Situation des Spanischen in Kolumbien", in: Altmann/Fischer/Zimmermann 1997, 393–416.

Zimmermann, K. (2004): "Die Sprachensituation in Mexiko", in: Bernecker et al. 2004, 421–461.